法政大学イノベーション・マネジメント研究センター叢書 | 8

リレーションシップの
マネジメント

Relationship Management

竹内 淑恵【編著】

文眞堂

はじめに

　本書は，法政大学大学院 経営学研究科（通称：法政ビジネススクール，以下 HBS と略す）マーケティングコースで修士論文として執筆された研究成果10編をベースに，「リレーションシップ」の観点から1冊にまとめたものである。

　本書第1章～第10章の執筆者は，全員社会人である（ただし，第9章は共著）。社会人大学院生ならではの実務に対する鋭い問題意識と，HBS で学んだ理論や分析手法が相まって，学術的に優れ，独自性の高い研究成果となっていることを「リレーションシップ」という軸で再構成し，研究書として出版したいと考えたのが，本書の企画の狙いである。それぞれ異なる背景や動機，目的から取り組んだ研究を，「リレーションシップ」という1つの限定的なテーマの下，再構築できるのか。それは，ある種のチャレンジでもあった。

　第1章～第10章は，各自の修士論文を基礎としながらも，マーケティング分野で注目度の高い「リレーションシップ」という概念を取り入れて修正を加え，実務家が読んでも役立ち，かつ，新しい視点を提案できるよう心掛けたつもりである。序章では，リレーションシップの潮流という視点から，定義と先行研究のテーマ，成果を整理した。また，終章は消費者行動とリレーションシップ・マーケティングと題し，今後の方向性を展望している。これらの章は，マーケティングコースで修士論文の指導をしている教員のうちの2名，新倉貴士教授と竹内淑恵が，本書の目的に沿って書き下ろしたものである。

　各章のテーマについては，序章「本書で対象とする研究テーマと範囲」で紹介しているので，参照されたい。また，執筆者10名の修士論文のタイトルは巻末の著者紹介に記載した。あわせて参照されたい。HBS は，1992年に日本におけるビジネススクールの先駆けとして設置され，既に832人（そのうちマーケティングコースは224名，2013年9月修了生までの合計）のMBA（経営学修士）を輩出している。本書に掲載した以外にも優れた修士論文は数多く

存在するが，本書の企画・テーマに合致した比較的新しい論文という観点から10編を厳選した。本書で取り上げることができなかった研究成果はぜひ，HBS の HP (http://hbs.ws.hosei.ac.jp/course/marketing.html) をご覧いただき，ご一読いただければ幸いである。なお，一部公開できない修士論文もあることをあらかじめご了承いただきたい。

本書の主たるターゲットは，演習（ゼミ）でリレーションシップを含めマーケティングを研究対象とする大学院生や学部生，リレーションシップ構築に興味・関心のあるマーケターである。そして，社会人大学院への入学を検討している実務家にもお読みいただきたい。章によっては統計手法を用いた定量分析を行っているが，業界や製品カテゴリーが異なったとしても，マーケティング業務に携わり，実務経験のある人たちにとって，問題の背景，検証したい仮説，得られた分析結果のいずれも，十分理解可能なわかりやすい内容となっている。リレーションシップ構築という長期的な視点をもったマーケティング・マネジメントに関する研究書として，理論と実務の橋渡しをできれば幸いである。

本書の出版に際しては，HBS マーケティングコースの矢作敏行教授，木村純子教授，田路則子教授，新倉貴士教授，西川英彦教授にご協力いただき，田路則子教授，新倉貴士教授には自らご執筆もいただいた。この場をお借りして深く感謝申し上げたい。本書の企画から出版までを比較的短期間で作業できたのは，各章の執筆者の努力もあるが，㈱文眞堂専務取締役 前野隆氏，編集部前野弘太氏のご尽力の賜物である。伏してお礼申し上げる。最後に，本書に出版助成金を授与してくださった法政大学イノベーション・マネジメント研究センターにも感謝申し上げる。

2014 年 2 月
編著者として　竹内　淑恵

目　　次

はじめに

序章　リレーションシップ・マーケティングの潮流と研究の視点 …1

　1　リレーションシップという概念が生まれた背景 …1
　2　リレーションシップの定義 …3
　3　リレーションシップ研究のアプローチ …7
　4　顧客維持とロイヤルティ …11
　5　本書で対象とする研究テーマと範囲 …14

第1部　ブランド育成と消費者との関係性 …19

第1章　製品パッケージによるブランド・リレーションシップの強化 …21

　1.1　コミュニケーション手段としての製品パッケージ …21
　1.2　リニューアル・パッケージ情報処理概念モデル …22
　1.3　満足に至る情報処理プロセス …24
　1.4　仮説の導出 …25
　1.5　実験調査による検証 …27
　1.6　検証結果の考察 …34
　1.7　リニューアル・パッケージとブランド・リレーションシップ …35

第2章　化粧品の満足プロセスとリレーションシップ形成 …37

　2.1　基礎化粧品の満足とブランドスイッチ …37

目次

- 2.2 期待・満足概念と化粧品の使用感評価に関する先行研究……39
- 2.3 基礎化粧品の満足プロセス仮説の導出……41
- 2.4 本調査—解釈アプローチによる満足プロセスの把握……43
- 2.5 満足プロセス結果の考察……44
- 2.6 化粧品の満足プロセスに関する総括……48
- 2.7 化粧品の満足度を高めるためのリレーションシップ……49

第2部 サービス財における長期的な関係性……53

第3章 分譲マンションの満足度構造とリレーションシップ形成……55

- 3.1 分譲マンションを取り巻く環境……55
- 3.2 先行研究—分譲マンション財,3次元モデル,顧客満足度,コミットメント……55
- 3.3 分譲マンション居住者と供給業者への予備調査……58
- 3.4 仮説の設定—満足度構造,情報提供によるリレーションシップ形成……59
- 3.5 本調査概要と分析結果—満足度構造とリレーションシップ形成……62
- 3.6 コントロール可能な満足度とリレーションシップ……68

第4章 超高関与の劇場消費と長期的リレーションシップ……72

- 4.1 超高関与の劇場消費……72
- 4.2 感動体験と関与に関する先行研究……74
- 4.3 アートの価値と関与構造……75
- 4.4 仮説モデル「アートの消費者 関与−知識モデル」……76
- 4.5 劇場会員への調査と分析……80
- 4.6 劇場会員とのリレーションシップ……84
- 4.7 インプリケーションと今後の課題……86

第5章　ペット消費の積極化要因の解明
　　　　　―ペットとペットオーナーの関係性から―·················89

- 5.1　積極化するペット消費··················89
- 5.2　近年のペット事情··················90
- 5.3　ペット関連の先行研究··················93
- 5.4　手段－目標連鎖モデルを用いた分析方法··················96
- 5.5　分析結果から見るペット消費に積極的なペットオーナーの特徴···98
- 5.6　ペット消費が積極化する時のペットとペットオーナーの関係性···103
- 5.7　ペット消費の積極化要因··················105
- 5.8　今後の課題··················106

第3部　地域活性化とリレーションシップ··················109

第6章　シモキタ音楽クラスター論
　　　　　―商業集積内の関係性を探る―··················111

- 6.1　商業集積の問題点··················111
- 6.2　クラスターに関する先行研究··················112
- 6.3　下北沢での2008年のフィールドワーク··················113
- 6.4　分析　シモキタ音楽クラスター：
　　　「場」とネットワークコーディネーター··················123
- 6.5　本研究の意義と今後の課題··················127

第7章　地域のブランド化とリレーションシップ形成··················129

- 7.1　自治体による地域ブランドへの着目··················129
- 7.2　先行研究レビュー··················131
- 7.3　仮説の導出··················133
- 7.4　調査方法··················135
- 7.5　仮説の検証··················138
- 7.6　結果の考察―成功の鍵はサービス財の活用―··················142

目次

- 7.7 実務へのインプリケーション―ブランド構築手法― ……………144
- 7.8 今後の課題―地域ブランドとリレーションシップ― …………146

第4部 新たなる関係性 …………………………………149

第8章 現実行動と仮想行動の相互作用のメカニズム ―位置情報ゲームの事例分析― ……………151

- 8.1 位置情報ゲームを取り巻く環境 ……………………151
- 8.2 位置情報ゲームの概要 ………………………………152
- 8.3 現実行動および仮想行動に関する先行研究 ………154
- 8.4 ユーザーへのインタビュー結果 ……………………157
- 8.5 相互作用のメカニズムについて ……………………163
- 8.6 メカニズムの成立要因について ……………………165
- 8.7 実務への示唆と今後の課題 …………………………165

第9章 半導体商社の事業ドメイン拡大のメカニズム …………168

- 9.1 はじめに …………………………………………………168
- 9.2 日本の半導体商社 ………………………………………169
- 9.3 半導体商社を取り巻く川上と川下の構造 ……………170
- 9.4 3社の事例分析 …………………………………………174
- 9.5 結論 ………………………………………………………182

第10章 購入型クラウドファンディングにおける出資者の出資動機 …………187

- 10.1 クラウドファンディングとは ………………………187
- 10.2 クラウドファンディングの類型 ……………………188
- 10.3 購入型クラウドファンディングの仕組み …………189
- 10.4 クラウドファンディングに関する先行研究 ………191
- 10.5 出資者を対象としたデプスインタビュー …………192

10.6　研究1：購入型クラウドファンディングにおける出資動機の
　　　　　尺度開発 ··195
　　10.7　仮説の構築 ··198
　　10.8　研究2：実際の取引行動および出資者のロイヤルティに対する
　　　　　出資動機の影響 ···199
　　10.9　購入型クラウドファンディングの出資動機に関する考察 ········201
　　10.10　本研究の意義と今後の課題 ··201

終章　消費者行動とリレーションシップ・マーケティング ········204
　　1　エクスチェンジからリレーションシップへの意味 ··················204
　　2　関係性対象に対する消費者行動研究の視点 ·····························206
　　3　消費者とリレーションシップ ···210
　　4　関係性対象とリレーションシップ・マーケティング ··················215

索　引 ··219

序章
リレーションシップ・マーケティングの潮流と研究の視点

1 リレーションシップという概念が生まれた背景

　我々消費者は，普段何気なく製品やサービスを購入しているが，それは金銭を支払ってでも価値ある製品やサービスを手に入れたいからに他ならない。このときに「取引」が成立し，「交換」が行われることになる。「交換」は，いわゆる4P（製品，価格，流通，プロモーション）のマーケティングの時代には重要な概念として扱われてきたが，1980年代前半以降，この30年間にその考え方に大きな変化が見られるようになった。どのような変化が起こったのだろうか。それは，企業を取り巻く様々な利害関係者との「リレーションシップ」を重要視するリレーションシップ・マーケティングの登場である。ここでは，1回限りという色彩の強い「交換」ではなく，長期にわたり，「交換」の基盤となる継続的な関係性を構築しようというパラダイムのシフトが見られる。

　パラダイム（paradigm）とは，ある時代や分野において支配的な規範となる物の見方や捉え方のことを指す。例えば，天動説と地動説は，それぞれある時代を牽引し，規範的な考え方となっていた。こうした規範的考え方は，天動説から地動説への変化といったように，時代の変遷につれて革命的で非連続的な変化を起こす場合があり，この変化をパラダイムのシフトと呼んでいる。では，なぜマーケティングの分野でパラダイムのシフトが生じたのだろうか。

　売り手である企業は，買い手である消費者のニーズが読めなくなっている。そもそも買い手も自分自身のニーズが実はわからない。こうした状況下，継続的な関係を結んで共に考える方が得策と言える。また，市場の不透明性や不確実性にも拍車がかかり，製品の高度化・複雑化に伴って，製品ライフサイクル

は短縮化の傾向にある。さらに，世界各国で経済全体のサービス化が進展し，例えば，日本の場合，平成 23 暦年の経済活動別（産業別）の GDP 構成比（名目）の第 3 次産業のシェアは，サービス業などのシェアが上昇し，74.5%を占める（http://www.esri.cao.go.jp/jp/sna/data/data_list/kakuhou/files/h23/sankou/pdf/seisan20121225.pdf　アクセス日：2013 年 9 月 8 日）。サービス財は，無形性，不均質性，同時性，消滅性などの特性を有するため，一時点の交換ではなく，アフターサービスを含め，継続的な関係の構築が重要と言える。顧客満足が維持できれば，次回取引は可能となるだろうし，関連製品の販売機会も得られる。サービスの取引では，売り手と買い手が直接接触するという機会も増加し，リレーションシップ構築が必要不可欠なのである。

バランタインら（Ballantyne, Christopher and Payne 2003）は，リレーションシップに関心がもたれた理由として，グローバル化や規制緩和によるオープン市場の形成と，新しい情報技術の 2 点を挙げている。確かに，経営のグローバル化が一般化したという点も，リレーションシップ構築を後押しする要因と言える。グローバルかつ激化した競争市場において，企業は製品や製造工程上の技術面での改善を行うと同時に，資産の再編成や再構築を通じてコスト削減の実行を余儀なくされており（Webster 1992），パートナーシップやリレーションシップの形成は重要課題となったのである。また，情報技術の進歩と取引関連コストの低下という観点も見逃せない。リレーションシップという概念の登場とほぼ時期を同じくして，IT 革命が起こり，ネットワーク技術が著しく進歩した。インターネットを活用した業務の迅速化，業務プロセスの改善が行われ，取引関連コストを低下させるという恩恵をもたらすとともに，企業組織の再編のみならず，企業間の関係性の強化が必要になった。また，インターネット・ショッピングなどの新しい業態も登場している。

新しいパラダイムとしてのリレーションシップ・マーケティングの主唱者の 1 人であるグロンルース（Grönroos 1997）は，マーケティング・ミックスの 4P はシンプルがゆえに足かせとなり，多面性を持った社会的なプロセスとしてマーケティングを認識せず，単なるツールボックス化させてしまったと指摘している。また，バランタインら（2003）は，マーケティング活動をシステマティックで，包括的，とりわけダイナミックで複雑なものであると理解するこ

との重要性を主張している。さらに，シェス（Sheth 2002）は，顧客獲得から顧客維持に焦点を移すことによって，1980年代に支持される新しいパラダイムとしてリレーションシップ・マーケティングが登場したと述べている。

　リレーションシップがマーケティングの新パラダイムであるという点は多くの研究者が認めるところである。そこで次に，その定義を先行研究の知見と成果に基づいて概観する。

2　リレーションシップの定義

　冒頭では，あたかも対消費者市場だけを念頭において，リレーションシップという概念の必然性を述べたが，リレーションシップがマーケティングの研究分野で着目されたのは，BtoBマーケティング，サービス・マーケティング，流通チャネル論を源流としている。そこでまず，これらの先行研究にも立ち返りながら，リレーションシップの定義に関して整理しておこう。

　リレーションシップ・マーケティングという言葉を最初に導入したのはベリー（Berry 1983）であると多くの先行研究で認められている。ベリー(1983)は，マルチサービスを提供する組織を想定し，「顧客を誘引し，維持しながら，顧客との関係性を強化すること」と定義している。ベリーの2年後に，BtoB市場のリレーションシップについて論じたジャクソン（Jacson 1985）は，リレーションシップを「主要な取引先と社会的，経済的，そして，技術的な絆を強化すること」としている。産業財の顧客とサプライヤーを対象としてインタビュー調査を実施した結果，伝統的な取引マーケティングは，ブランド・スイッチを促進したり，競合に不満を感じている顧客を取り込むなど攻撃的に顧客を引き付けようとしているのに対して，リレーションシップ・マーケティングは，顧客の離反率の最小化と顧客維持率の最大化といった防御戦略を採り，アプローチが異なることを見い出している。しかしながら，リレーションシップ・マーケティングの定義は，それぞれの研究者により対象とする市場も異なり，その結果，定義にも相違が見られる。

　リレーションシップ・マーケティングが世の中に広く認知されるきっかけを

作った書籍は,クリストファーら (Christopher, Payne and Ballantyne 1991) の『リレーションシップ・マーケティング』である。クリストファーらは,「マーケティングは組織と顧客の間の交換関係にかかわり,品質と顧客サービスはこの関係性において重要な関連がある。また,顧客満足と長期的なリレーションシップを達成するために,マーケティング活動と組織,品質を開発すべきである」と指摘している。また,リレーションシップ・マーケティングの目的を「新規顧客を定期的に購入してくれる得意客にし,強力な支持者にし,さらに,活発にかつ積極的に推奨してくれる擁護者にすること」とし,その後の研究に大いに影響を及ぼすことになる「顧客ロイヤルティの梯子」(図序-1) という重要な概念を提示している。リレーションシップ・マーケティングの焦点は顧客獲得と顧客維持にあり,まず,新規顧客を獲得すべく,「見込み客」→「顧客」へ,さらに,顧客の維持と強化のために「得意客」→「支持者」→「擁護者」へと梯子を登らせることが組織の戦略として必要になる。すべての顧客が自社に等しく価値を提供するわけではないため,その貢献度から顧客を分類し,新規顧客の獲得だけでなく,顧客維持を重要視すべきであるという主張は,今日のリレーションシップ・マーケティングの展開におけるキー概念の1つと言える。

グロンルース (1994) は,「関係する主体間の目的を満たすために,顧客リ

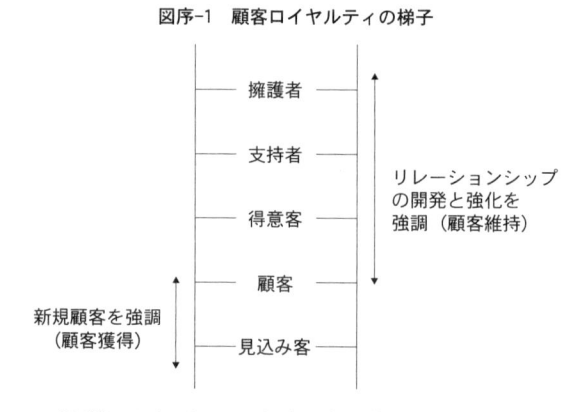

図序-1 顧客ロイヤルティの梯子

擁護者
支持者 ┐
得意客 ├ リレーションシップの開発と強化を強調(顧客維持)
顧客 ┘
見込み客

新規顧客を強調(顧客獲得)

(出所) クリストファーら (1991) を基に筆者作成。

レーションシップ（必ずしも常に長期的な関係とは限らない）を確立，維持，強化し，商業化することである」と定義している。その後グロンルース（2004）は，企業の管理プロセスに着目し，「一定の利益において，顧客と他の利害関係者とのリレーションシップを識別し，確立，維持，強化するプロセスである。そのため，約束の相互の付与と実行が行われると，関係するすべての主体の目的が満たされる」と修正を加えている。

　モーガンとハント（Morgan and Hunt 1994）は，関係的な交換を確立，開発，維持して成功へと導くあらゆるマーケティング活動であると定義した。その上で，ある一企業から見てリレーションシップを構築すべき4つのパートナーシップとその中に存在する10の主体を挙げ（図序-2），リレーションシップ形成において相互の信頼とコミットメントが重要な媒介変数になっていると指摘している。

　シャニとチャラサニ（Shani and Chalasani 1992）は，ネットワークに注目し，「個々の顧客とのネットワークを識別，維持，構築することであり，また，長期間にわたる双方向の相互作用，個別化，付加価値のある接触を通じて，双方の利益のためにネットワークを継続的に強化する統合化された努力である」と定義し，リレーションシップ・マーケティングとデータベース・マー

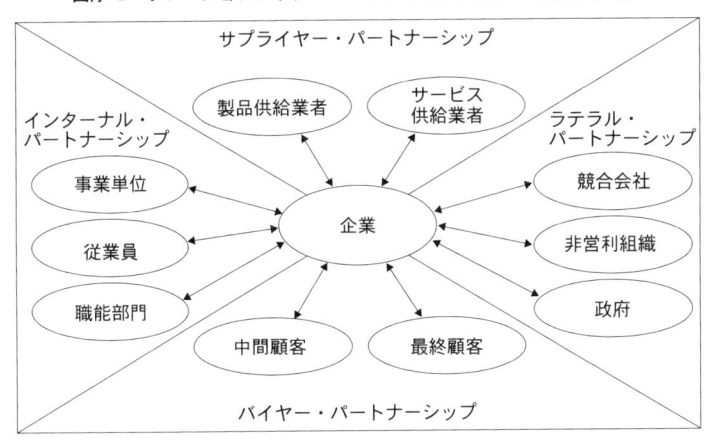

図序-2　リレーションシップ・マーケティングにおける関係的な交換

（出所）モーガンとハント（1994）を基に筆者作成。

ケティングとの相違点をまとめている。また，グーメソン（Gummesson 2002）も，「リレーションシップのネットワークの中で相互作用に基礎を置くマーケティングである」と定義し，供給業者，流通業者，消費者あるいは最終ユーザーなどのネットワークに着眼していることがわかる。

オマリーとティナン（O'Malley and Tynan 2000）は，消費者市場におけるリレーションシップ・マーケティングの歴史的な発展を整理している。その概要は，表序-1に示す通り，一覧表としてまとめることができる。

表序-1 リレーションシップ・マーケティングの歴史的発展

年代	特徴
1970年代後半～1980年代前半	・BtoBやサービス市場のための代替的なパラダイムとして見なされた。 ・市場が異質で，売り手も買い手もともに活動的で，相互作用とリレーションシップが重要なところでは，交換をよりよく説明するものとして扱われた。
1980年代後半	・ダイレクト・マーケティングとデータベース・マーケティングのツールと技術が整い，顧客とのインタラクションがカスタマイズ可能となった。 ・最も重要な顧客を識別し，顧客の生涯価値を算出し，アップセルとクロスセルの機会が作られるようになった。
1990年代半ば	・1995年がターニングポイントとなった。 ・BtoC市場でリレーションシップ・マーケティングが学者から重視され，支援されるようになった。 ・取引からリレーションシップへのパラダイムのシフトが議論された。 ・消費者も組織もリレーションシップを求めていると認められた。
1990年代半ば～2000年代初頭	・数多くの研究が蓄積された。 ・リレーションシップにかかわるための消費者と組織の動機づけ，リレーションシップ構築が実行可能な状況，リレーションシップ開発のプロセス，リレーションシップの性質などの識別が行われた。

（出所）オマリーとティナン（2000）を参考に筆者作成。

リレーションシップの概念が登場した初期，あるいは2000年代に入ってからの研究をいくつか概観したが，バロンら（Baron, Conway and Warnaby 2010）によると，リレーションシップの本質として以下の2点が挙げられる。

① 顧客を獲得するだけでなく，維持・強化することの重要性に注意が払われ，顧客との長期的な関係性構築が強調される。

② 組織に利益をもたらす献身的な顧客基盤を構築して，維持することが主なゴールとなる。

3 リレーションシップ研究のアプローチ

　前節では定義を中心に確認したが，本節ではリレーションシップの研究がどのようなテーマとアプローチで行われてきたかを，① 新概念としての提示，② 対象市場と適用範囲，③ ネットワークへの着眼，④ リレーションシップから得られるベネフィット，⑤ リレーションシップの構成要因の5つの視点から，先行研究をレビューしながら重要なポイントを整理しておきたい。

3.1　新概念としての提示

　リレーションシップ研究の第一人者であるクリストファー，ペインとバランタイン (1991) は，① 取引からリレーションシップへと焦点を移すこと，② 相互作用を行う市場を広範に捉えること，③ マーケティング活動と組織，品質を一致させること，この3つの観点から顧客維持の重要性を説き，マーケティング理論の発展に大いに貢献している。一方，モラーとハリネン (Möller and Halinen 2000) は，リレーションシップを必ずしもマーケティングの一般理論を形成するものではないと主張している。彼らは，リレーションシップ・マーケティングの学問分野としての根源を，ビジネス・マーケティング（相互作用とネットワーク），マーケティング・チャネル，サービス・マーケティング，データベース・マーケティングとダイレクト・マーケティングの4つであると考え，交換における特徴，リレーションシップの文脈に関する仮定，マネジメント上の課題の観点から，市場ベースのリレーションシップとネットワークベースのリレーションシップを比較検討している。理論的な結論として，顧客志向の市場ベースの場合，リレーションシップの複雑性がより低いのに対して，組織間の関係を志向するネットワークベースの場合，複雑性が高いと指摘している。しかしながら，モラーとハリネンの主張も主にビジネス市場のネットワークを想定しており，例えば，消費者市場において，購買者と使用者が異なる場合もあるし，購買意思決定にかかわる影響者の存在もある。さらに，消費者間で口コミなどのコミュニケーションが発生する可能性もあ

り，消費者市場でもネットワークを仮定する必要はあるだろう。

3.2 対象市場と適用範囲

リレーションシップ・マーケティングは，経済学の取引コスト理論，政治学のパワー理論，組織科学の資源依存理論，社会学や社会心理学の社会的交換理論，法学の契約理論などを理論的基礎としており，対象市場は，組織市場から消費者市場までであり，対象製品も有形財からサービス財まで広範である（Eiriz and Wilson 2006）。また，サプライチェーン・マネジメントとチャネル・マネジメント，相互作用／ネットワーク・アプローチ，データベース／インタラクティブ・マーケティング，サービス・マーケティングからアプローチすることが可能であり，先行研究においてもさまざまな視点から検討されている（例えば，Anderson and Narus 1990, Sheth and Parvatiyar 1995, Palmer 1997）。さらに，非営利組織に着眼した研究も多く行われている（例えば，McCort 1994, MacMillan, Money, and Downing 2005, Conway and Whitelock 2007）。

3.3 ネットワークへの着眼

リレーションシップ・マーケティングは，売り手と買い手の2者間での関係のみならず，供給業者，流通業者などを含め，多くの利害関係者がかかわるものと捉えられ，また，組織間だけではなく，組織内，すなわち，従業員も含まれる。クリストファーら（1991）は，市場を6つに分類し，内部市場を中心に据え，顧客市場，インフルエンサー市場，照会者市場，従業員（就職希望者）市場，供給業者市場をも含めて扱い，マーケティングを広範に捉える必要性を論じている。前述の図序-2に示した通り，モーガンとハント（1994）も対象となる10の主体を挙げている。ただし，これらのリレーションシップは等しく価値があるというわけではない。ベリーとパラスラマン（Berry and Parasuraman 1991）は，顧客との関係性構築のアプローチとして，金銭的絆，社会的絆，構造的絆の3つを提案している。第1段階は金銭的絆である。ここでは，価格によるインセンティブを活用して，顧客ロイヤルティを獲得する。具体的な例として，フリークエンシー・プログラムや携帯電話の長期契約者に対する割引などが挙げられる。次の段階として社会的絆の形成を目指すこ

とになる。ソーシャルメディアが普及している現在，例えば，Facebook のファンページは，顧客との新しい接触機会の場として活用できるであろう。第3段階目は構造的絆である。顧客の問題解決のために付加価値のあるシステムを提供したり，構造化すれば，他の源泉からは入手できず，顧客は排他性を容認せざるを得ない。

3.4 リレーションシップから得られるベネフィット

ライクヘルドとサッサー（Reichheld and Sasser 1990）は，顧客離脱を5％減らすことにより，収益が25％から85％へ上がるとし，顧客維持の重要性を主張している。バロンら（2010）も，先行研究を整理し，①既存顧客の維持よりも新規顧客の獲得には，より多くの費用がかかる，②リレーションシップが長期に及ぶほど，収益性が高まるという2点を指摘している。顧客維持と長期的なリレーションシップの他に，ロイヤルティも収益性の鍵となる。そこで次節では，顧客維持とロイヤルティを取り上げて焦点を当て，その概要を説明する。

3.5 リレーションシップの構成要因

リレーションシップの成功要因として，コミットメント，信頼，顧客志向／共感，経験／満足，コミュニケーションが挙げられている（Conway and Swift 2000）。そこで，コンウェイとスイフト（2000）の成果を基に，これら5つの要因に沿って具体的なテーマを整理したい。

ホカット（Hocutt 1998）によれば，コミットメントとは，行為や活動の方向性を継続することへの意思であり，リレーションシップを維持したいという願望でもある。したがって，リレーションシップにかかわる当事者とその相手のコミットメントの水準が，長期的な関係性構築に影響を及ぼし，その成否を決める（Morgan and Hunt 1994）という意味で重要と言える。また，双方がベネフィットを得るためには，お互いの努力，人材投資や設備投資，情報投資などの有形および無形の投資を行うことも必要である。

信頼とは，相手に対する期待であり，相手の言葉や約束が確実だと思う信念である。あらかじめ約束された成果が，結果として知覚された成果と一致すれ

ば信頼が形成されることになる。したがって，リレーションシップを長期的に維持するためには，倫理上約束が守られる必要がある（Takala and Unsitalo 1996）。また，信頼とコミットメントを関連づけた研究も多い（例えば，Morgan and Hunt 1994, Wilson 1995, Hocutt 1998）。ホカット（1998）は，信頼は直接コミットメントに影響を及ぼすが，信頼とコミットメントはサービス提供者への満足によっても媒介されると指摘している。マッキントッシュ（Macintosh 2009）は，ラポール（親密・共感的な関係のことを指す）と信頼の関係を検証し，専門性や確実性はサービス提供者の信頼に直接影響を及ぼすのに対して，親近感は直接信頼に影響するとともに，ラポールを媒介として間接的にも影響を与えることを見い出している。一方，人に対する信頼と行動に対する信頼を区別すべきであるという研究（Cowles 1997, Ali and Birley 1998）もある。アリとバーレイ（1998）は，人のパーソナリティに基づいた信頼よりも実際の行動による信頼の方が合理的であると主張している。

顧客志向／共感にも，信頼は影響する。共感とは，他の誰かの視点からある状況を見ることができる能力である。かかわりのある関係者間で共感の程度が大きい，あるいは好きだと思っているほど，リレーションシップ開発の障壁は小さくなる。また，品質・価値・ロイヤルティ・チェーンモデル（Parasuraman and Grewal 2000）において，共感はサービス品質の次元の１つであると指摘されている。

経験／満足も重要な要因である。経験は顧客満足に重要な影響を及ぼし，顧客が満足すればするほど，リレーションシップは長く続くことになる。否定的な経験は，リレーションシップを妨げ，顧客離脱になりかねない。直近の経験がベストなものとして記憶されていれば（これをリーセンシー効果と言う），１つの肯定的な経験が，それまでの否定的な経験に対する知覚を変え得る。逆のことも起こる可能性がある。リレーションシップの評価において，満足と品質で十分なのかという問題意識から検討した研究（Rosen and Surprenant 1998）では，B to B 市場を対象に調査した結果，経験が顧客満足に重要な影響を及ぼしていることを見い出している。また，ストーバッカら（Storbacka, Strandvik and Grönroos 1994）は，顧客満足を「リレーションシップにおけるすべてのサービスのエピソードによる，個人の経験を基礎とした顧客の認

知的評価と感情的評価」と定義し，顧客リレーションシップの収益性に至る発展の段階を連続的に捉えた概念モデルを提案している。サービス品質→知覚価値→顧客満足→リレーションシップの強さという段階を経て，リレーションシップの長さである寿命につながり，最終的にリレーションシップの収益性に結びつくとしている。

　コミュニケーションとは，売り手と買い手の間の思考の共通性や一体感を確立するプロセスである。コミュニケーションはしばしばあって当然と思われ，その結果，軽んじられるが，他のすべての要素がコミュニケーションを媒介として経験されるので，きわめて重要な要因と言える。ビジネスのコミュニケーションにおいて，メッセージの送り手はターゲット・オーディエンスに対する自分自身のメッセージが持つ効果を知る必要があるし，「フィードバック」も必要不可欠である。これは情報が双方向に流れる場合のみ可能となる。また，コミュニケーションの範囲として，社内と社外という主に2つのカテゴリーを視野に入れることになる。セルネス（Selnes 1998）は，コミュニケーションが重要な要素であるだけでなく，売り手と買い手の信頼のレベルに影響を与える傾向があることを実証している。コンウェイとスイフト（2000）は，主にビジネス市場を想定して主張しているが，インターネット上でのソーシャル・メディアの普及により，企業対消費者，消費者対消費者のコミュニケーションも視野に入れるべきであろう。さらに，1対1ではなく，ネットワークを想定したコミュニケーションをも検討する必要があるだろう。

4　顧客維持とロイヤルティ

　前述の通り，顧客維持と強化，あるいは，顧客ロイヤルティの形成は，リレーションシップの研究テーマにおいて重要な視点である。そこで以下では，顧客維持とロイヤルティをキーワードに，先行研究での議論を検討する。

4.1　行動面でのロイヤルティと態度面でのロイヤルティ

　オリバー（Oliver 1999）は，ロイヤルティを4段階で捉えている。認知的

なロイヤルティは，例えば，価格や特徴などに関する情報へのロイヤルティであり，感情的ロイヤルティは，好意を持つこと，すなわち，「それが好きだから買う」というロイヤルティとして識別される。また，動能的ロイヤルティは，購買へのコミットメントを表し，購買意図へのロイヤルティである。さらに，行動面でのロイヤルティは，慣性による行動へのロイヤルティを指す。行動と態度という側面から類型化した研究（Dick and Basu 1994）では，① 真のロイヤルティ，② 見せかけのロイヤルティ（反復的に購買するが，相対的な態度は低い），③ 潜在的なロイヤルティ（相対的な態度は高いが，反復的な購買は低い），④ ロイヤルティなしの4タイプに分類している。ディックとバッシュ（1994）に依拠したクマーとシャー（Kumar and Shah 2004）は，収益につながる顧客ロイヤルティの構築と維持の概念枠組み（図序-3）を提案している。ロイヤルティの構築は第1段階の報酬によって，また，ロイヤルティの維持は第2段階の報酬で達成される。

4.2 スイッチング行動

顧客のスイッチング行動は，ロイヤルティとは正反対の行動ではあるが，スイッチの要因を明らかにすることで，顧客離脱に役立つという観点から，多くの研究が行われている（例えば，Crosby and Stephens 1987, Bitner 1990, Cronin and Taylor 1992, Rust and Zahorik 1993, Keaveney 1995）。不満足，スイッチングコスト，代替サービスの欠如，サービス財の知覚品質との関係，サービス・エンカウンターの失敗などがそれぞれの研究の着眼点になっている。ライクヘルドとサッサー（1990）は，価格，製品，サービス，市場，技術，組織の面から顧客が離脱する要因を指摘している。

4.3 顧客維持と収益性

ヘスケットら（Heskett, Jones, Loveman, Sasser, and Schlesinger 1994）は，① インターナル・サービスの品質が従業員満足に影響し，その結果，② 従業員満足は従業員の維持と生産性に影響する，さらに，③ 顧客満足は顧客ロイヤルティに影響し，④ 顧客ロイヤルティが売上げの伸長につながるという命題を事例研究の結果として導出し，「サービス・プロフィット・チェーン」

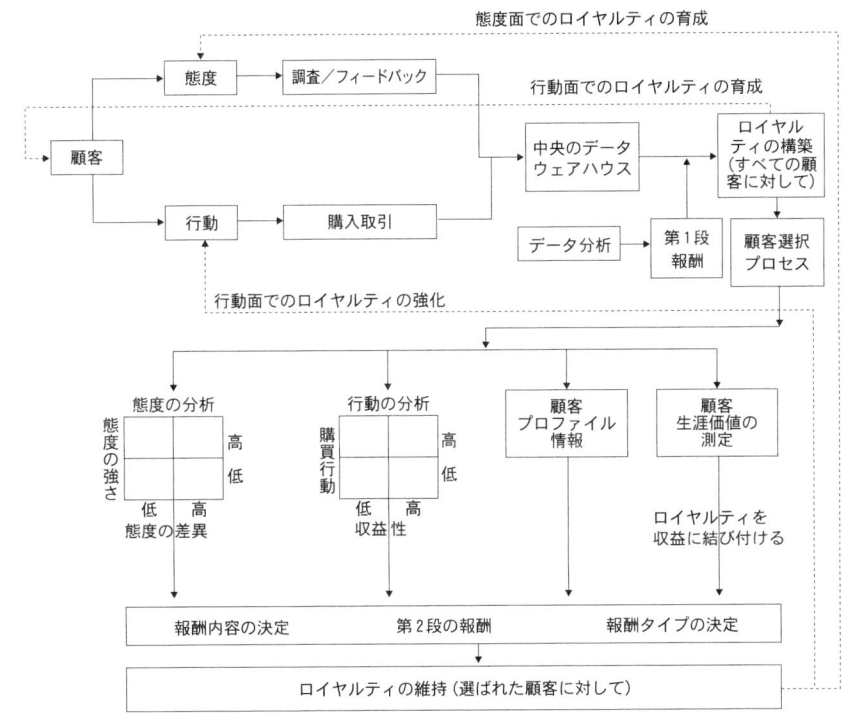

図序-3 収益となる顧客ロイヤルティの構築と維持の概念枠組み

(出所) クマーとシャー (2004) を基に筆者作成。

モデルを提案している。その後，これに関連する研究がいろいろな視点から進められている。パラシュラマンとグレウォール (Parasuraman and Grewal 2000) は肯定的な見解を示している一方，従業員満足と顧客ロイヤルティ (Silvestro and Cross 2000)，顧客ロイヤルティと財務成果 (Pritchard and Silvestro 2005) の関係は見い出せないといった報告もある。

　顧客維持や顧客ロイヤルティの研究は，上記以外にも数多く行われているが，紙幅の制限もあり，代表的な研究内容のみについての概説にとどめておきたい。

5　本書で対象とする研究テーマと範囲

　最後に，本書で対象とする研究テーマと範囲について言及したい。まず第1部では，リレーションシップとともに，80年代後半からマーケティングの研究分野，実務ともに関心の高い「ブランド育成」という観点から，対消費者との関係性を取り上げる。第1章「製品パッケージによるブランド・リレーションシップの強化」では，製品の改良に伴うパッケージ変更が，それまでに構築したブランド・リレーションシップにどのような影響を及ぼすのかを検討する。第2章「化粧品の満足プロセスとリレーションシップ形成」では，消費者が化粧品を使用する中でどのように効果を知覚し，再購買意図を形成するのかを解明することにより，企業のリレーションシップ構築のあり方を考察している。

　第2部では，サービス財の購買や消費に焦点を置き，長期的な視点から取り組んだ研究を扱う。第3章は，購買機会が一生涯において1度〜数度と限定される分譲マンションを対象とし，有形部分（構造物）と無形部分（マンション管理）に着目して実証分析を行った「分譲マンションの満足度構造とリレーションシップ形成」である。第4章では，劇場経営においては，極めて関与の高い観客との長期的なリレーションシップ構築が重要であるという観点から，アートの消費を取り上げ，「超高関与の劇場消費と長期的リレーションシップ」をテーマとして検討する。さらに，第5章「ペット消費の積極化要因の解明―ペットとペットオーナーの関係性から―」では，ペットとペットオーナーのリレーションシップをテーマに，ペット消費の積極化要因を解明する。成長著しいペット関連市場を支えるペットオーナーの消費者行動への着目は，リレーションシップ形成における新しい視座を提供している。

　第3部のテーマは，ブランド論による地域活性化への応用が実務上注目されている「地域活性化とリレーションシップ」である。第6章「シモキタ音楽クラスター論―商業集積内の関係性を探る―」では，街の歴史によって培われた個性が，異質なものとのぶつかり合いや連携の中で創発的に築かれ，計画性を

超えた集積がどのように形成されたのかを，クラスターという概念を用いて個々の行為主体の関係性を浮き彫りにし，そのメカニズムを明らかにする。第7章「地域のブランド化とリレーションシップ形成」は，ブランド拡張の枠組みに依拠して，「地域」を企業ブランドと捉え，地域の連想との合致の有無別に製品・サービスに対する消費者の反応を測定し，「地域ブランド構築」の成功要件を検討している。

実証研究の最後となる第4部では，「新たなる関係性」を取り上げる。第8章「現実行動と仮想行動との相互作用のメカニズム—位置情報ゲームの事例分析—」は，顧客間のリレーションシップに着目しており，新しい視点と言える。位置情報ゲームを分析事例とし，現実行動と仮想行動の相互作用といった現象がどのようなメカニズムで生まれているのかを検討している。第9章「半導体商社の事業ドメイン拡大のメカニズム」では，サプライヤーである半導体メーカーとユーザーである電子機器メーカーの間に位置する半導体商社に着目し，半導体商社が川上や川下へ拡大した事例を分析して，そのメカニズムを明らかにしている。ビジネス市場を対象としている点では，リレーションシップ研究の源流に属するが，中間流通業者の競争優位性を高める戦略論と位置づけられるという意味で新しい視点である。第10章「購入型クラウドファンディングにおける出資者の出資動機」は，従来の金融が果たせていなかった資金調達機能を持つクラウドファンディングに着目し，出資者の出資動機を検証して，売り手と買い手の間に構築される新たな関係性について言及している。

終章「消費者行動とリレーションシップ・マーケティング」では，関係性を形成すべき顧客の1つである消費者に着目し，消費者行動とリレーションシップ・マーケティングについて，今後の研究を展望する。

〈参考文献〉

Ali, H. and S. Birley (1998), "The Role of Trust in the Marketing Activities of Entrepreneurs Establishing New Ventures," *Journal of Marketing Management*, Vol.14, No.7, pp.749-763.

Anderson, J.C. and J.A. Narus (1990), "A Model of Distributor Firm and Manufacturer Firm Working Partnerships," *Journal of Marketing*, Vol.54, No.1, pp.42-58.

Ballantyne, D., M. Christopher and A. Payne (2003), "Relationship Marketing: Looking Back, Looking Forward," *Marketing Theory*, Vol.3, No.1, pp.159-166.

Baron, S., T. Conway and G. Warnaby (2010), *Relationship Marketing: A Consumer Experience Approach*, London: Sage.

Berry, L. L. (1983), "Relationship marketing," in L. L. Berry, G. L. Shostack and G. D. Upah (eds), *Emerging Perspectives on Services Marketing*, Chicago, IL: American Marketing Association, pp.25-28.

Berry, L. L. and A. Parasuraman (1991), *Marketing Services: Competing through Quality*, New York: Free Press.

Bitner, M. J. (1990), "Evaluating Service Encounters: The Effects of Physical Surroundings and Employee Responses," *Journal of Marketing*, Vol.54, No.2, pp.69-82.

Christopher, M., A. Payne and D. Ballantyne (1991), *Relationship Marketing: Bringing Quality, Customer Service, and Marketing Together*, Oxford: Butterworth Heinemann.

Conway, T. and J. S. Swift (2000), "International Relationship Marketing The Importance of Psychic Distance," *European Journal of Marketing*, Vol.34, No.11/12, pp.1391-1413.

Conway, T and J. Whitelock (2007), "Relationship Marketing in the Subsidised Arts: The Key to a Strategic Marketing Focus?" *European Journal of Marketing*, Vol.41, No.1/2, pp.199-222.

Cowles, D. L. (1997), "The Role of Trust in Customer Relationships: Asking the Right Questions," *Management Decision*, Vol.35, No.4, pp.273-282.

Cronin, J. J. and S. A. Taylor (1992), "Measuring Service Quality: A Reexamination and Extension," *Journal of Marketing*, Vol.56, No.3, pp.55-68.

Crosby, L. A. and N. Stephens (1987), "Effects of Relationship Marketing on Satisfaction, Retention, and Prices in the Life Insurance Industry," *Journal of Marketing Research*, Vol.24, No.4, pp.404-411.

Dick, A. S. and K. Basu (1994), "Customer Loyalty: Toward an Integrated Conceptual Framework," *Journal of the Academy of Marketing Science*, Vol.22, No.2, pp.99-113.

Eiriz, V. and D. Wilson (2006), "Research in Relationship Marketing: Antecedents, Traditions and Integration," *European Journal of Marketing*, Vol.40, No.3/4, pp.275-291.

Grönroos, C. (1994), "Quo Vadis, Marketing? Toward a Relationship Marketing Paradigm," *Journal of Marketing Management*, Vol.10, No.5, pp.347-360.

Grönroos, C. (1997), "From Marketing Mix to Relationship Marketing — Towards a Paradigm Shift in Marketing," *Management Decision*, Vol.35, No.4, pp.322-339.

Grönroos, C. (2004), "The Relationship Marketing Process: Communication, Interaction, Dialogue, Value," *Journal of Business & Industrial Marketing*, Vol.19, No.2, pp.99-113.

Gummesson, E. (2002), "Relationship Marketing and a New Economy: It's Time for De-programming, *Journal of Services Marketing*, Vol.16, No.7, pp.585-589.

Heskett, J. L., T. O. Jones, G. W. Loveman, W. E. Sasser, Jr. and L. A. Schlesinger (1994), "Putting the Service Profit Chain to Work," *Harvard Business Review*, Vol.72, No.2, pp.164-170.

Hocutt, M. A. (1998), "Relationship Dissolution Model: Antecedents of Relationship Commitment and the Likelihood of Dissolving a Relationship," *International Journal of Service Industry Management*, Vol.9, No.2, pp.189-200.

Jacson, B. B. (1985), "Build Customer Relationships that Last," *Harvard Business Review*, Vol.63, No.6, pp120-128.

Keaveney, S. M. (1995), "Customer Switching Behavior in Service Industries: An Expioratory Study," *Journal of Marketing*, Vol.59, No.2, pp.71-82.

Kumar, V. and D. Shah (2004), "Building and Sustaining Profitable Customer Loyalty for the 21st Century," *Journal of Retailing*, Vol.80, No.4, pp.317-330.

Macintosh, G. (2009), "Examining the Antecedents of Trust and Rapport in Services: Discovering new interrelationships," *Journal of Retailing and Consumer Services*, Vol.16, No.4, pp.298-305.

MacMillan, K., K. Money, A. Money and S. Downing (2005), "Relationship Marketing in the Not-for-profit Sector: An Extension and Application of the Commitment‒trust Theory," *Journal of Business Research*, Vol.58, No.6, pp.806-818.

McCort, J. D. (1994), "A Framework for Evaluating the Relational Extent of a Relationship Marketing Strategy: The Case of Nonprofit Organizations," *Journal of Direct Marketing*, Vol.8, No.2, pp.53-65.

Morgan, R. M. and S. D. Hunt (1994), "The Commitment-Trust Theory of Relationship Marketing," *Journal of Marketing*, Vol.58, No.3, pp.20-38.

Möller, K. and A. Halinen (2000), "Relationship Marketing Theory: Its Roots and Direction," *Journal of Marketing Management*, Vol.16, No.1, pp.29-54.

Oliver, R. L. (1999), "Whence Consumer Loyalty?" *Journal of Marketing*, Vol.63, No.4, pp33-44.

O'Malley, L. and C. Tynan (2000), "Relationship Marketing in Consumer Markets Rhetoric or Reality?" *European Journal of Marketing*, Vol.34, No.7, pp.797-815.

Palmer, A. (1997), "Defining Relationship Marketing: An International Perspective," *Management Decision*, Vol.35, No.3/4, pp.319-321.

Parasuraman, A. and D. Grewal (2000), "The Impact of Technology on the Quality-Value-Loyalty Chain: A Research Agenda," *Journal of the Academy of Marketing Science*, Vol.28, No.1, pp.168-174.

Pritchard, M. and R. Silvestro (2005), "Applying the Service Profit Chain to Analyse Retail Performance: The Case of the Managerial Strait-jacket?" *International Journal of Service Industry Management*, Vol.16, No.4, pp.337-356.

Reichheld, F. F. and W. E. Sasser, Jr. (1990), "Zero Defections: Quality Comes to Services," *Harvard Business Review*, Vol.68, No.5, pp.105-111.

Rosen, D. E. and C. Surprenant (1998), "Evaluating Relationships: Are Satisfaction and Quality Enough?" *International Journal of Service Industry Management*, Vol.9, No.2, pp.103-125.

Rust, R. T. and A. J. Zahorik (1993), "Customer Satisfaction, Customer Retention, and Market Share," *Journal of Retailing*, Vol.69, No.2, pp.193-215.

Selnes, F. (1998), "Antecedents and Consequences of Trust and Satisfaction in Buyer-Seller Relationships," *European Journal of Marketing*, Vol.32, No.3/4, pp.305-322.

Shani, D. and S. Chalasani (1992), "Exploiting Niches Using Relationship Marketing," *Journal of Consumer Marketing*, Vol.9, No.3, pp.33-42.

Sheth, J. N. (2002), "The Future Relationship Marketing," *Journal of Services Marketing*, Vol.16, No.7, pp.590-592.

Sheth, J. N. and A. Parvatiyar (1995), "Relationship Marketing in Consumer Markets: Antecedents and Consequences," *Journal of the Academy of Marketing Science*, Vol.23, No.4, pp.255-271.

Silvestro, R. and S. Cross (2000), "Applying the Service Profit Chain in a Retail Environment: Challenging the "Satisfaction Mirror," *International Journal of Service Industry Management*, Vol.11, No.3, pp.244-268.

Storbacka, K., T. Strandvik and C. Grönroos (1994), "Managing Customer Relationships for

Profit: The Dynamics of Relationship Quality," *International Journal of Service Industry Management*, Vol.5, No.5, pp.21-38.

Takala, T. and O. Unsitalo (1996), "An Alternative View of Relationship Marketing: A Framework for Ethical Analysis," *European Journal of Marketing*, Vol.30, No.2, pp.45-60.

Webster, Jr., F. E. (1992), "The Changing Role of Marketing in the Corporation," *Journal of Marketing*, Vol.56, No.4, pp.1-17.

Wilson, D. T. (1995), "An Integrated Model of Buyer-Seller Relationships," *Journal of the Academy of Marketing Science*, Vol.23, No.4, pp.335-345.

(竹内　淑恵)

第1部
ブランド育成と消費者との関係性

第1章
製品パッケージによるブランド・リレーションシップの強化

1.1 コミュニケーション手段としての製品パッケージ

　多くの消費財で，製品間の品質や特性だけでは差別化することが困難であり，消費者にとって違いを見出すことが困難なコモディティ化が進んでいる。このような環境下，消費者が店頭での購買決定の最後に接する製品パッケージ（以下，パッケージとする）は，そのコミュニケーション手段としての有効性について注目されるようになってきたが，パッケージに関する研究でパッケージ上の言語情報を扱ったものは少ない。実務においては，ブランド・リレーションシップの維持・強化の観点で，商品企画担当者は，ロングセラー・ブランドの鮮度を保つことを目的に，リニューアルを定期的に繰り返す。しかしながら，それが全てのブランドにとって有効な変更であるとは限らない。パッケージ・デザインを変更すれば消費者にブランドの鮮度を訴えることができる。一方，パッケージ・デザインを継続すれば，ブランドが構築してきたエクイティを保護できる（恩藏 2002）とされており，どの程度のパッケージ変更がブランドにとって効果的なのかについては慎重に検討する必要がある。

　本研究の目的は，あえて低関与カテゴリーとされるスナック菓子を対象とし，リニューアル商品でのパッケージ上の言語情報が，消費者にどのように情報処理されているのか，また，ブランド・リレーションシップに影響を与えるのかを明らかにすることである。竹内（2007）が指摘するように，低関与な製品カテゴリーにおいては細かい言語要素から情報を得ようとしていないことを前提としつつ，言語情報が情報処理される場合のブランド・リレーションシップへの影響を検証する。

1.2 リニューアル・パッケージ情報処理概念モデル

　清水（1999）は，消費者個人の購買意思決定の流れを「ニーズ喚起」，「情報処理」，「態度形成」，「選択」の4つのプロセスに分け，各プロセスをフィッシュバイン（Fishbein）モデルや精緻化見込みモデル，マンドラー（Mandlea）のカテゴリー情報処理概念などを用いた，包括的な概念モデルを示している。本研究では，この概念モデルの4つのプロセスに，「使用後評価」と使用後評価に基づく「態度形成」のプロセスを加え，リニューアル・パッケージの情報処理概念モデル（図1-1）とする。

　リニューアル・パッケージの情報処理概念モデルに沿って，情報処理プロセスの詳細を以下に記述する。店頭でリニューアル・パッケージと接触した消費者がリニューアルに気が付かない場合，新たな情報探索が行われないまま態度が形成される。このような目的が明確でない場合の態度形成では，自分の過去

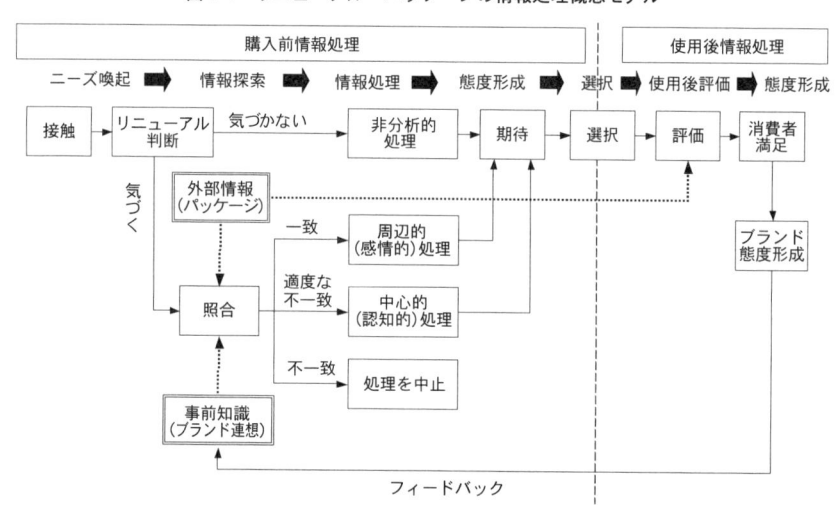

図 1-1　リニューアル・パッケージの情報処理概念モデル

（出所）　著者作成。

の経験に基づく非分析的な処理が行われる（清水 1999）。一方，リニューアルに気が付いた場合は，その商品がどのように変更されたかについて，事前知識であるブランド連想とパッケージという外部情報を用いて情報処理を行う。情報を収集・処理する方法としては，2つのやり方が考えられる。1つは「ピースミールモード」で収集・処理するという考え方で，これは得られた情報の各属性を個別に収集・処理する。もう1つが「カテゴリーモード」で収集・処理するもので，与えられた情報が，消費者の持つ事前知識と何らかの基準で結びつく場合，既存のカテゴリー知識と結びつけて情報を収集・処理するという方法である。ピースミールモードは個々の属性を詳細に評価しなければならず，情報処理の負荷は高く，カテゴリーモードは既に蓄積された知識を用いるため，情報処理の負荷は低くなる（清水 1999）。ピースミールモードは精緻化見込みモデルにおける中心的（認知的）処理に相当し，カテゴリーモードは周辺的（感情的）処理に相当すると考えられる。

　事前の知識と与えられた情報を照合し，その一致度合いにより中心的（認知的）情報処理ルート，周辺的（感情的）情報処理ルートに分かれる。既存のカテゴリー知識と新たに与えられた情報が一致した場合は，既存の知識をそのまま評価に採用するため，新たな情報を処理しない。適度な不一致の場合は，一致していない部分についての情報を収集し推論を行うため，新たな情報を積極的に処理する。全く一致しない場合は，目標・目的に合わないものとして評価を中止し，その後の情報処理は行わない。つまり，新たな外部情報と事前知識を照合させた結果，その一致度の感じ方によって評価に使用する情報が異なるため，それぞれ別の情報処理ルートを通り，期待に至る。その後，その期待に基づいた評価を通じて消費者満足が形成され，ブランド態度を形成する。さらに，長期記憶としてブランド態度が蓄積されることで，ブランド・リレーションシップが強化される。この一連のプロセスを概念的に図示したものが本研究の全体フレームであるリニューアル・パッケージの情報処理概念モデル（図1-1）である。

1.3 満足に至る情報処理プロセス

　本研究におけるリニューアル・パッケージの情報処理概念モデルは，購入前から使用後までを一連のプロセスとして捉えたものであるが，「選択」までの「購入前情報処理」と「選択」以降の「使用後情報処理」の2つに大きく分け，仮説検証を行う。「選択」までの「購入前情報処理」のプロセスでは，WEBによるアンケート調査を実施し，リニューアル・パッケージの言語情報が購入意向に影響を与えることを検証している。ただし，本稿では，ブランド・リレーションの議論に重点をおくため，選択行動以降の「ブランド態度形成」に至る情報処理部分の仮説導出と検証に焦点を絞り，議論する。

　消費者満足研究において，消費者の使用後の満足もしくは不満足は，使用前に予測する「期待」と実際に知覚された「成果（パフォーマンス）」のバランスにより決定されるという立場が多く採られている（例えば，Tse and Wilton 1988，清水 1999，小野 2000）。しかしながら，この考え方を嶋口(1984)は「単純バランス仮説」と表現し，消費者満足の基礎概念としてきわめて簡潔だが，必ずしも現実とは合致しないとしている。他にも，期待水準と知覚されたパフォーマンス水準の差である「期待不一致度」の一変数だけで満足を規定するというアプローチだけでは不十分であるとする考え方も提唱されている（小野 2000）。本研究においても同様の立場を採り，消費者満足の決定プロセスには期待不一致の影響だけではなく，期待が直接満足に影響を与えるルートと，パフォーマンスが直接満足に影響を与えるルートがある（Yi 1993）とする考え方に依拠する。また小野（2006）も，「期待」が消費者満足や不満足に影響を与える効果を「期待効果」，知覚された「パフォーマンス」が消費者満足や不満足に影響を与える効果を「パフォーマンス効果」，さらに，「期待」と「パフォーマンス」に感じる差異である「期待不一致度」が消費者満足や不満足に影響を与える効果を「不一致効果」としており，本研究もこの定義に準拠する。

1.4 仮説の導出

1.4.1 パッケージの言語情報と購入意向

選択行動以降の情報処理に関して仮説を導出する上で，まず，リニューアル・パッケージの情報処理モデル（図 1-1）の「選択」までの「購入前情報処理」のプロセスにおける，リニューアル・パッケージの言語情報と購入意向との関係に関する検証結果を概説しておく。

リニューアル・パッケージに，記憶上のこれまでのパッケージとの差異を中程度に感じた人は，パッケージの言語情報を処理する傾向が見られた。それは，その差異が何からもたらされるものかを探索する目的で，パッケージの言語情報を収集するためと考えられる。これは，精緻化見込みモデルでの中心的態度変化に相当し，強い態度形成につながる。また，パッケージの言語情報に対する肯定的態度，否定的態度が購入意向にも影響を与えることも明らかになり，パッケージの言語情報が購入意向に影響を与えることが検証された。

1.4.2 試食前期待に関する仮説

新倉（2005）は，カテゴリーとカテゴリーとを結びつける属性の関係が一般的関係である場合の方が，一般的でない関係よりも評価が高くなるという検証結果を示している。そこで，下記の仮説を設定する。

仮説 1-1：パッケージ言語情報に整合性のある場合は，言語情報がないパッケージに比べ，試食前期待にプラスの影響を与える。

仮説 1-2：パッケージ言語情報に整合性のない場合は，言語情報がないパッケージに比べ，試食前期待にマイナスの影響を与える。

ここで言うパッケージ情報の整合性とは，カテゴリーとパッケージ言語情報の内容の結びつきが一般的であるか，一般的でないかということと同義である。

1.4.3 消費者満足プロセスに関する仮説

「期待効果」,「パフォーマンス効果」,「不一致効果」の3つの効果の強さは,ターゲットとする顧客セグメント,製品のライフサイクル段階,競争のあり方によっても異なるため,どの効果が影響を与えるかを見極める必要がある（小野 2006）。また,満足をいだく対象物の違いにより効果の影響は異なるという実証研究も行われている（Churchill and Suprenant 1982, 高橋 1998）。高橋（1998）は,買物行動においては買物満足に与える期待効果が,不一致効果を上回ることを実証し,その理由として,過去に買物経験があり,学習効果によって情報処理が単純化された結果と考察している。また,ビデオプレーヤーではパフォーマンスのみが満足に影響を与えていることが実証され,これは提示商品が新製品であり,明確な購入前期待が形成されなかった結果であると指摘されている（Churchill and Surprenant 1982）。

本研究では,① 言語情報のないパッケージ,② 言語情報があり,その内容に整合性が認められるパッケージ,③ 言語情報があるが,その内容に整合性が認められないパッケージの3種を対象としている。以上の議論から言語情報のないパッケージは,周辺的ルートによる情報処理が行われ,精緻な評価は行われず,そのため情報処理は単純化され,事前の期待が使用後の満足に影響を与える。一方,言語情報があり,その内容に整合性が認められるパッケージでは,事前期待も高く,より精緻に評価が行われるため,期待とパフォーマンスを比較・評価し,満足や不満足を形成する。ただし,言語情報があるが,その内容に整合性が認められないパッケージでは,事前の期待を明確に形成することができず,満足の判断は中身製品のパフォーマンスに委ねると考えられる。よって,以下の仮説を設定する。

仮説 2-1：言語情報のないパッケージにおける満足は,期待効果が大きい。
仮説 2-2：言語情報に整合性のあるパッケージにおける満足は,不一致効果が大きい。
仮説 2-3：言語情報に整合性のないパッケージにおける満足は,パフォーマンス効果が大きい。

満足度プロセスと仮説 2-1～仮説 2-3 の対応を図 1-2 に示す。

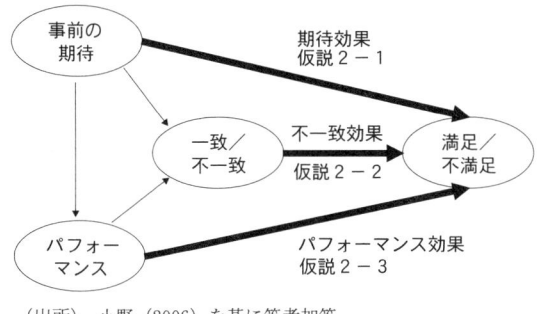

図 1-2　満足プロセスと仮説 2-1〜仮説 2-3 の対応

（出所）　小野（2006）を基に筆者加筆。

1.4.4　ブランド態度に与える影響に関する仮説

　言語情報に整合性のあるパッケージは，精緻化見込みモデルの中心的ルートで情報処理が行われ，肯定的態度への変容が想定される。よって他のパッケージに比べ，ブランド態度にプラスの影響を与えると考えられる。そこで，下記の仮説を設定する。

　　仮説 3：言語情報に整合性のあるパッケージは，他のパッケージと比較して，ブランド態度に最も強くプラスの影響を与える。

1.5　実験調査による検証

1.5.1　調査設計と手順

調査は大学生 2〜4 年生男女を対象に実施し，回答数 76 件を得た。

調査手法：試食を伴う質問紙による実験調査
調査手順：次頁の表 1-1 に従い，5 段階尺度にて測定した。
調査対象物：リニューアルを想定した架空にデザインされたパッケージ

表1-1　調査手順

主な調査項目	内容
既存商品に対する事前期待	パッケージ提示せず，試食前の期待度を測定
既存商品に対する期待一致度	既存商品の中身に対する期待との一致度を測定
既存商品に対する試食後満足	既存商品の中身についての満足度を測定
リニューアル商品に対する事前期待	各提示パッケージ（①～③）に対する試食前の期待度を測定
リニューアル商品に対する期待一致度	各提示パッケージ（①～③）の製品の中身に対する期待との一致度を測定
リニューアル商品に対する味覚差の大きさ	各提示パッケージ（①～③）の製品の中身の既存製品との味覚差の大きさを測定
リニューアル商品に対する試食後満足度	各提示パッケージ（①～③）の製品の中身の満足度を測定
試食後のブランド態度変化	ブランドへの態度の変化を測定

（出所）　筆者作成。

図1-3　提示したリニューアル・パッケージ

【パッケージ①】　【パッケージ②】　【パッケージ③】　　［参照：既存製品］

（注）　2008年11月時点。

（出所）　筆者作成。

パッケージ①：パッケージに言語情報のないもの。
パッケージ②：パッケージに言語情報があり，その内容に整合性のあるもの。
　　　　　　　（言語情報は「おいしさ引き立つ」，「シチリアの海塩使用」）
パッケージ③：パッケージに言語情報があり，その内容に整合性のないもの。
　　　　　　　（言語情報は「贅沢なあじわい」，「コラーゲン配合」）

中身の内容物については，既存製品である「カルビーポテトチップスうすしお味」とリニューアル商品を想定した「カルビーポテトチップスオホーツクの塩味」を使用した。リニューアル・パッケージとして3種類のダミー・パッケージを作成し，提示した（図1-3）。1人の対象者に対し，3種類のパッケージを提示し，手順に従い調査したが，パッケージ①〜③の提示順を3分の1ずつローテーションさせた。また，中身の内容物とパッケージ・デザインの組み合わせが同じにならないようコントロールした。

1.5.2　試食前期待に関する検証

仮説1-1：パッケージ言語情報に整合性のある場合は，言語情報がないパッケージに比べ，試食前期待にプラスの影響を与える。

　言語情報のないパッケージ①の試食前期待度に比べ，整合性のある言語情報があるパッケージ②の試食前期待度が高ければ仮説が検証されたと見なす。方法は，分散分析を用い，「非常に期待している」から「まったく期待していない」までの5段階尺度で測定した「試食前期待度」を従属変数とし，パッケージの違いに統計的水準で有意差があれば仮説が支持されたとする。
　検定の結果，パッケージ①の試食前期待度の平均値は3.38，パッケージ②の試食前期待度の平均値は3.88であり，1％水準で有意差が見られた（$F=2.29$, $p<0.01$）。よって整合性のある言語情報が試食前期待にプラスの影響を与えるという仮説は支持された。

仮説1-2：パッケージ言語情報に整合性のない場合は，言語情報がないパッケージに比べ，試食前期待にマイナスの影響を与える。

　言語情報のないパッケージ①の試食前期待度に比べ，整合性のない言語情報があるパッケージ③の試食前期待度が低ければ仮説が検証されたと見なす。
　検定の結果，パッケージ①の試食前期待度の平均値は3.38，パッケージ③の試食前期待度の平均値は3.12であり，試食前期待度が低くなる傾向は見られるものの，有意差はなかった（$F=5.182$, $p=0.189$）。しかしながら，パッケージ②とパッケージ③で同様に，試食前期待度の差の検定を行ったとこ

ろ，1％水準で有意な差が見られた（F＝10.863, p＜0.01）。よって，仮説は支持されたと見なす。

1.5.3 消費者満足プロセスに関する検証

満足プロセスモデルに従い，各パッケージにおける「期待効果」，「不一致効果」，「パフォーマンス効果」の影響の大きさについて，先行研究（Yi 1993）に依拠し，パス解析を用いて検証する。本研究のリニューアル・パッケージにおける情報処理モデルでは，消費者満足がブランド態度に影響を与えていると仮定しているため，満足／不満足からブランド態度へつながるパスを設けたパス図（図1-4）にて，分析を実施する。ここでのブランド態度とは，ブランドに関する情報についての要約的判断，全体評価（Keller 2003）とし，測定手法としてはブランド測定尺度を参照した。好ましい／好ましくない，親しみのある／親しみのない，魅力のある／魅力のない，品質の確かな／品質に不安のある，感じがいい／感じが悪いの5項目を用い，SD尺度法にて測定した（Mackenzie and Lutz 1989, Till and Shimp 1998）。

仮説2-1：言語情報のないパッケージにおける満足は，期待効果が大きい。

分析の結果，「期待」から「試食後満足」へは有意ではないため（p＝0.953），影響はなく，期待効果は認められなかった。また，モデル適合度もAGFI＝0.739, RMSEA＝0.195と低く，本モデルは採択されない。よって仮説は棄却

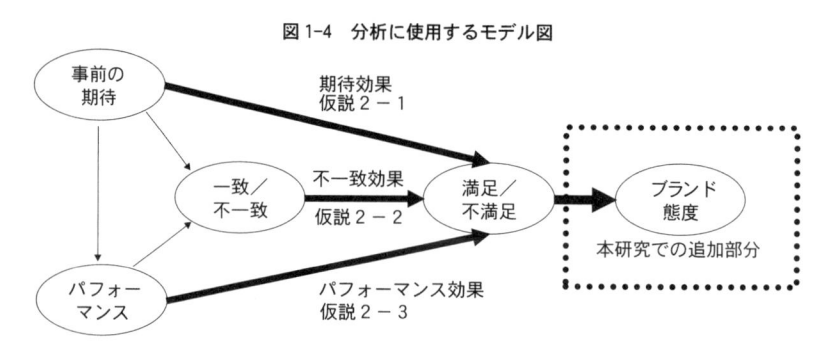

図1-4 分析に使用するモデル図

(出所) 小野（2006）を基に著者加筆。

された。期待効果が有意でなかったのは，調査対象者がポテトチップスの食用機会が少なく，情報を単純化するほどの知識を持ち合わせていないためと推測される。

仮説 2-2：言語情報に整合性のあるパッケージにおける満足は，不一致効果が大きい。

分析の結果，「一致不一致」から「試食後満足」への係数は 0.82 と高く，1％水準で有意であり，仮説は支持された。「期待」から「試食後満足」，「パフォーマンス」から「試食後満足」の係数はそれぞれ有意ではなかった（p＝0.376，p＝0.351）。また，「期待」と「パフォーマンス」からのパスの係数は，それぞれ 0.26（p＜0.05），0.43（p＜0.01）であり，期待とパフォーマンスを基に評価を行っていることが確認された（図 1-5）。

仮説 2-3：言語情報に整合性のないパッケージにおける満足は，パフォーマンス効果が大きい。

分析の結果，「パフォーマンス」から「試食後満足」へのパスの係数は 0.43 であり，「期待」からのパス係数 0.37，「一致不一致」からのパス係数 0.35 を

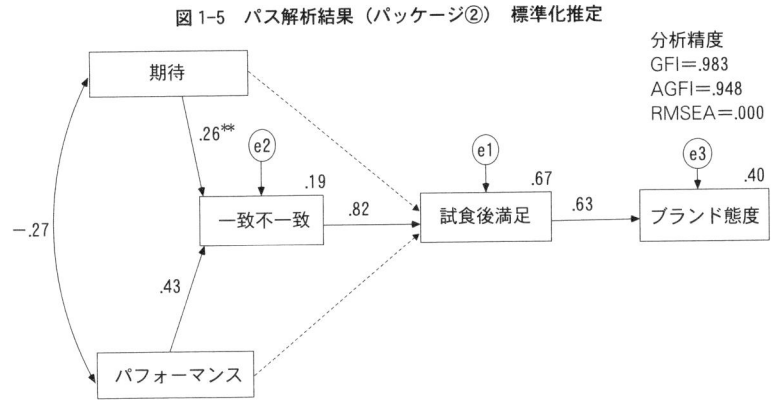

図 1-5 パス解析結果（パッケージ②） 標準化推定

分析精度
GFI＝.983
AGFI＝.948
RMSEA＝.000

（注） ＊＊は 5 ％水準で，その他のパス係数はいずれも 1 ％水準で有意である。
なお，---▶ は有意でないパスを示す。
（出所） 筆者作成。

上回っており，またパス係数は1％水準で有意である（図1-6）。さらに各効果を表す係数の差を「パラメーターの一対比較」により検定した結果，「期待」から「試食後満足」へのパスと「パフォーマンスから試食後満足」へのパスの差は5％水準で有意であった。また，「一致不一致」から「試食後満足」のパスと，「パフォーマンス」から「試食後満足」へのパスの差についても5％水準で有意であった。したがって，仮説は支持された。

仮説3：言語情報に整合性のあるパッケージは，他のパッケージと比較し最も強くブランド態度にプラスの影響を与える。

仮説2-2が支持されたことにより，言語情報に整合性のあるパッケージは，事前の期待とパフォーマンスの比較に基づく評価により消費者満足を形成していることが示唆された。この期待不一致効果が満足に与える影響については表1-2のような関係が提示されている（小野 1999）。期待が低いときに高いパフォーマンスを知覚した場合は「プラスの不一致」であり，満足度が高まる。反対に，期待が高いときに低いパフォーマンスを知覚した場合は「マイナスの不一致」であり，満足度が低くなる。期待とパフォーマンスの水準が一致した場合は中程度の満足度となる。したがって，言語情報に整合性のあるパッケー

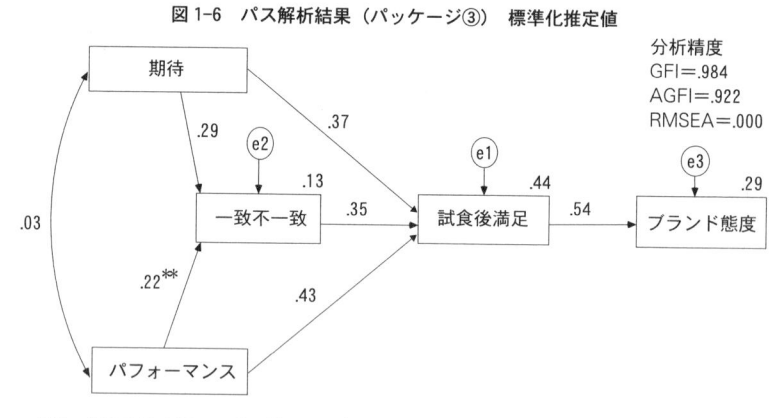

図1-6　パス解析結果（パッケージ③）　標準化推定値

分析精度
GFI＝.984
AGFI＝.922
RMSEA＝.000

（注）　**は5％水準で，その他のパス係数はいずれも1％水準で有意である。
（出所）　筆者作成。

ジ②に対する満足度には，表1-2で示す期待パフォーマンス分類によるグループ間の差が影響すると考えられ，また，その結果，ブランド態度にも大きな影響を与えると仮定できる。そこで，期待とパフォーマンスの組み合わせのグループを規定するため，実験結果から「試食前期待度」と「リニューアル商品の味覚差の大きさ」についての回答で5段階尺度のトップ2回答者を，それぞれ「高期待」，「高パフォーマンス」，それ以外の回答者を「低期待」，「低パフォーマンス」とし，その組み合わせによりグループ(1)〜(3)の3グループに分類した。

表1-2　期待とパフォーマンスの比較に基づく満足の関係

		期待	
		高	低
パフォーマンス	高	満足度：中	満足度：高
	低	満足度：低	満足度：中

		期待（試食前期待度）	
		高	低
パフォーマンス（味覚差）	高	グループ(2)：一致	グループ(1)：プラスの不一致
	低	グループ(3)：マイナスの不一致	グループ(2)：一致

（出所）　左表はSuprenant（1976）より小野（1999）が簡略化したものを抜粋。右表は筆者作成。

　言語情報に整合性のあるパッケージが，他のパッケージに比べてブランド態度がより高くプラスに変化していれば，仮説は検証されたとする。方法としては，共分散分析を用い，表1-2に示した3グループ間の差を共変量，ブランド態度の変化を従属変数とし，パッケージ①〜③のパッケージ・デザインの違いの主効果が統計的水準で有意差があれば仮説が支持されたとする。

　検定の結果，言語情報に整合性のあるパッケージ②のブランド態度のプラスの変化値が，他のパッケージに比べ高く（図1-7），パッケージ・デザインの違いの主効果は10％水準で有意である（p＝0.098）。よって仮説は支持された。

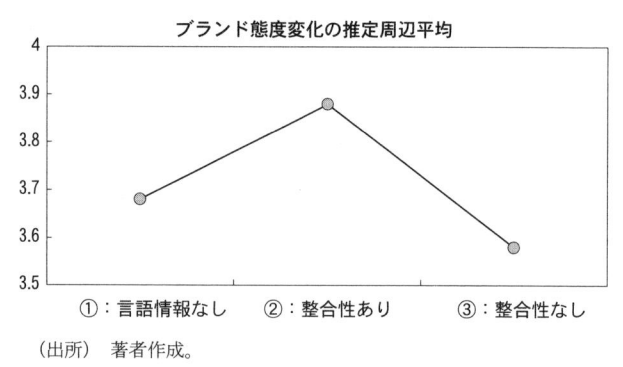

図1-7　共分散分析によるブランド態度変化値

ブランド態度変化の推定周辺平均

①：言語情報なし　②：整合性あり　③：整合性なし

（出所）　著者作成。

1.6　検証結果の考察

　選択行動以降の「ブランド態度形成」に至る情報処理について，実験調査の分析から，大きく3点の示唆が得られた。1点目は，パッケージの言語情報の内容に整合性が認められる場合は，使用（試食）前の期待度は増加し，整合性が認められない場合は，低下するという点である。これは，消費者はパッケージの言語情報の意味内容を，しっかり情報処理しており，その評価が態度形成につながることを示唆している。2点目は，パッケージの言語情報の差により，消費者満足を形成するプロセスが異なるということである。言語情報に整合性が認められれば，期待の大きさとパフォーマンスを比較して，その差により満足を形成し，整合性が認められなければ，期待とは関係なく，パフォーマンスの評価により満足を形成する傾向がある。したがって，整合性の認められるパッケージにおいて過剰な期待を抱かせた場合，パフォーマンスはより高い水準を要求されることになる。3点目は，言語情報に整合性を認められたパッケージは，その期待に対するパフォーマンスの要求水準を満たした場合は，最もブランド態度を向上させる。つまり，リニューアルを訴求する言語情報に整合性があり，その内容に伴うだけの製品の中身がパフォーマンスの高い内容で

ある場合に，最も効果的にブランド態度を向上させることができ，リニューアルによる活性化が可能となると考えられる。

1.7　リニューアル・パッケージとブランド・リレーションシップ

　本研究は，「リニューアルによりパッケージを変更させることで，販売増につながったり，ブランド・リレーションシップを強化させることができるのか」という，多くの商品企画担当者が抱える疑問に対し，ひとつの答えを示唆することができた。パッケージの言語情報を情報処理した消費者は，情報処理しなかった消費者よりも，行動や態度に強く影響を受けている。それがプラスに影響すれば購入につながり，ブランド・リレーションシップの強化につながる。よって，リニューアル・パッケージの言語情報を効果的に情報処理させることができれば，販売増やブランド活性化に貢献できると言える。学術面においては，リニューアル・パッケージについて，消費者の購入前反応から使用を通じた態度変化についての情報処理プロセスの体系的な概念モデルを提示できた。

　パッケージの言語情報は，パッケージ・デザインの内容によっては情報処理され，購入態度や使用前の期待度に影響を与える。また，その言語情報の意味内容の違いにより，使用時評価の判断基準が異なることも示された。さらに，言語情報に整合性があった場合，最も効果的に満足につながり，ブランド態度を向上させることが検証された。パッケージは，購入態度に影響を与えるマーケティング・ツールであり，使用を通じブランド態度に影響を与えるブランド要素でもあり，それが一連のプロセスとして影響しあっていることを示している。

　本研究には残された課題もある。長期記憶として蓄積されるプロセスである「フィード・バック」については，提示した概念モデルでも想定しているものの検証されていない。長期的なブランド・リレーションシップの強化という視点においては重要な議論であるが，リニューアル商品への経験がある程度，蓄積されなければブランド・イメージの構築は難しく，フィード・バックの効果

は測定し難い。その測定のためには，1回のアドホックな調査ではなく，継続的な調査を実施する必要がある。パッケージに関する研究は緒についたばかりであるが，実務からの要請も強く，特にパッケージのコミュニケーション効果への関心は高い。今後，ブランド・リレーションシップの視点から，コミュニケーション効果の実証研究に継続的に取り組むことが課題と言える。

〈参考文献〉

Churchill, Gilbert A. Jr. and Carol Surprenant (1982), "An Inevestigation Into the Determinants of Customer Satisfaction," *Journal of Marketing Reseach*, Vol.16 November pp.491-504.

Tse, David K. and Perter C. Wilton (1988), "Models of Consumer Satisfaction Formation: An Extension," *Journal of Marketing Reseach*, Vol.25 May pp.204-212.

Yi, Y. (1993), "The Determinants of Consumer Satisfaction: The Moderating Role of Ambiguty," *Advance in Consumer Research*, Vol.20, pp.502-506.

小野晃典（2000）「顧客満足―ブランド選択モデルによる概念整序―」,『三田商学研究』, Vol.42, No.6, pp.1-30。

小野譲司（2006）「顧客満足とコミュニケーション」, 田中洋・清水聰編『消費者・コミュニケーション戦略』有斐閣アルマ, pp.231-267。

恩蔵直人（2002）「パッケージ」, 恩蔵直人・亀井昭宏編『ブランド要素の戦略論理』早稲田大学出版部, pp.135-152。

嶋口充輝（1984）『戦略的マーケティングの論理』誠文堂新光社。

清水聰（1999）『新しい消費者行動』千倉書房。

竹内淑恵（2007）「製品パッケージの情報処理とコミュニケーション戦略」,『日経広告研究所報』, Vol.234, pp.30-37。

新倉貴士（2005）『消費者の認知世界』千倉書房。

（溝本　将洋）

第 2 章
化粧品の満足プロセスとリレーションシップ形成

2.1 基礎化粧品の満足とブランドスイッチ

「自分にぴったりの基礎化粧品」を求めて彷徨い，ブランドスイッチを繰り返している女性が存在する。使用ブランドに重大な不満があるわけではないが，より満足できる化粧品がどこかにあるのではないかと期待し，未経験のブランドを探索しているのである。ブランドスイッチの要因としてはほかにも，「化粧品によって湿疹や肌荒れ（以下「肌トラブル」という）が生じるため，肌に合うブランドを切実に探索する」，あるいは，「飽きやすく新しい物好きなパーソナリティ」などもありえる。しかしそのいずれでもなく，肌トラブルの回避というより「もっときれいな肌になりたい」という抽象的で高い理想を思い描いて飽くなき追求を続けているような消費者を，本研究は対象とする。

最初に，消費者の探索行動としてのブランドスイッチについて整理しておく。消費者は購買行為の事前から事後にいたる一連のプロセスの中で，購買に関する意思決定を行っている。消費者は，現実の状態と理想の状態を比べてギャップを感じる。これが問題認識である。問題認識を契機として，消費者は積極的に解決方法を探索し，選択肢を評価し，製品を購買する。消費・使用によって理想の状態へ移行し問題が解消されると，問題解決行動が終了する。使用経験や消費経験を通じてその製品に対して再評価を行うが，再評価において何らかの問題を認識すると，再び問題認識へと循環していく（新倉 2005）。

この購買意思決定プロセスにあてはめると，本研究で対象とする「自分にぴったりの基礎化粧品を求めてブランドスイッチを繰り返す女性」は，問題認識または評価基準が曖昧で再評価できない，あるいは，再評価によって十分満足しているという状態になっていない。いずれにしても，「問題が解消した」

図 2-1　消費者の購買意思決定プロセス

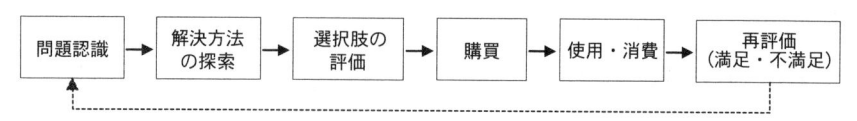

問題認識 → 解決方法の探索 → 選択肢の評価 → 購買 → 使用・消費 → 再評価（満足・不満足）

（出所）　Howard and Sheth (1969), Engel, Blackwell and Miniard (1995), 新倉 (2005) を基に筆者作成。

と判断できるブランドが見つかっていないため，解決方法の探索を継続している。ブランドとのリレーションシップが十分形成されていないため，メーカーにしてみると，購買のたびに選択肢のひとつとして評価を受けて，選択されなければならない。これはビジネスとして非効率な状態である。

　ここで，化粧品とは薬事法によって「人の身体を清潔にし，美化し，魅力を増し，容貌を変え，又は皮膚若しくは毛髪を健やかに保つため」のもので，「人体に対する作用が緩和なもの」と規定されていることを考慮する必要がある（薬事法第2条）。医薬品とは違い，そもそも「人体に対する作用が緩和なもの」であるから，「即効性」や「目に見える変化」は本来期待できない。しかし化粧品メーカーは薬事法に抵触しない範囲で，効果効能を強調したメッセージを発し顧客の獲得に取り組んでいる。その結果，消費者は化粧品の効果に過大な期待を抱いてしまう。

　本研究では，満足概念，特に「期待−不一致モデル」に依拠し，消費者が化粧品を使用する中でどのように効果を知覚し，再購買意図を形成するかの解明に取り組むことを第1の目的とする。また，「即効性」や目に「見える変化」を求める消費者に対して，メーカーサイドはどのようなリレーションシップを構築していけばいいのか，実務的なインプリケーションを得ることを第2の目的とする。

2.2 期待・満足概念と化粧品の使用感評価に関する先行研究

2.2.1 消費者行動論における期待・満足概念の研究

　消費者の購買意思決定プロセスにおいてひとつのキー概念である「満足」について整理しておく。満足とは、「製品またはサービスの特徴、あるいは製品またはサービス自体が喜ばしい水準の消費に関する充足（過不足の水準も含めて）をもたらした、あるいはもたらしつつあるという判断」である（Oliver 1997）。

　小野（2000）は、消費者が満足を形成するための評価基準を整理し、4つの意味を再定義している。①ニーズ充足度としての満足、②代替ブランドとの比較に基づく満足、③理想ブランドとの比較に基づく満足、④当該ブランドの購買前評価との比較に基づく満足という4種類の満足概念である。中でも消費者行動論の研究者たちが最も熱心に取り組んでいるのが、購買前評価との比較である（小野 2000）。

　製品またはサービスに対する購買前評価は「期待」である。期待は、過去の経験や現在の状況、その他の情報を基にした、将来の結果についての予期・予想である。消費者の「ニーズ」、「価値」、「欲望」が期待のありように影響を与えている。

　消費者は購買後に、「期待」と、「実際に知覚した成果（パフォーマンス）」を比較することにより、期待よりも良かった、期待通り、期待よりも悪かった、という総合的な判断を下す。これが「不一致」であり、ポジティブな不一致であれば「満足」、ネガティブな不一致であれば「不満足」を形成する。これが「期待-不一致モデル」といわれるもので、消費者満足を説明する代表的なメカニズムである（Oliver 1997）。

　小野（2006）は満足に影響を与える要素を整理したモデルを示している。「実際に知覚した成果（パフォーマンス）」とは、あくまで消費者が知覚した主観的な評価であり、企業の意図している特性や客観的な事実とは異なることに注意する必要がある。本稿では以下「知覚成果」と記述する。

図 2-2 満足に対する3つの要素の効果

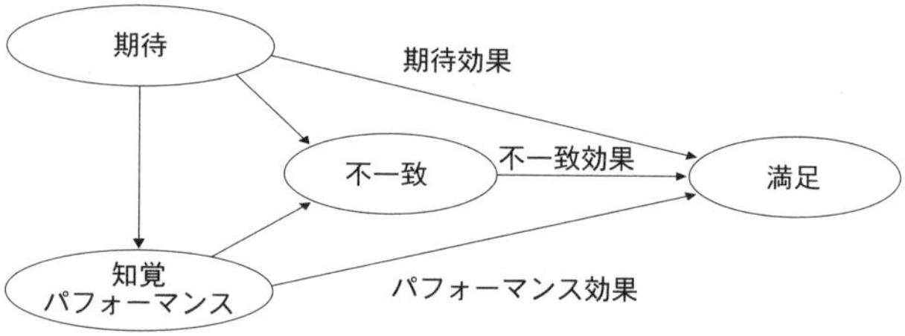

(出所) 小野 (2006)。

2.2.2 化粧品の使用感評価に関する先行研究

基礎化粧品による肌の手入れは日常的に，ごくあたりまえに行われているが，化粧品は，触り心地，温冷感，香りなどの要素から，消費者に快適感，リラックス感，覚醒感などさまざまな心理的効果を与えている（霜田 1993）。

方波見（2002）は，化粧品は感性を重視する高関与型の商品であるため「使用感」の評価を重視すべきであると述べている。また化粧品ブランドの知覚品質と製品評価の関係に注目し，情報によって高い知覚品質が形成されると化粧水の使用感評価が向上することを実証した。製品設計上の改善を目的としたものではなく，消費者の購買前評価である知覚品質が使用後の品質評価に影響を及ぼすプロセスに焦点を当て，化粧品のマーケティングコミュニケーションへのインプリケーションを示した点で意義深い。ただし架空のブランドのサンプルを1週間学生に使用してもらうという実験で，長期使用による時間的効果の検討という面では，限定されたものであった。

基礎化粧品というカテゴリー特性を加味すると，時間軸を取り入れた，経時的な視点が不可欠であろう。また前述のように「化粧品」は薬事法により「人体に対する作用が緩和なもの」と規定されているため，肌の劇的な変化や即効性を期待できない。本質的には判断基準が存在しないにもかかわらず，消費者はどのように成果を知覚し，そこからどのように満足・不満足を形成するのか。この視点も不可欠であろう。

そこで本研究は，基礎化粧品の特定アイテムに対する消費者の期待および知覚成果の経時的変化を詳細に分析し，動態的な満足プロセスを捉える。

2.3 基礎化粧品の満足プロセス仮説の導出

2.3.1 プリテスト

本研究の仮説を導出するため，プリテストとして，2009年7月から8月にかけて，20代から40代の7名の女性を対象に，インタビューを実施した。これまで使用した基礎化粧品に対する満足・不満足経験やブランドスイッチの経緯から，期待と満足に関して以下の点を整理した。

(1) 期待

① 「基礎化粧品への期待水準が高まり続ける」というプロセスがみられる。
　加齢への不安，肌悩みの深刻化，「きれいな肌」の価値が非常に高い，といった極めて心理的な要因が，基礎化粧品へのニーズを高め，「もっと肌への効果が高い基礎化粧品」を求め続ける。

② 「高い成果を実感できる化粧品と出会うことによって，期待の水準がますます高まる」というプロセスがみられる。

③ 「一晩で目に見える効果」といった「即効性」への期待がみられる。
　口コミやメディアから得られる情報がそのような態度を形成する。

(2) 満足

① 基礎化粧品の使用感の良さや知覚成果への満足は時間の経過と共に薄れる。

② 最初の知覚成果の水準が高く，その水準が維持されると継続意向が高い。

③ 基礎化粧品に対して期待を抱いていても成果が知覚できないケースでは，満足感を明確に得られない状態が続いている。

2.3.2 仮説の導出

先行研究のレビューおよびプリテストの結果から，以下の仮説を設定する。

仮説1：新しい基礎化粧品を使用すると高い成果を知覚し一時的に満足するが，その後知覚成果が下がることで，満足度が低下する。

42　第1部　ブランド育成と消費者との関係性

図2-3　〔仮説1〕知覚成果が時間と共に逓減し，満足度が下がるプロセスの概念図

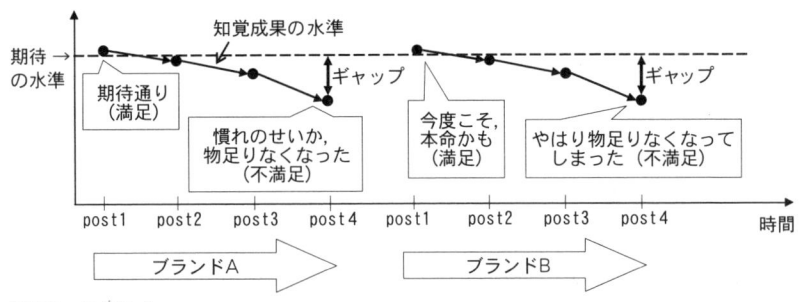

（出所）筆者作成。
　　　仮に消費者の期待水準が一定水準でも，知覚成果が時間と共に逓減すると（post3, post4），ネガティブなギャップ（不一致）が生じて満足水準が低下してしまう。

　仮説2：新しい基礎化粧品を使用すると高い成果を知覚し一時的に満足するが，肌をもっとよくしたいというニーズが高まることで期待が高まり，結果として満足度が低下する。

　なお，消費者が使う「効果」や「効果感」（効果があると感じる，ありそうと感じる）という言葉はいずれも，本研究における「知覚成果」であると解釈して分析を進める。

図2-4　〔仮説2〕知覚成果は逓減しないが，期待が時間と共に高まるプロセスの概念図

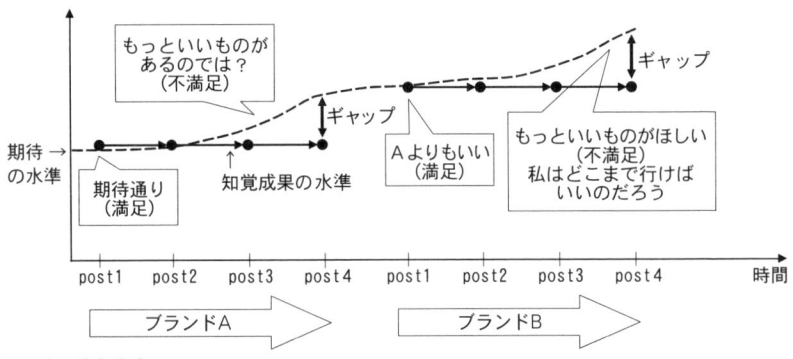

（出所）筆者作成。
　　　消費者の知覚成果は逓減せず一定の水準を維持しているにもかかわらず（post1からpost4），ネガティブなギャップ（不一致）が生じて満足水準が低下してしまう。この場合，期待水準が上昇していると解釈できる（post3, post4）。

2.4　本調査—解釈アプローチによる満足プロセスの把握

2.4.1　解釈アプローチ

　本研究の目的は，消費者が基礎化粧品を日々使用していく中で何を体験し，それによりどのような評価をしているのかを詳細に把握することで達成される。従来の実証研究や多くの実務現場で行われているようなブラインドテストや，厳密に統制した数日間の実験，評価を5点尺度で測定する，といった手法では，消費者が基礎化粧品について評価をする際の複雑さや曖昧さは捉えきれない。

　そこで本研究は，解釈主義アプローチに依拠し，仮説を考察する。解釈主義アプローチは消費者行動研究のひとつである。「説明や予測といった法則定立的な研究目的ではなく，消費者行動に込められている意味を理解したり，解釈したりすることを主目的としたもの」で「現象をそのままに与えられた文脈においてその全体像をつかむことをめざす」（阿部 2001）。

　本調査では，消費者が自らの意思で選択した美容液を1カ月にわたり自由に消費してもらうという，統制の緩い実験を採用する。そして，生活全体のコンテクストの中で，消費者が肌の状態や化粧品をどのように理解しているのか，その全体像をとらえることで，基礎化粧品に対する評価のあり方を明らかにする。美容液は化粧品の中でも期待や評価に対する意識が相対的に高いと考えられているため，対象アイテムとした。

2.4.2　調査概要

(1)　調査のデザイン

　1カ月間の消費体験を「記述」，「写真」，「語りデータ」から解釈する。
　　調査1.「語りデータ」　プレ・インタビュー（約30分）
　　調査2.「記述」，「写真」　セルフレポート（1カ月）
　　調査3.「語りデータ」　ポスト・インタビュー（約90分）

(2)　インフォーマント

　美容液を変えるサイクルが概ね1～2本で，「自分の希望にもっとぴったり合

うものがあるのではないか」と常に探している，20代から40代の女性8名を対象とした。

(3) 調査の目的と設計の工夫

できるだけ現実に即した期待と満足のプロセスを捉えるために，インフォーマントが実際にその時点で使いたいと思っている美容液を一旦購買してもらう形をとった。

調査2の「セルフレポート」とは，デジタルカメラや携帯電話のカメラ機能を用いて撮影した写真と日記で構成されるもので，木村（2007）を参考にした。インフォーマントには，自ら選んだ美容液を1カ月使用しながら日々感じたことを文章と写真で記録してもらう。

インタビューにあたっては購買後の製品評価を明らかにする際，バイアスをかけないように努めた。ポスト・インタビューの中で，インフォーマントの対象美容液への満足の推移を，大まかにグラフで描いてもらった（以下「満足カーブ」という）。満足カーブに対応する経験や感情を語ってもらい補足情報を得た。

購買前の期待については，直接訊ねることをできるだけ避け，対象美容液に決定するまでに集めた情報内容や「どんな肌になれそうだと思ったか」といったことから解釈した。使用中の期待の変化は，知覚したこととその評価，および自筆の満足カーブから解釈するにとどめる。

2.5　満足プロセス結果の考察

「記述」，「写真」，「語りデータ」による1カ月間の消費体験を解釈した結果，8名とも，対象美容液に対する満足のありようは時間の経過の中で変化していたことがわかった。ひとりひとりの満足水準や，満足の形成プロセスは多様である。これは対象美容液や個人の背景が異なるためである。

2.5.1　仮説1の考察

仮説1：新しい基礎化粧品を使用すると高い成果を知覚し一時的に満足するがその後知覚成果が下がることで，満足度が低下する。

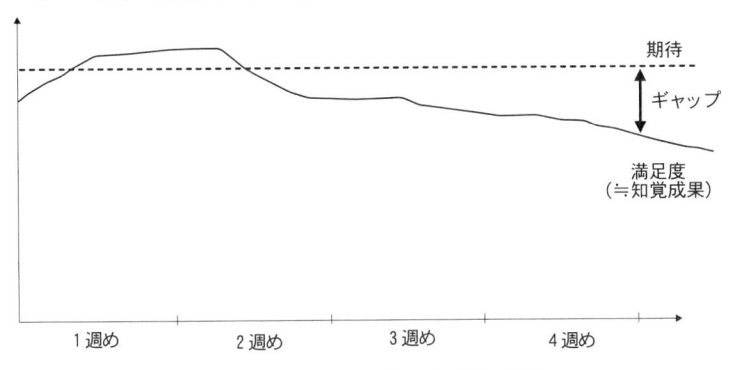

図 2-5 途中で知覚成果が下がり，満足度が低下する［U さん（27 歳）のケース］

（出所） 筆者作成。破線は筆者が解釈して追加した期待の推移。

　このプロセスに該当するケースは U さん（27 歳）であった。

　U さんは，前半は高い成果を知覚したが，後半は慣れのため成果に物足りなさを感じるようになってきた。マイナスのギャップにより満足カーブが緩やかに下降し，再購買への迷い，他のブランドの探索意向が高まっている。

　　「使い始めよりしっとり感が薄れてきた感が。慣れてきたのかも。」（セルフレポート 21 日目）
　　「美容液のおかげで透明感が出ている。使用感は少し慣れたのかものたりなくなっている。違う美容液も試してみたいなあ。」（セルフレポート 23 日目）
　　「だんだんそれに慣れていったみたいな感じなので，ゆるーく，"まあいいけど"みたいな感じになった。」，「もう 1 本使ってみるか，他にすごいいいのがあればそっちにいっちゃうかもしれないです。（中略）リピートするか迷うと思います。」（以上ポスト・インタビューより）

　期待の水準や内容が変化したような記述や言葉はなく，一定であると推測される。知覚成果の程度の推移は満足度の推移とほぼ一致していると解釈される。

2.5.2　仮説 2 の考察

仮説 2 ：新しい基礎化粧品を使用すると高い成果を知覚し一時的に満足するが，肌をもっとよくしたいというニーズが高まることで期待が高ま

り，結果として満足度が低下する。

　このプロセスにぴったり合致するケースはみられなかった。ただし満足カーブは上がっているにもかかわらず，ブランドスイッチ意向を強く持つというプロセスがみられたのはQさん（27歳）である。
　Qさんの場合，前半は成果を知覚できず満足水準が極めて低かったが，後半に成果を知覚できたため，満足カーブは上昇する。しかし再購買意図は形成されず，インタビュー時点ですでに他ブランドへスイッチしていた。「もっといいものが，もっと低コストでほしい」というニーズの高まりを受けて期待水準が高まったことで，満足度とのギャップが生じたと解釈できる。Qさんは恐らく今後同じ成果を得られる美容液を探索し続ける可能性が高いだろう。

　「最初全然効果を感じなくて，はずれかなぁと思っていたんですけど，3週間4週間，後半になってくると，効果を感じてきました。」，「今回気に入ったので，終わってから，もう少し価格の安い美容液を買ったんです。（中略）金額と，贅沢が気になるからです，自分が。（筆者：同じ効果でもうちょっとお手頃なものを探そうという感じ？）そうです。それと，他も見てみたい。同じ効果のものを。」，「100点だと思ってもほかも試してみたい，もっといいものがあるんじゃないかと。」（すべてポスト・インタビューより）

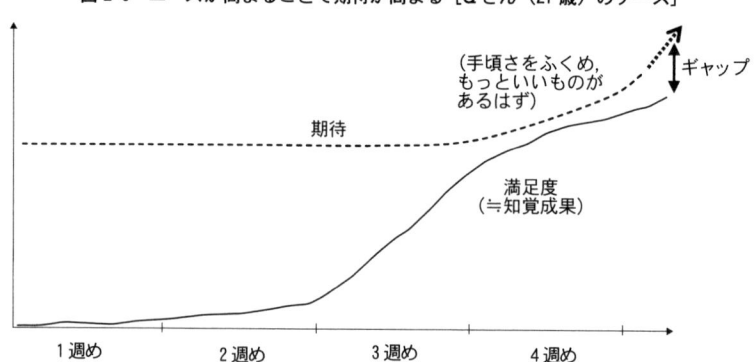

図2-6　ニーズが高まることで期待が高まる[Qさん（27歳）のケース]

（出所）　筆者作成。破線は筆者が解釈して追加した期待の推移。

2.5.3　さらなる考察

再購買意図が形成されない満足プロセスとして，① 一度満足したが新たな問題が生じて再購買意図が形成されない，② 知覚成果の水準が期待水準を下回り再購買意図が形成されない，という2つのタイプがみられた。また，3名は再購買意図が形成された。

経時的な満足プロセスを詳細に追ったことで確認できた点を5つ挙げる。

第1に，期待形成の段階で，メーカーの明示していない要素での期待が生じているケースがあることである。

第2に，使用直後の高い知覚成果が，その後の期待をさらに上昇させるというプロセスである。高い成果を知覚すると，肌をもっときれいにしたい，きれいだと言われたいという欲望が高まるため，スキンケアを熱心に行う。その結果さらに知覚成果が高まっていくという好循環がみられる。

第3に，購買前には期待していなかった要素での知覚成果が，再購買意図に影響を与える場合があるということである。例えば，透明感が出たことに満足したものの肌のざらつきが気になってブランドスイッチする，というようなケースである。

第4に，消費者は肌の総合的な状態に一喜一憂しながら対象美容液の成果の良し悪しを評価しているという点である。つまり，「肌の調子が悪い日が減った／増えた」，「化粧のりが良い／悪い」といった言葉で語られる，肌の総合評価の要因が美容液にあるとみなすのである。「キレイな肌」という目標は1つでも，そこに至る手段は複数ある。そのため，日々の再評価の判断基準にブレが生じたり，メーカーの理論と乖離した判断が下されたりすると考えられる。

第5に，購買後の比較基準は理想ブランドであり，満足の基準はメーカーの想定よりも高いということである。具体的には，① 即効性（翌朝あるいは1週間以内などに何らかの成果を知覚できる），② 継続性（使い終わるまでずっと成果を知覚できる），③ 高い成果水準（女優のような完璧な肌になれる）を「理想の美容液」の特性と考えている。そこには「化粧品でもっとキレイになりたい」という飽くなき欲望がある。際限なくニーズが高まるため，たとえ高い知覚成果であっても「これが100%ではない」と判断してしまうのである。

このような消費者の心理は，メーカーおよび他者とのインタラクションに

よって生まれる。メーカーは、広告や自社サイトなどでは薬事法の範囲内の表現しか用いない。しかし美しい女優の肌をアップにした広告、販売現場で語られるセールストークなどが、消費者の期待を高める。また口コミでは翌朝高い効果があるといった具体的な表現で自由に語られるため、ますます消費者の期待、すなわち満足の判断基準は上昇する。

表2-1　理想的な美容液を追い求める心理（インタビュー内容から抜粋）

Pさん（20歳）	・目に見える結果が現れるものに出会いたい！明らかに違う！みたいな ・朝、はっ！て前の日と違う肌があったら、いいと思う
Qさん（27歳）	・1週間、3日で、すぐに効果が出てほしい、せっかちなんです ・ハタチの頃の若い肌になりたい、芸能人やグラビアアイドルみたいな ・他にもっといいものがあると思うから、100点にはならない ・期待が大きすぎて失望した。翌朝全然違う、潤いや肌質が全然変わって別人になるくらいの期待があった（美容雑誌と美容部員から）
Rさん（34歳）	・もっといいものがあるかもしれないっていう期待は常にあって。これだけもういろんな種類の化粧品が出ているので、どっかにはあるんじゃないかって
Sさん（47歳）	・女優さん（桃井かおりなど）とか、ほんとにシミひとつない肌
Vさん（38歳）	・せっかちなタイプなので、即効性があるともっとやる気も出る ・今まで効果感が高かったものはない、いいのがあったら、本当に探してみたい

（出所）　筆者作成。

2.6　化粧品の満足プロセスに関する総括

　本研究から得られた知見は3点にまとめられる。
　1点目は、基礎化粧品における消費者の「期待」、「知覚成果」、「満足」のありようは経時的に変化しており、そのプロセスは多様であるということである。「期待」と「知覚成果」は「ニーズ」と「行動」の変化と影響し合って満足を規定している。期待と知覚成果の相互関係は既存研究でも多く取り上げられており、特に期待の水準が知覚成果の水準に作用することが強調されてきた。今回のケースで多くみられたのは、知覚成果の水準が期待の水準を変化させるというプロセスである。高い知覚成果は肌をもっとキレイにしたいというニーズを高める。そのニーズは一方では期待水準を高めるが、他方では肌を

もっとキレイにしたいと肌の手入れ行動も変えるため，より高い成果が知覚できるようになる。結果的に，対象製品の満足水準が上昇するという複合的なプロセスがある。また1つのニーズが充足されれば新たなニーズへと変化していく。

2点目は，消費者は日々，実に様々な要素で成果を知覚し，解釈し，製品を評価しているということである。メーカーの想定していない幅広い要素による期待で製品を評価している上，評価基準は使用している中で変化する。そして「肌が総合的に良い状態」という抽象度の高い基準は，最終的に消費者の満足を左右する。

3点目は，企業は自らの戦略によって消費者の期待を高めているということである。消費者の期待の高さは「完璧な肌を早く手に入れたい」という飽くなき欲望から生じている。これは，企業の競争によって創出された欲望である。消費者が，使用製品を「100%満足である」と評価することを自ら拒み，探索し続ける現象は，メーカーと消費者の相互作用により生み出されている。

以上のような，基礎化粧品の満足プロセスの複雑さ，多様さ，移ろいやすさを，1カ月にわたる定性データから詳細に捉えることができたことには意義があると考える。

2.7 化粧品の満足度を高めるためのリレーションシップ

2.7.1 実務へのインプリケーション

本研究から導出された実務へのインプリケーションを示す。

ひとたび獲得した消費者をできるだけ多く，再購買へとつなげるためのリレーションシップについて2つ述べる。

第1は，購買前あるいは購買時の情報提供についてである。「期待した知覚成果が得られないために途中で放棄されるリスク」を回避し，購買後の満足を高めることを，あらかじめ踏まえておくべきである。具体的には，① 即効性を強調し過ぎないこと，② 多くの成果を期待させないこと—これは期待を高めすぎないという点と，後から意外な価値を発見させる余地を残しておくとい

う点において重要である，③肌状態や生理サイクルを考慮して使用開始タイミングに配慮すること，④肌に負担のかからない生活の指導も含めたカウンセリングを行うこと，⑤肌状態は一定ではないことを前提に，万が一悪化した際の救済方法をあらかじめ伝達することが考えられる。

　第2は，購買後「今の自分にはこのブランドが100％満足である」と判断してもらうために，製品の良さを確認させるプロセスをもつことである。消費者は終着点を求めているのである。一度は知覚できた成果を思い出させたり，"肌に変化のないこと（悪くならないこと）こそ貴重な価値である"，"予期していなかった良い点があった"，といった気付きを与えたりすることの積み重ねで，確信化を図ることが有効であろう。

　これらは，企業・ブランドと消費者の間に双方向のリレーションシップを構築し，総合的なカウンセリングを実現することを意味している。対面販売では比較的容易だが，更なる徹底—例えば購買後1～3週間経った時点での来店を促進する仕組みなど—が望ましいと考える。セルフ購買されるブランドでも，現代であればこのような仕組み作りはSNS等の活用により可能になってきた。顧客の肌状態や使用した感想を把握しアドバイスする機会をいかに設けるかが成否を左右する大きな要素となるだろう。そのようなリレーションシップがあれば，顧客の中で新しく生じるニーズに対しても，ブランド内あるいはメーカー内で囲い込む可能性を高められる。

　基礎化粧品の製品評価において重視すべき点も述べておく。企業は，消費者の評価基準と満足プロセスの経時的変化を十分に分析しなければならない。短期的評価という「点」での評価だけではなく，その製品にたどり着きスイッチしていくまでの経緯も含めた「線」でとらえる必要性がある。どのようなブランドの変遷を経てきたのか，当該製品の成果は一切知覚できなかったのか，いずれかの時点では知覚できていたのか，といったプロセスを把握しておくことが重要である。

2.7.2　今後の課題

　最後に本研究の課題として以下の2点が挙げられる。
　第1に，本研究で扱わなかった，「ブランドイメージ」，「価格」，消費者の

「製品関与」，「知識」の要素を定義し，加えなければならないという点である。

　第2に，それらの要素を取り入れた上で定量的に補完することである。本研究では満足プロセスの経時的変化とその多様性を詳細に把握したが，一般化には至っていない。定量調査によって理論の一般化に努めることが課題である。

〈**参考文献**〉

Engel, James F., Blackwell, Roger D. and Miniard, Paul W. (1995), *Consumer Behavior* (8*th*), The Dryden Press.

Howard, John A. and Sheth, Jagdish N. (1969), *The Theory of Buyer Behavior*, Wiley & Sons.

Oliver, Richard L. (1997), *Satisfaction; A Behavioral Perspective on the Consumer*, Boston, MA: Irwin McGraw-Hill.

阿部周造（2001）「消費者行動研究の方法論的基礎」阿部周造編『消費者行動のニュー・ディレクションズ』関西学院大学出版会。

小野晃典（2000）「顧客満足―ブランド選択モデルによる概念整序」『三田商学研究』第42巻第6号, pp.1-30。

小野讓司（2006）「顧客満足とコミュニケーション」田中洋・清水聰編『消費者・コミュニケーション戦略』有斐閣。

方波見麻紀（2002）「ブランドの知覚品質が使用感と態度に及ぼす影響～化粧品のケース」『法政大学マーケティングサービスマネジメントコース2002年度研究成果集』。

木村純子（2007）「大学生の牛乳飲用の現状と需要拡大の可能性」『消費流通構造調査検討会報告書』社団法人日本酪農乳業協会。

霜田道子（1993）「化粧水の使い心地」資生堂ビューティーサイエンス研究所編『化粧心理学』フレグランスジャーナル社。

新倉貴士（2005）『消費者の認知世界』千倉書房。

（福永　恭子）

第 2 部
サービス財における長期的な関係性

第 3 章
分譲マンションの満足度構造と
リレーションシップ形成

3.1 分譲マンションを取り巻く環境

　分譲マンションの市場規模は今後，着工戸数，人口動態の需給の両面から，縮小していくことが推測される。需要が減少する中，30代を中心とした新規取得層に確実にリーチすることが，デベロッパー各社の課題となっている。分譲マンションの購入検討時は口コミが参照されるが，口コミが居住者の満足度構造のどの部分から派生するのかは，明らかにされていない。分譲マンションは高価な財にも関わらず，居住後にデベロッパーと居住者が接点を持つことは少ない。そのため，居住後にデベロッパーが情報提供することが，リレーションシップ形成の促進につながるかどうかも，解明が十分ではない。また分譲マンションは，有形要素と無形要素で構成されるが，分譲マンション財の特性を考慮し，満足度構造を明らかにした研究は管見によれば見当たらない。
　そこで本研究では，分譲マンションの財の特性を明らかにした上で，居住者の分譲マンションに対する満足度構造モデルを構築し，情報提供がリレーションシップ形成に与える影響を検証する。

3.2 先行研究—分譲マンション財，3次元モデル，顧客満足度，コミットメント

3.2.1 分譲マンション財の特性
　ショスタック（Shostack 1977），レビット（Levitt 1981）は，商品は有形，

無形要素が完全に分離するものではなく，顧客はこれらが組み合わさった結合体として捉えていると主張する。無形，有形要素に着目したサービス品質測定尺度に関する先行研究で，分譲マンションの財の特性を検証したものはほとんどない。したがってリテール・バンキング・サービスを精緻に定義し，特性を明らかにした戸谷（2004）に依拠し，一般的なサービスや有形財との共通点と比較しながら，分譲マンション財の特性を整理する（表3-1）。

分譲マンションは有形要素である専有部，共用部と無形要素である定期診断，管理サービスの大きく4つで構成される。一般的なサービスや財との違いを把握するため，分譲マンションの4つの構成要素を ① 購入目的，② 価格変動性，③ 生産と消費の同時消滅・不可分性，④ 生産への顧客参加，⑤ 利用時間（購入頻度），⑥ 費用の発生の6項目に沿って確認する。

まず ① 購入目的は，専有部，共用部ともに財そのものであり，有形財と同じと言える。定期診断，管理といったサービスは，分譲マンション購入に付随する。これは分譲マンション特有の性質である。② 価格変動性は，一般的な有形財は時間経過により逓減するが，分譲マンションは減少あるいは増加する。これは分譲マンションが資産という側面を持つことに起因している。また定期診断は単独での売買は行われない。③ 生産と消費の同時消滅・不可分性については，専有部，共用部の有形要素は不可分ではない。無形要素の定期診断では，専有部の点検の際，居住者がサービス提供の場にいなければならない。管理とは清掃，組合運営，管理費・修繕費の管理を指し，必ずしもサービス生産と消費は同時ではない。④ 生産への顧客参加については，専有部の設計変更を行う場合は居住者によるカスタマイズが可能だが，共用部は関与できない。定期診断は，専有部の不具合を居住者が挙げるところから始まる。管理は組合として要望や意見を述べると，サービス内容が変わり，定期診断も管理も顧客参加がある。⑤ 利用時間は専有部，共用部ともに居住中は利用し続けるため，超長期利用を前提とした耐久品であり，購入頻度は低い。管理も居住している間は付随する，超長期利用のサービスである。一方，定期診断は社団法人不動産協会の「中高層住宅アフターサービス規準」では，2年と決まっており，期間は限定的である。一般的に2年間に3回程度の診断が実施される。この利用時間は，一般的な有形財やサービスと異なる。最後に ⑥ 費用の発生に関しては，専有部，

共用部は購入時に発生する。管理サービスは毎月管理費を支払い，サービスの提供を受ける。定期診断は契約の無償修繕範囲内では追加費用の発生はない。

表3-1　分譲マンションの財の特性

財の種類			購入目的	価格変動性	生産と消費の同時消滅・不可分性	生産への顧客参加	利用時間（購入頻度）	費用の発生
有形財			財そのもの	逓減（探索財）	×	×	短い：日用品 長い：耐久品	○
一般サービス			サービスそのもの	なし（経験財）	○	○	もっとも短い（高い）	○
分譲マンション	有形	専有部	財そのもの	増減（信頼財）	×	設計変更実施の場合は○	超長期：耐久品（低い）	○
		共用部			×	×		
	無形	定期診断	分譲マンションの購入に付随	なし（経験財）	○	○	期間限定（3〜4回）	×
		管理サービス		なし（経験財）	×	○	超長期：サービス（低い）	○

　　分譲マンション財特有
　　分譲マンション財とサービス財の共有
　　分譲マンション財と有形財の共有

（出所）戸谷（2004）を基に分譲マンション財の比較類型を筆者作成。

3.2.2　サービス品質測定の3次元モデル

　サービス品質の測定では，顧客のサービスに対する知覚品質を計測するSERVQUALモデル（Parasuraman, Zeithaml and Berry 1988）や，成果品質・過程品質に着目した2次元モデル（Grönroos 1984）がある。その後，企業イメージを表す機関品質を追加した3次元モデルが発表された（Lehtinen and Laitamaki 1989）。3次元モデルでは，知覚品質を①企業イメージを表す「機関品質」，②サービス生産過程の物理的特徴を表す「商品品質」，③サービス提供者と提供される側の相互作用を表す「相互作用品質」の3つに分解している。機関品質を評価が困難な場合の手がかりとして導入しているが，事例としては金融や医療サービスが主で，分譲マンションは対象となっていない。そこで，日本の分譲マンションの財の特性を整理し，固有の測定尺度による3次元モデルを検証する。

3.2.3 顧客満足度

　日本版顧客満足度指数（以降 JCSI）では，期待－不一致理論に基づき，事前期待と実際に知覚するパフォーマンスを検証している（南・小川 2010）。本研究対象の分譲マンションは竣工前に購入が決定され，かつ反復購入が少ないため，どのように事前期待が形成されるかは不明である。したがって事前期待は除外し，検証する。また，知覚品質は前述の「商品品質」，「相互作用品質」，「機関品質」の3次元を採用する。さらに JCSI は口コミからロイヤルティへのパスを設定しているが（小野 2010），分譲マンションは頻繁に購入されない。このため，他者推奨が自己の再購入意思を強めるとは言い難く，逆に，自身の次回購入意向が，他者への推奨に影響を及ぼすと考えられ，この点を明らかにする。

3.2.4　コミットメント

　久保田（2006, p.48）は，コミットメントを「本来的に，何らかの理由でかかわり合おうとすること，責任をとろうとすること，あるいは，かかわり合いの中に囚われていることを示しているが，そのわけについては限定しない概念」と定義している。分譲マンションは長期居住を前提とした財で，生活の場という性質を持つ高価な財である。継続した居住意向が発生するのは，① 経済的な理由で居住し続けざるを得ない，② 居住しているマンションが好きで住み続けたい，という2つの心理的状況があると想定される。コミットメントの次元は，1次元，多次元的と複数の捉え方が存在するが，前述の理由から，計算的コミットメントと感情的コミットメントは明確に区別し，満足度発生と知覚品質を媒介する心理的変数として，満足度への影響を検討する必要があると考える。

3.3　分譲マンション居住者と供給業者への予備調査

3.3.1　分譲マンション居住者への予備調査

　マンション居住者の知覚品質，資産価値判断の測定尺度開発に示唆を得る目的で，居住者に対し自由回答形式の予備調査を実施した。

調査目的：居住マンション評価基準（知覚品質と資産価値）の把握
調査期間：2011 年 8 月 12 日～15 日　　調査対象：分譲マンション居住者
調査手法：Web アンケート調査　　　　有効回答数：742 名

　得られたデータにテキストマイニングを実施した。その結果から，商品品質の項目には専有部と建物の立地環境を設定する。相互作用品質には，居住者とデベロッパー，管理会社の従業員間の人的接触のみならず，居住者間の接触が読み取れた。そこで，管理会社の対応と住民のコミュニティを設定する。資産価値は，エリア内の人気物件，人気のある立地，新築時から値落ちしていない，周辺物件より価格が高い，という 4 指標に展開し，評価項目とする。

3.3.2　分譲マンション供給業者への予備調査

　機関品質に示唆を得る目的で，デベロッパー勤務者に自由回答形式の調査を実施した。自社の強み，弱み，顧客からの評価，協力企業からの評価，自社以外で購入を検討したい会社と理由，購入検討時の重視点の記述を依頼した。

調査目的：機関品質評価基準の把握
調査期間：2011 年 7 月 27 日～8 月 10 日　　調査対象：デベロッパー勤務者
調査手法：質問紙によるアンケート調査　　有効回答：7 名

　収集データの分析結果から，分譲マンション機関品質の測定尺度には，販売力，マンション供給企業としての知名度，マンションブランド知名度など企業やマンションブランドの「知名度イメージ」と，質が高い，センスが良い，資産価値が高いなど「物件イメージ」の 2 指標を設定する。

3.4　仮説の設定―満足度構造，情報提供によるリレーションシップ形成

3.4.1　分譲マンションの満足度構造に関するモデルと仮説

　分譲マンションは反復購入が少なく評価が容易ではないため，本研究では知

覚品質を前述の3次元モデルで捉え，検証する。商品品質は ① 専有部と ② 立地環境の2変数，相互作用品質は ① 管理会社対応と ② コミュニティの2変数とする。分譲マンションは生活の場であるため，商品品質，相互作用品質に日々接している。これらの品質が分譲マンションと居住者の結びつきを強くしていると考えられる。条件がよい人気物件は，中古売却時に資産価値が保たれる傾向にあり，居住者はマンションに対する経済的メリットを実感すると推察する。逆に条件が悪く売却時に，新築時より価値が落ちるものは，経済的デメリットが多くなる。したがって，資産価値は損得勘定との関連があると言え，計算的，感情的コミットメントに関して仮説1-1〜1-5を設定する。

仮説1-1：専有部品質は，感情的，計算的コミットメントに影響を与える。
仮説1-2：立地環境は，感情的，計算的コミットメントに影響を与える。
仮説1-3：管理会社対応は，感情的，計算的コミットメントに影響を与える。
仮説1-4：コミュニティは，感情的，計算的コミットメントに影響を与える。
仮説1-5：資産価値は，計算的コミットメントに影響を与える。

マンション機関品質はマンション供給企業としての知名度である「知名度イメージ」と，物件の質，センスや評判で構成される「物件イメージ」の2変数とした。分譲マンションを供給するデベロッパーのブランド力がこの2変数に影響を及ぼすと推測される。また資産価値の高さは物件の人気に左右され，人気は立地や周辺環境の状況で決まる。そこで，立地環境は資産価値に影響を与えると仮定し，「資産価値」に関して仮説2-1〜2-3を設定する。

仮説2-1：知名度イメージは資産価値に影響を与える。
仮説2-2：物件イメージは資産価値に影響を与える。
仮説2-3：立地環境は資産価値に影響を与える。

小野（2010）は，JCSIの顧客満足モデルにおいて，知覚品質が顧客満足に影響を与えることを明らかにしている。また，コミットメントを消費者の態度と捉える研究（Pritchard, Havitz and Howard 1999）がある。分譲マンションでは，態度であるコミットメントの高まりが，居住者とマンションの結びつきを強め，満足度に影響を与えると言える。よって知覚品質のうち，日々

接する，専有部，立地環境，管理会社対応，コミュニティは，結びつきの感覚と定義した計算的，感情的コミットメントを媒介変数として，満足度に影響を与えると仮定できる。

一方，知覚品質の3次元の1つである「マンション機関品質」は，日常生活で意識することは少なく，計算的，感情的コミットメントに直接影響を与えない。しかしながら，機関品質は評価の難しい財の補助的役割を果たす (Lehtinen and Laitamaki 1989)。よって機関品質の中でもブランド認知に関する知名度イメージは満足度へ直接影響すると考えられ，仮説3-1〜3-3を設定する。

仮説3-1：感情的コミットメントは満足度に影響を与える。
仮説3-2：計算的コミットメントは満足度に影響を与える。
仮説3-3：知名度イメージは満足度に影響を与える。

心理的なロイヤルティ尺度として，次回購入時に第1候補に上がるかどうかを測定する。次回第1候補は，満足度から影響を受けると考えられる。また入居後は，管理を重視する人が多くなるため，次回第1候補は管理会社の対応からも影響を受けると仮定する。分譲マンションはひとつとして同じものがなく，各マンションの品質より，その会社が供給するマンションの品質全般が，次回第1候補につながると考えられる。よって機関品質のうち，物件のセンスや評判，質のイメージの蓄積である物件イメージが次回第1候補に影響すると言え，仮説4-1〜4-3を設定する。

仮説4-1：満足度が次回第1候補に影響を与える。
仮説4-2：管理会社の対応が次回第1候補に影響を与える。
仮説4-3：物件イメージが次回第1候補に影響を与える。

口コミは，JCSIのモデルに基づき，他者にポジティブ，ネガティブのどちらで話題にしたいかを意図レベルで測定する。満足ならポジティブな，不満足ならネガティブな口コミ意図が発生することが予想される。また，前述の通り入居後は管理会社を重視する人が多いため，管理会社の対応が他者への口コミを誘発すると仮定する。さらに自分が次回も購入したいほど物件を評価してい

れば，他者への推奨が強化されると想定でき，次回第1候補から口コミへ影響があると考える。そこで仮説5-1～5-3を設定する。

仮説5-1：満足度は口コミへ影響を与える。
仮説5-2：管理会社の対応は口コミへ影響を与える。
仮説5-3：次回第1候補は口コミへ影響を与える。

3.4.2　情報提供によるリレーションシップ形成に関する仮説

分譲マンションでは，入居後のデベロッパー主体による情報提供は，ほとんどないが，デベロッパーと入居者のリレーションシップ構築のためには，デベロッパー側からのコミュニケーションが必要である。そこでアンケート回答者に，居住マンションのデベロッパーはブランド力が高いと思わせるダミー情報を提示し，情報接触後に知名度，物件イメージを構成する変数に影響を与えるかを検証する。ブランド力が高い企業は情報接触前後で差が生じないが，逆にブランド力の低い企業は，情報提示が擬似的にデベロッパーのブランド力を高めると仮定できる。そこで，仮説6-1，6-2を設定する。

仮説6-1：ブランド力の高い企業は，情報接触前後で変わらないが，低い企業においては，情報接触後の知名度イメージが高まる。
仮説6-2：ブランド力の高い企業は情報接触前後で変わらないが，低い企業においては，情報接触後の物件イメージが高まる。

3.5　本調査概要と分析結果—満足度構造とリレーションシップ形成

3.5.1　本調査の概要

設定した仮説を検証するため，実施した調査の概要と手法は以下の通りである。

調査対象：1都3県の新築マンションを購入し2001年以降に入居した人
　※売主のブランド力の高低と，入居年が均等になるよう，財閥系，商社電鉄系，新興・専業系に売主を分類。売主ごとに2001～05年入居者と2006～11年入

居者数が均一になるように抽出した。
　※三菱地所，藤和不動産の2社が合併し，2011年に誕生した三菱地所レジデンスは，財閥系ではない藤和不動産の影響を排除するため，調査対象から除外。

調査期間：2011年9月27日〜30日　調査手法：Web調査
有効回答数：600名（男313名，女287名，東京306名，神奈川189名，埼玉57名，千葉48名）

3.5.2　測定尺度

　測定尺度は先行研究，予備調査の結果を参考に作成した。各尺度は，分析結果（図3-1）を参照されたい。いずれの項目も5点尺度で測定した。

　測定尺度はそのまま使用すると相関が高い項目を組み入れる可能性があるため，因子分析により次元を整理し，潜在変数の信頼性分析を行った。尺度の信頼度を示すCronbachのαは各因子とも0.6以上となり，信頼できるα係数基準（Bagozzi 1994）に達する。

3.5.3　分譲マンション満足度構造の分析結果

　設定した仮説モデルを検証するために，全サンプル600件のデータを用いて分析した結果を図3-1に示す。
　「管理会社の対応」→「計算的コミットメント」，「知名度イメージ」→「資産価値」，「満足度」→「次回第1候補」のパス係数が有意ではない（5％水準）が，他のパス係数はすべて1％水準で有意である。モデル適合度は，GFI＝0.842，AGFI＝0.818，CFI＝0.906，RMSEA＝0.061となり，GFI，AGFIが0.9以上，RMSEAが0.05以下であれば当てはまりが良いとされる基準（豊田 2007）には達していないが，RMSEAが0.08以下であれば良好という基準には達している（Browne and Cudeck 1993）ため，本モデルを採択し仮説1〜5の検証を行う。
　「専有部品質」→「感情的コミットメント」のパス係数（以下，数値は標準化係数）は0.340，「専有部品質」→「計算的コミットメント」のパス係数は0.288と，どちらも1％水準で有意となり，感情的，計算的コミットメントのいずれも支持された（仮説1-1）。「立地環境」→「感情的コミットメント」へのパス

64 第2部 サービス財における長期的な関係性

図3-1 分譲マンション満足度構造モデルの検証結果（標準化推定値）

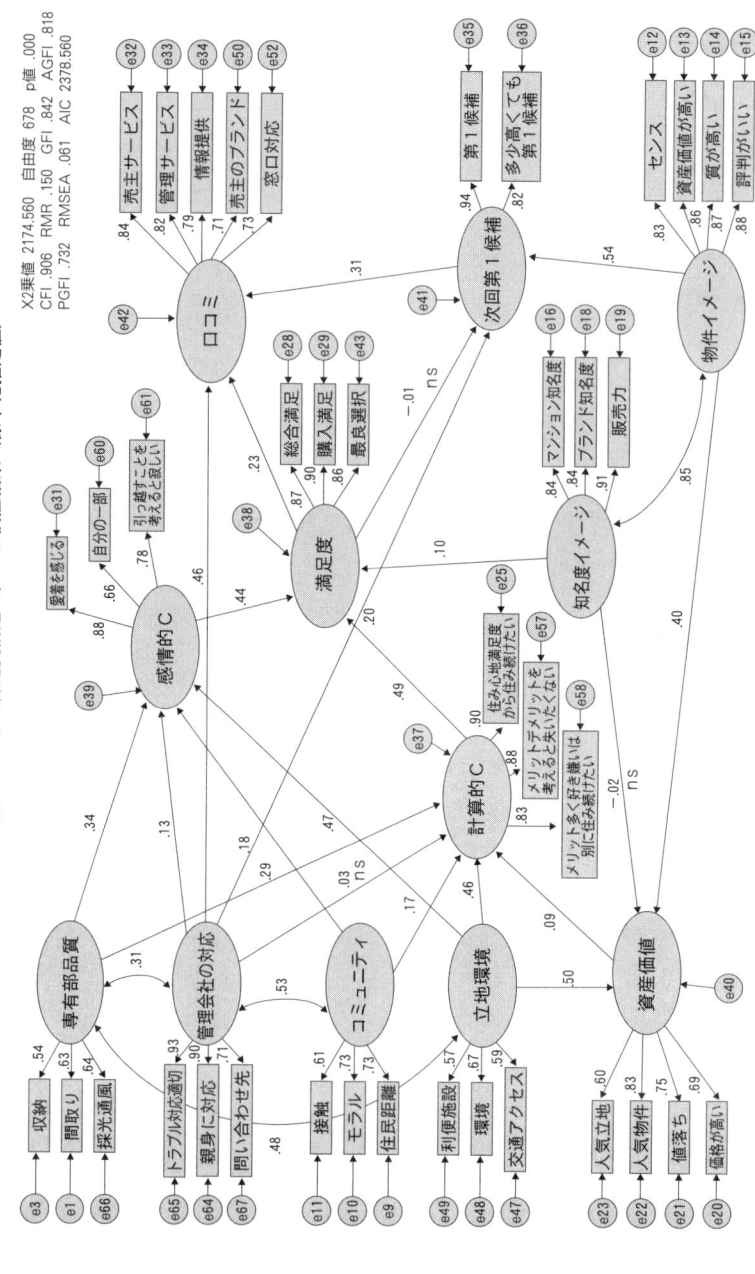

X2乗値 2174.560　自由度 678　p値 .000
CFI .906　RMR .150　GFI .842　AGFI .818
PGFI .732　RMSEA .061　AIC 2378.560

(注) ns は5%水準で有意ではないことを表している。
(出所) 筆者作成。

係数は 0.475,「立地環境」→「計算的コミットメント」へのパス係数は 0.462 でいずれも 1%水準で有意となり,感情的,計算的コミットメントの両方が支持された（仮説 1-2）。「管理会社の対応」→「感情的コミットメント」へのパス係数は 0.135（5%水準で有意）,「管理会社の対応」→「計算的コミットメント」へのパス係数は 5%水準で有意ではない。よって,感情的コミットメントは支持,計算的コミットメントは棄却された（仮説 1-3）。「コミュニティ」→「感情的コミットメント」へのパス係数は 0.185,「コミュニティ」→「計算的コミットメント」へのパス係数は 0.165 と,いずれも 1%水準で有意で,感情的,計算的コミットメントの両方が支持された（仮説 1-4）。「資産価値」→「計算的コミットメント」のパス係数は 0.091 と 5%水準で有意となり,仮説 1-5 は支持された。

　「知名度イメージ」→「資産価値」へのパス係数は,5%水準で有意ではなく仮説 2-1 は棄却された。「物件イメージ」→「資産価値」へのパス係数は 0.398 と,1%水準で有意になり仮説 2-2 は支持された。「立地環境」→「資産価値」へのパス係数は 0.502（1%水準で有意）となり,仮説 2-3 は支持された。

　「感情的コミットメント」→「満足度」へのパス係数は 0.441（1%水準で有意）となり支持された（仮説 3-1）。「計算的コミットメント」→「満足度」へのパス係数は 0.494（1%水準で有意）となり,仮説 3-2 は支持された。「知名度イメージ」→「満足度」へのパス係数は 0.098（1%水準で有意）で,仮説 3-3 は支持された。

　「満足度」→「次回第 1 候補」へのパス係数は 5％水準で有意ではなく,仮説 4-1 は棄却された。「管理会社の対応」→「次回第 1 候補」へのパス係数は 0.199（1%水準で有意）で仮説 4-2 は支持された。「物件イメージ」→「次回第 1 候補」へのパス係数は,0.540（1%水準で有意）となり,仮説 4-3 は支持された。

　「満足度」→「口コミ」へのパス係数は 0.226（1%水準で有意）となり,仮説 5-1 は支持された。「管理会社の対応」→「口コミ」へのパス係数は 0.456（1%水準で有意）となり,仮説 5-2 は支持された。「次回第 1 候補」→「口コミ」へのパス係数は 0.306（1%水準で有意）となり,仮説 5-3 は支持された。

3.5.4 情報提供によるリレーションシップ形成に関する分析結果

ブランド力の高・低は，本調査のブランド力に関する設問の平均値に基づき分類している。表3-2に示す通り，デベロッパーのブランド力により，回答者を「ブランド力の高いデベロッパーが供給したマンションに居住している人（以降，ブランド力高）」と「ブランド力の低いデベロッパーが供給したマンションに居住している人（以降，ブランド力低）」の2群とした。

情報の機関品質評価への影響を確認するため，ブランド力高・低2群の情報接触前後の知名度イメージ，物件イメージ評価を2元配置分散分析により検証した。情報提供に用いたダミー情報は，マンション供給量，開発への姿勢，居住者評価，資産価値，顧客対応等に言及したテキスト形式の内容である。

表3-2 ブランド力高・低の分類結果

デベロッパー名	度数	平均値	水準	デベロッパー名	度数	平均値	水準
NTT都市開発	4	1.8	低	丸紅	28	2.9	低
住友商事	10	2.2	低	近鉄不動産	12	2.9	低
フージャース	8	2.4	低	オリックス不動産	41	3.0	低
ナイス	23	2.4	低	タカラレーベン	21	3.0	低
ジョイント	16	2.4	低	伊藤忠都市開発	44	3.0	低
三菱商事	6	2.5	低	リブラン	2	3.0	低
新日鉄都市開発	17	2.5	低	東急電鉄	9	3.0	低
リスト	3	2.7	低	ゴールドクレスト	26	3.2	低
双日	29	2.8	低	マリモ	4	3.3	低
モリモト	11	2.8	低	ブランド力低　度数：314			
住友不動産	51	3.7	高	野村不動産	67	4.2	高
三井不動産	82	4.1	高	大京	86	4.2	高
				ブランド力高　度数286			
				全体　度数600（平均値3.4）			

（出所）筆者作成。

7項目設定した知名度イメージ，物件イメージのうち，「マンション供給企業知名度」は文字通り企業としての知名度なので，情報接触により評価は変わ

らず，また，「マンション販売力」は，提示した内容と直接関連しない項目だったため，情報接触による変化がなかった。文字情報のみを提示するという操作上の限界があり，「センスの良い物件供給」，「資産価値の高い物件供給」，「質の高い物件供給」は，具体的なイメージを形成できず，情報接触により評価は変化しなかった。有意差のあった2項目について以下に言及する。

「マンションブランド知名度」の結果は図3-2の通りである。ブランド力の主効果は1％水準で有意，ブランド力と情報提供前後の交互作用は5％水準で有意となった。ブランド力が高い企業群は，すでにブランド力があるため，ブランド力を擬似的に上昇させる情報提供を実施しても，特に変わらなかった。これに対しブランド力の低い群は，情報接触後の評価が高まっている（有意水準1％）。

「供給マンションの評判」では，ブランド力と情報提供前後の交互作用は10％水準であるが，有意差が認められた。ブランド力の高い群は，情報接触前後で変化はないが，低い群は1％水準で情報接触後の評価が有意に高くなった（図3-3）。

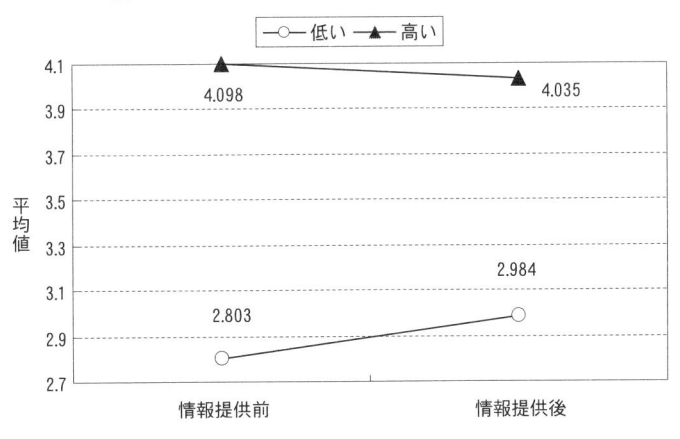

図3-2　マンションブランド知名度　2元配置分析結果

（出所）　筆者作成。

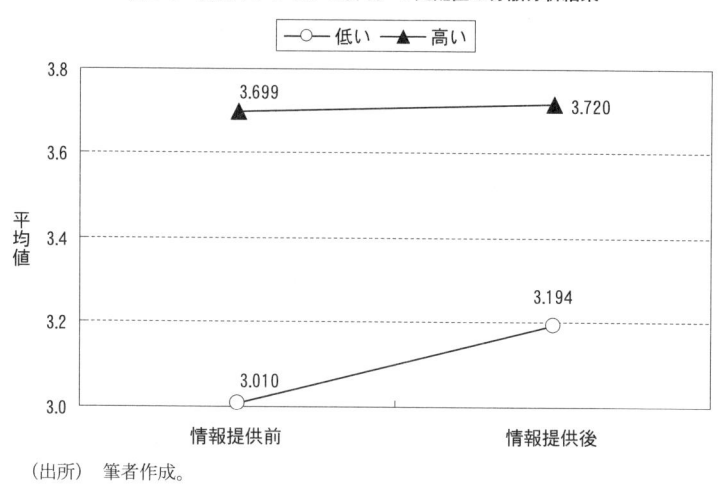

図 3-3 供給マンションの評判 2元配置の分散分析結果

―○― 低い ―▲― 高い

(出所) 筆者作成。

3.6 コントロール可能な満足度とリレーションシップ

　本研究の結果を踏まえ，実務へのインプリケーションを以下にまとめる。分譲マンションの満足度向上には，商品品質のみならず，相互作用品質のコミュニティや，機関品質の知名度イメージを高めることも重要である。
　コミュニティは，デベロッパーや管理会社など企業側がコントロール可能な要素である。マンションと居住者の一体感や愛着による結び付きの感覚である感情的コミットメント，損得を考慮した結び付きの感覚である計算的コミットメントの両方へ正の影響を及ぼす。入居前や後のイベント，共用部構成などを工夫し円滑なコミュニティ形成を助成することで，居住マンションに対し，深い絆を発生させる可能性を示唆している。分譲マンションは，管理組合等による統治的要素が重要であると言われてきたが，コミュニティも重要な要素であることが明らかになった。
　本研究ではサービス財に関する3次元モデルの3つ目の要素であり，評価の

難しい専門サービスの評価の手がかりとなる機関品質が，分譲マンションの満足度構造でどのように作用するかを明確化できた。機関品質の1つである物件の質やセンス，評判といった物件イメージは，資産価値と次回第1候補に正の影響を与える。また，もう1つの機関品質となるマンション供給企業としての認知度を表す知名度イメージは，満足度に直接正の影響を与える。満足かどうかの判断に，知名度イメージが影響を与えることが明らかになったことは発見と言える。知覚品質の3次元である，商品品質，相互作用品質，機関品質を適切にマネジメントすることが必要と考えられる。

　満足度は，次回第1候補には正の影響を与えず，口コミのみに正の影響を与えることが判明した。この結果は他の財とは異なる特徴で，反復購入が少なく，長期居住を前提とした分譲マンションならではと言える。次回第1候補は，口コミへ正の影響を与えることも明確化できた。一般的な財では口コミによりロイヤルティが強まるが，分譲マンションは購入頻度が多くない上に長期使用であるため，逆のパスとなるという興味深い結果である。分譲マンションは高価な財であるがゆえに，購入検討時に口コミを重視すると言われている。口コミを完全にコントロールすることは難しいが，満足度，管理会社対応，次回第1候補により，口コミが高められるという貴重な示唆を得た。

　ブランド力の低い企業では，情報接触後にマンションブランド知名度，供給マンションの評判の評価が高まった。ブランド力の高い企業は情報提供前からブランド力を有しており，ブランド力を高める情報に接しても変化はない。しかしながら，ブランド力の低い企業は，画像や写真などを伴わない文字情報でも，評価を上げることが可能という興味深い結果が得られた。情報接触後に評価が上がった知名度イメージと物件イメージは，それぞれ，満足度，次回第1候補に正の影響を与え，さらに口コミにつながる。入居後に，デベロッパー主体で居住者に対するアプローチを実施することは稀であるが，継続的にデベロッパー主体で，情報提供を実施することは，居住者とのリレーションシップ形成に役立ち，デベロッパーの評価を高める可能性を示唆している。

　本研究の意義は，分譲マンション財の特性を考慮した満足度構造を明らかにしたこと，リレーションシップ形成に対する示唆を得たことである。しかしながら，本研究には限界もあり，今後の課題を2つ挙げたい。1つ目は入居年別

の満足度構造の解明である。本研究では10年以内の居住者に調査を行ったが，実際には10年，20年と居住期間は長い。長期居住者と入居後間もない居住者の満足度構造の差を検証し，時系列変化を明らかにすること，入居年に応じたリレーションシップを検討する必要がある。2つ目は情報提供の内容の精査である。本来ならば，居住者のマンション特性に合わせた情報や，デベロッパー特性に応じた情報を提供すべきであるが，市場には数十社のデベロッパー，数万の分譲マンションが存在し，提供情報を同一にせざるを得なかった。実際，アンケートの回収結果も予想通り，数多くのデベロッパー，マンションが出現した。そのため，実際の地名，各マンションで実施しているイベント内容など，具体的な表現を盛り込めず，評価が上がった機関品質は一部に留まったと考えられる。また，文字情報のみではなく，イラストや画像，写真などを入れると評価が変わる可能性もあり，情報内容や表現方法による差異を検討する必要がある。

〈参考文献〉

Bagozzi, Richard, P. (1994), "Mesurement in Marketng Reserch: Basic Principles of Questionnaire Design," in *Principles of Marketing Research*, Richard P. Bagozzie ed. Cambridge, Ma: Blackwell Business, pp.1-49.

Browne, M. W. and R. Cudeck (1993), Alternative ways of assessing model fit. In K. A. Bollen & J. S. Long, ed., *Testing Structural Equation Models*. Newbury Park, CA: Sage Publications.

Grönroos, Christian (1984), "A Service Quality Model and Its Marrketing Implications," *European Journal of Marketing*, Vol.18, No.4, pp.36-44.

Lehtinen, J. R. and Laitamaki, J. M. (1989), "Application of Service Quality and Service Marketing in Health Care Organizations," *Building Marketing Effectiveness in Health Care*, pp.45-48.

Levitt, Theodore (1981), "Marketing Intangible Productsand Product Intangibles," *Harvard Business Review*, Vol.22, No.2, pp.37-44.

Parasuraman, A., Zeithaml, V. A. and Berry, L. L. (1988), "A Conceptual Model of Service Quality and its Implications of Future Research," *Journal of Marketing*, Vol.49, pp.41-50.

Pritchard, M. P., M. E. Havitz, & D. R. Howard (1999), "Analyzing the commitment-loyalty link in service contexts," *Journal of the Academy of Marketing Science*, Vol.27, No.3, pp.333-348.

Shostack, G. L (1977), "Breaking free from product marketing," *Journal of marketing theory and practice*, Vol.41, No.2, pp.73-80.

小野譲司（2010）『顧客満足［CS］の知識』日本経済新聞出版社。

久保田進彦（2006）「リレーションシップ・コミットメント」『中京商学論叢』，第52巻，pp.47-180。

戸谷圭子（2004）「リテール・バンキング・サービスの顧客維持に関する研究」筑波大学大学院博士論文。

豊田秀樹（2007）『共分散構造分析［Amos 編］―構造方程式モデリング―』東京図書。
南知惠子・小川孔輔（2010）「日本版顧客満足度指数（JCSI）のモデル開発とその理論的な基礎」『マーケティングジャーナル』，第 30 巻 1 号，pp.4-19。

（長坂　朋代）

第 4 章
超高関与の劇場消費と長期的リレーションシップ

4.1 超高関与の劇場消費

　本章では劇場での消費を取り上げ，関与概念の拡張を通してアートの消費者の把握を試みたい。劇場には，極めて長期間にわたって劇場に通い，鑑賞体験を積むリピーターが存在する。劇場経営においては，このような極めて関与の高い観客との長期的なリレーションシップ構築が重要である。

　「関与」とは，対象や状況への関心，興味とその強さのことである。「対象や状況によって活性化された個人内の目標志向的な状態であり，個人の価値体系の支配を受け，意思決定の水準や内容を示す」概念として定義される（青木 1989）。コモディティ化した製品では通常は低関与となるが，高関与製品と言われる自動車でも，関与の度合いは人それぞれである。このように関与は製品によって，また消費者によって異なるものとなる。

　一部の消費者が極めて高い関与を示す分野としてミュージカル，宝塚歌劇といった舞台公演，コンサートなどの音楽，映画や文学，演劇といった体験プロセスを中心とする消費カテゴリーがある。中でもバレエやオペラは，劇場消費のひとつの典型であり，興味がなかったり拒否反応を示す人から，深く入れ込むケースまで，関与の度合いには著しい幅がある。

　劇場消費に見られる極めて熱心な観客たちの特性を関与概念で捉えるにあたり，通常の低関与，高関与の2項値ではなく，高関与をさらに超えるような特殊領域を想定するほうが実態に合う。本研究は，劇場消費において，関与水準の中でも際立って高い値を示す「超高関与」の領域があるという仮定の下に行う。こうした前提に立てば観客像として捉えやすく，かつ劇場消費の理解が進むと考えたからである。

バレエやオペラの観客は30歳までは少数派であるが、中高年層では徐々に増え、40〜70歳代が中心となる。人生経験を積んだ年代層による本物志向の消費と言える。受け身のレジャー、エンターテインメントとは消費形態が異なり、それに伴う消費は深く、かつ長期的になると考えられる。

　超高関与の鑑賞者は例えばバレエのどのような点に感動し、関与を高めているのだろうか。本研究で行った調査への回答を一部紹介する。観客への「舞台を観るとき、どんなことに感動しますか」との問いに対し、バレエでは「ダンサーの超絶技巧を見て、観客全員の声にならない声やためいきで会場内が満たされる瞬間」（60代女性）、「ダンサーと観客の、踊りと拍手を交えての交流」（40代女性）、「作品のドラマやダンサーのパフォーマンスで、非日常的な世界が出現し、自分自身もその中で共に生き、没頭できたとき。若い時から見続けたダンサーの成長を目の当りにしたときにも感動する」（50代女性）などの回答が挙げられる。オペラでは「極限に挑戦する歌手とそれを支えるオーケストラ。よく知った作品に新しい視点を与えてくれる知的演出」（50代男性）、「普遍的な人間の生き様や根源的な人間の感情は洋の東西や古今を問わず変わらない。それらが懸命に生きている自分と重なり合うとき」（40代女性）との回答が寄せられた。

　「のめりこんだきっかけは何ですか」の問いに対しては、「娘がバレエを習っていたので、娘の成長とともにバレエの本質的なものを見る機会に恵まれ、より詳しく知ろうという思いと、見てからの感動が次のモチベーションとなって深くバレエに夢中になった」（50代女性）、「何年か前にバレエのポスターを見た。とにかくそのポーズをとった女性ダンサーの身体（しんたい）が美しく、長い時間見つめてしまった。それ以来夢中に」（40代女性）、「レッスンを受けていて面白いと思った。特に中学生位からバレエの技法、音楽や振付、歴史のことなどがわかり始め、色々知識がつながってくると面白さが増した」（40代女性）と回答があった。

　ここで示される関与には、一般的な製品関与とは異質の、対象との深い関わりが垣間見える。知識が増え理解が進むにつれて関与が高まる様子も見られる。鑑賞者自身の経験や知識がアート体験と結びついて、超高関与を形成していると考えられる。

4.2 感動体験と関与に関する先行研究

オペラ，バレエ，ダンス，演劇を代表とする「パフォーミングアーツ」や，映画，ロックなどの「ポピュラーカルチャー」は，際立った強い関与を生む (Holbrook 1980)。また，美的体験は，これまでの消費者研究の対象と比べ，より激しく消費者を巻き込み，感情を含み，その人の人生にとって重要な存在となる (Hirschman and Holbrook 1982)。さらに，消費者が対象との間に，特別な強い感情的つながりや情動を感じると，認知プロセスを経由せずに購入意図に突き進む。このように一目惚れに近い，感情が支配的な意思決定がなされるカテゴリーが存在する (Cohen and Areni 1991; 清水 1999)。

「感動」についての一連の研究で戸梶 (2001) は，感動体験には「物語性を有する事柄に対して喚起されるもの」と，「風景・自然や絵画，彫刻，音楽といった芸術作品と接した際に喚起されるもの」があると主張している。バレエから得られる視覚的感動，オペラの音楽や声がもたらす聴覚体験は後者に当たる。「物語性が前提となる感動」には，「ストーリーやプロセスに関する詳細な知識が必要で，そこに至る苦労や努力などが了解できると喚起されやすい」という。劇場消費において，これは2通り考えられる。第1に，舞台における物語や役への理解や共感である。第2に，ダンサーや歌手の日々の鍛練の積み重ねプロセスが，物語性を伴って共感を呼ぶ場合である。これはスポーツ，芸術，芸能における「高度なテクニックへの尊敬を伴う感動」(戸梶 2001) にもつながる。

感動体験によって最も多く変化が生じるのは動機づけ面であり，感動体験は認知的枠組みの更新効果や印象的な事象として記憶に精緻化し定着させる役割も持つ (戸梶 2004)。さらに，経験の有無や関与の程度により，受ける感動の大きさに違いがあることが見出されている。

次に劇場消費を関与概念から捕捉する。これまでの関与による消費者セグメントでは，関与の高低に加え，もうひとつの軸を加えることによって消費者を4つのセグメントに分けてきた。アサエル (Assael 1987) の購買行動類型で

は，消費者を高関与と低関与それぞれについて，ブランド間知覚差異の大小で捉えた。池尾（2011）の消費者行動の類型化では，情報収集意欲や購買努力を規定する因子として購買関与度を用い，製品判断力を直交する軸として設定している。精緻化見込みモデル（Petty and Cacioppo 1986）でも，精緻化の動機と能力を置き，どちらの水準も高いときにのみ中心ルートで情報処理が行われるとした。

極めて高関与な消費について，スカイダイバーたちの行動特性を参与観察した研究がある（Celsi et al. 1993）。ダイビングを続ける主な動機は，経験が増しリスクの受容が進むに伴って「スリル」から「楽しみ」へ，さらに没入状態である「フロー体験」へと3段階に変化していくという。最も強い動機を「並外れた動機」あるいは「超越動機」（Transcendent Motivation）とした。本章ではこれらの研究を踏まえ，関与と知識の2軸，かつ，それぞれ3水準で消費者を捉え，超高関与の劇場消費を把握することとする。

4.3 アートの価値と関与構造

鑑賞者はどのような価値をバレエ，オペラに見出しているのだろうか。関与を構造面から把握し，その源泉を探るために「手段－目標連鎖モデル」を援用する。手段－目標（目的）連鎖は，消費者自身の個人的価値を反映する「自己知識」を，消費者が製品知識と主観的にリンクさせ，対象製品を何らかの目的や価値への手段と見ていることを示す（Peter and Olson 2010）。消費者は無意識に，「この属性が私に何をしてくれるか」を問うているわけである。階層は図4-1に示す通り，4つのレベルからなる。

このリンクは消費者の，製品への「自己関連性」であり，対象を自分ごととして認知することに他ならない。消費者は，個人的興味やバックグラウンドを背景としてリンクさせるために，人それぞれで独自なリンクが形成される。すなわち，同じ製品やブランドに対しても，人により異なる手段－目標連鎖を持つことになる。さらに，手段－目標連鎖モデルは「関与の度合い」を構造的に示す。「製品知識が，ヨリ抽象的な心理社会的結果や価値に密接に結びついて

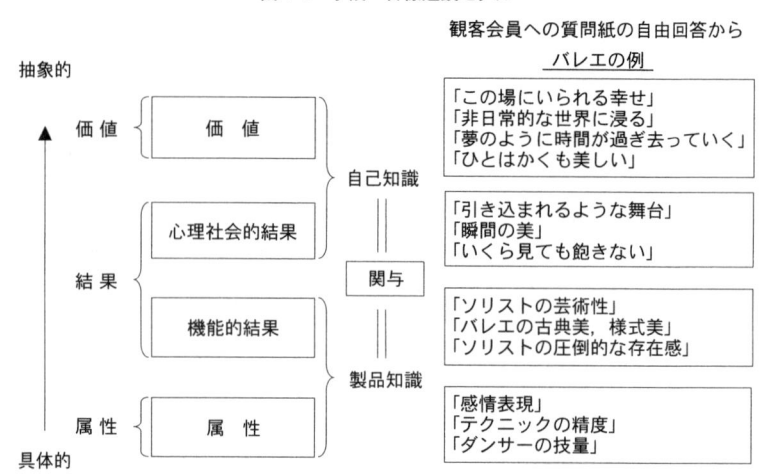

図 4-1　手段－目標連鎖モデル

観客会員への質問紙の自由回答から
バレエの例

抽象的
価値 — 価値
　　　　　　　　　「この場にいられる幸せ」
　　　　　　　　　「非日常的な世界に浸る」
　　　　　　　　　「夢のように時間が過ぎ去っていく」
　　　　　　　　　「ひとはかくも美しい」

　　　　　自己知識

結果 — 心理社会的結果
　　　　　　　　　「引き込まれるような舞台」
　　　　　　　　　「瞬間の美」
　　　　　　　　　「いくら見ても飽きない」

　　　　　関与

　　　機能的結果
　　　　　　　　　「ソリストの芸術性」
　　　　　　　　　「バレエの古典美，様式美」
　　　　　　　　　「ソリストの圧倒的な存在感」

　　　　　製品知識

属性 — 属 性
　　　　　　　　　「感情表現」
　　　　　　　　　「テクニックの精度」
　　　　　　　　　「ダンサーの技量」
具体的

（出所）　Peter and Olson (2010) に筆者加筆。

いるほど，消費者はその製品にヨリ関与する」（Laaksonen 1994）とされる。この結びつきは熱狂者（enthusiast）を生み出す基盤となり（Bloch 1986），自己関連性は感情を伴うと考えられる。感情は人の内面と対象との関係に一体感をもたらす（Zajonc 1980）。

　バレエの鑑賞から生まれる「価値」を，この手段－目標連鎖モデル上に置くと，図 4-1 で示したような観客の言葉が当てはまる。ダンサーの「テクニック」や「技量」を具体的に見ている段階から，「芸術性」，「様式美」，さらに「引き込まれるような舞台」といった段階の先に，「この場にいられる幸せ」，「夢の様に時間が過ぎ去っていく」という究極的な価値まで抽象性は高まっていく。

4.4　仮説モデル「アートの消費者　関与－知識モデル」

　アートの消費者を 9 つにセグメントしてモデルを構築し，これを「アートの消費者　関与－知識モデル」と命名する（図 4-2）。これまで関与と知識による消費者セグメントでは，図 4-2 の「1a」，「1b」，「2a」，「2b」に相当する 4 つ

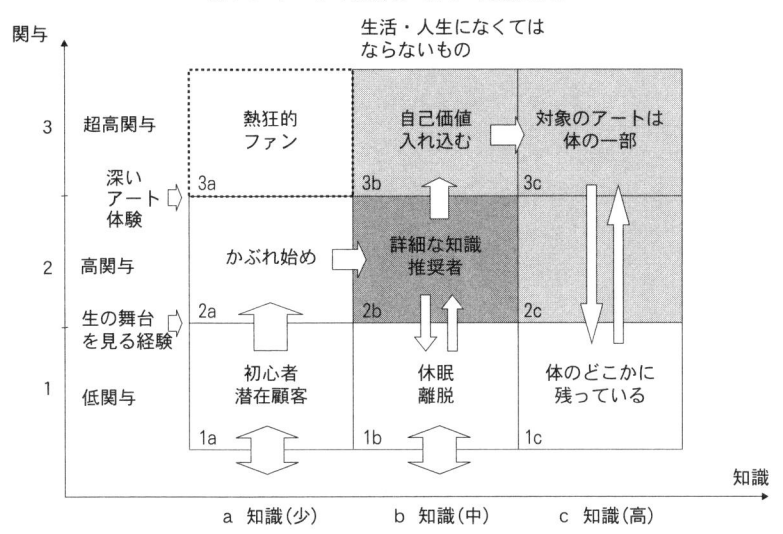

第4章 超高関与の劇場消費と長期的リレーションシップ　77

図4-2　アートの消費者　関与－知識モデル

	a 知識（少）	b 知識（中）	c 知識（高）
3 超高関与	熱狂的ファン (3a)	自己価値入れ込む (3b)	対象のアートは体の一部 (3c)
2 高関与	かぶれ始め (2a)	詳細な知識推奨者 (2b)	(2c)
1 低関与	初心者潜在顧客 (1a)	休眠離脱 (1b)	体のどこかに残っている (1c)

縦軸：関与、横軸：知識
生活・人生になくてはならないもの
深いアート体験
生の舞台を見る経験

（出所）筆者作成。

のセグメントによる区分けであった（例えば，「1a」は低関与・知識（少）の消費者である）。すなわち，関与の高低，知識の多少で消費者を4セグメントとして捉えていた。本研究ではこの枠組みに依拠しながら，極めて関与の高い舞台芸術の鑑賞者においては，高関与の消費者が，何かのきっかけを得てさらに高いレベルの「超高関与」になることにより，全体で9つのセグメントとなると仮定している。

舞台芸術の観客が，潜在顧客から始まって順に成長していく過程をこのモデルに従って見てみよう。まず，図4-2の「1a」セグメント，すなわち低関与で知識のまだ少ない初心者を想定する。このセグメントの消費者は，まだ舞台芸術に対して漠然としたイメージしか持たない。劇場で見た経験がなく，感覚的なイメージの下，面白さに目覚めていない低関与状態である。

この「1a」セグメントの消費者が，高関与となって「2a」セグメントに進む場合がある。例えばそれまでテレビなどでの低関与接触であったバレエやオペラを，人に誘われて初めて生の舞台で見て，「思いがけず良かった」という

感想を持った場合がそれに相当する。高関与となり，「かぶれ始める」状態である。「高関与」という，その後の行動を支える心理的エネルギーを獲得した消費者は，自ら情報を収集し，チケットを買い劇場通いを始める。しかしまだ知識が一通り揃わないため，情報収集をするにあたって何を見るべきか要領を得ず，結果的に情報探索量は少ない。

高関与に支えられた劇場通いと，作品や舞台，アーティストに関する情報探索を続けるうちに，時を経て知識を蓄え「2b」セグメントに移る。高関与を維持しながら精力的に情報探索を続け，詳しい知識を身につけていく段階であり，ここでは知識量が中心となる。同時に，知識が増えるにつれて舞台上の種々の要素を認知し，分析的に捉えるようになる。多くの舞台を見るにつれてアートの理解力も身につけていく。理解が深まるにつれ，ますます面白くなっていくわけである。このセグメントの鑑賞者は，身につけた知識や経験を，身近な家族や友人に伝える推奨者の面も持つと考えられる。

この「2b」セグメントにいる鑑賞者が多くの舞台に接するうちに，衝撃的な舞台に出会うなどの「深いアート体験」に遭遇することがある。例えば，それまで見てきた舞台の常識を覆すような，完成度が高く熱気を帯びた舞台であったり，歌手やダンサーの信じられないような高度なパフォーマンスであったりする。あるいは，出演者と思いがけない交流があったり，より個人的にはその人自身の人生経験と舞台上に展開されるドラマが強く呼応しあった場合などである。いわば人生観を変えるような深い体験に遭遇したときに，より上の関与水準である「超高関与」の領域「3b」セグメントに進むと考える。

「3b」セグメントの超高関与の鑑賞者にとって，もはや舞台芸術は日々の生活や人生になくてはならないものとなり，その人にとって優先度の極めて高い存在となる。劇場通いはより頻繁になり，情報探索も極大化すると考えられる。

この状態を保ちながら長年劇場通いを続け，多くの舞台を見ていくうちに，観る眼は肥えていき，「3c」の領域に進む。超高関与かつ高知識の鑑賞者である。長年アートに親しんできたことにより，舞台芸術はその人にとって体の一部となっている。これを奪われてしまうことは耐え難い感情をもたらすと考えられる。劇場通いは引き続き旺盛で，情報探索は肝心なポイントに絞った要領

を得た内容となりながら，その網羅する範囲は広い。認知や知識は自分自身の人生経験や無数の鑑賞体験が一体化され，抽象化が進むと考えられる。

　一方「2b」セグメントの人が，どこかで興味が薄れ関与水準が落ちると，「1b」セグメントになり，チケット購入が著しく減少する。その結果「休眠」状態となり，中にはこの趣味から「離脱」していく消費者も出てくる。

　「3c」セグメントの超高関与を経験した鑑賞者の中にも，関与水準が下がって「2c」や「1c」セグメントに進む人もいる。これは当該アートへの興味が薄れたというより，仕事で多忙になったり，子育てや介護といったライフサイクルの変化などの社会的要因が考えられる。あるいは関与が現在進行形ではなくなり，消費者個人の中で優先順位が下がった場合である。情報探索やチケット購入は減るが，高知識に支えられた上で，情報や公演を厳選していると推測される。業界人も注目する「これぞ」と言える，スタッフ，キャストの揃った公演が，さしたる宣伝を行わなくても早々に完売する場合，この層が動いている可能性がある。

　見かけ上，関与が著しく低下した「1c」（低関与・高知識）のセグメントでは，好きなアートが「体に残っている」状態であると考えられ，ひとたび阻害要因がなくなれば「3c」に戻ってくる可能性が高い。同じ低関与状態になった「1b」と「1c」セグメントではあるが，その性質は異なっていると考えられる。超高関与を経験した人にとって，アートはなくてはならないものであり，体の一部であったことから，内面には舞台芸術への強い思い入れが残っている。

　なお「3a」セグメント，すなわち超高関与でかつ当該ジャンルの知識（少）の人はバレエ，オペラでは想定しにくい。このセグメントにはアイドルのファンなどが当てはまると考えられ，バレエ，オペラにおいて超高関与に進むには，高知識の認知構造に支えられた，確かな理解力があることが前提となるためである。認知構造を前提としない「3a」は，熱しやすく冷めやすい面があると考えられる。

　以上の通り超高関与消費においては，消費者を関与－知識の9セグメントで把握することにより，これまで各セグメント内に固定的だった消費者像を，舞台芸術の鑑賞者として成長していく，長い時間軸の中で捉え直すことが可能となる。

4.5 劇場会員への調査と分析

仮説モデルを検証するために，いくつかの概念を導入する。超高関与に関する指標値として，関与を一段と高めるような深いアートとの出会いや経験を「アートにおける深化体験」とする。また，超高関与の人にとって舞台芸術への思い入れの強さや日々の関わりの多さから，対象のアートは体の一部のようになっていると考え，この状態を「自己一体化」した状態とする。これらの指標値に加えて，認知，探索，行動を示す各値が，関与と知識でどのように変化するかを仮説化した。調査は，バレエ，オペラを上演する劇場の会員を，過去1年間のチケット購入数と会員継続年数で層化抽出し，購入履歴からバレエ鑑賞者614名にバレエ質問紙を，オペラ鑑賞者784名にオペラ質問紙を送付した。購入履歴からは，どちらへの興味が強いか判別しない会員298名には，バレエとオペラの質問紙を共に送付し選択してもらった。この結果，回答数892件を得た（回収率52.6％）。分析はχ^2検定，関与と知識による2元配置分散分析を中心に行った。有効サンプル数はバレエ309件，オペラ445件である。以下，仮説の詳細は紙幅の関係で省き，結果の一部を紹介する。

4.5.1 関与と知識の交互作用

2元配置分散分析では，舞台要素をいかに細かく分解して認知しているかの認知数とチケット購入枚数の行動面で，関与と知識による交互作用が見られた。「高知識だが関与は低め」の1c, 2cセグメントが，認知面や行動面で突出していたためである。

4.5.2 舞台構成要素への関心

舞台の主要な構成要素中，バレエでは「演目」，「ダンサー」，「バレエ団」が（図4-3），また，オペラでは「演目」，「作曲家」，「出演者」が関心の高い項目として挙がった。舞台構成要素を出演者・アーティストといった「人」そのものと，劇場や作品など舞台を構成する「枠組み」のグループに分けた分析で

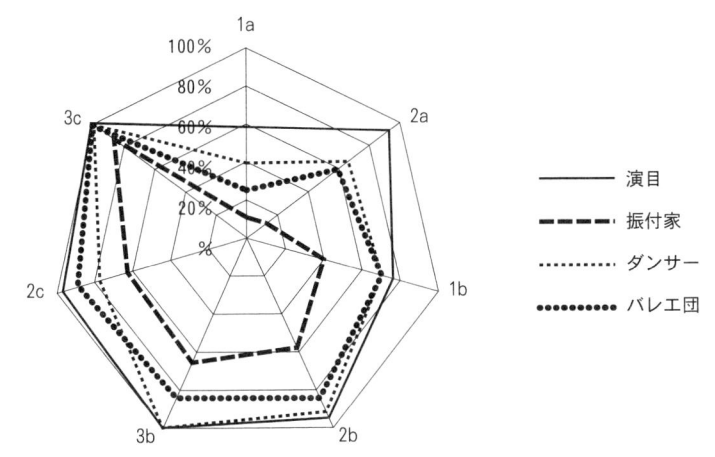

図4-3 セグメント別 関心の高い構成要素（バレエの例）

（出所）筆者作成。

バレエの4大構成要素から選び，好きなアーティストなどの具体名を挙げてもらった。χ^2検定にともない残差分析を行ったところ，1aセグメントはすべての構成要素への関心が全体平均に対して有意に少なく，2aでは振付家が少なかった（5％水準）。3cはすべての構成要素において有意に多く，2bは演目，ダンサー，バレエ団が，3bはダンサーが有意に多かった（5％水準）。なお，バレエの調査では，3aと1cセグメントには該当者がいないため示していない。

は，初心者層から高知識層に移行するにつれ，作品・劇場への関心から，アーティストやそのテクニックへと関心の対象が移行していくことが窺えた（堀田2012）。

4.5.3 関与が高まるきっかけ

興味を持った最初のきっかけとしては，生の舞台に接した経験が最も多かった（バレエ15％，オペラ26％）。のめり込んだきっかけとしては，バレエでは「生の舞台を見て（26％）」に次ぎ，「特定のアーティスト（13％）」，「自分自身がやるほうになって（10％）」が続いた。オペラでは「生の舞台を見て（41％）」，「特定のアーティスト（9％）」と続いた。バレエの例を2次元上に布置し，図4-4に示す。

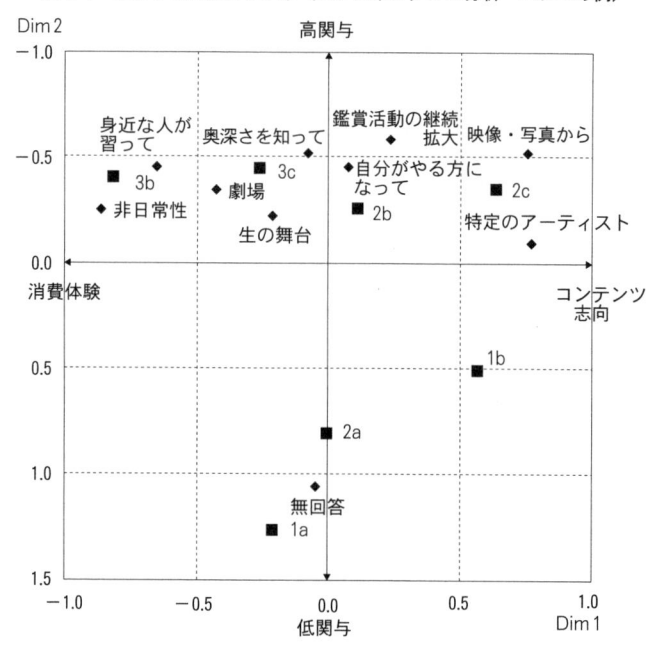

82　第2部　サービス財における長期的な関係性

図4-4　のめりこんだきっかけ（コレスポンデンス分析・バレエの例）

(出所)　筆者作成。

「のめりこんだきっかけ」への自由回答をカテゴリー化し，コレスポンデンス分析を行った。縦軸は関与軸と解釈できる。横軸はここでは「消費体験志向」と「コンテンツ志向」の次元と解釈する。横軸で両極に位置するセグメントに着目すると，3bが「非日常性」や「劇場」といった消費体験がきっかけとなっているのに対し，2cでは「映像・写真」「特定のアーティスト」のコンテンツそのものを挙げる傾向がある。1a, 2aセグメントで無回答が多いのは「アートの深化体験」をまだ経験していないためと考えられる。

4.5.4　超高関与経験層

　高知識層の1c, 2cセグメントでは「自己一体化」（図4-5），「アートにおける深化体験」（図4-6）で，超高関与層に類似する傾向が見られ，両セグメントの特異性を捉えることができる。「超高関与経験者」とでも言うべき，当該アートへの並々ならぬ興味が体に残っている状態と考えられる。

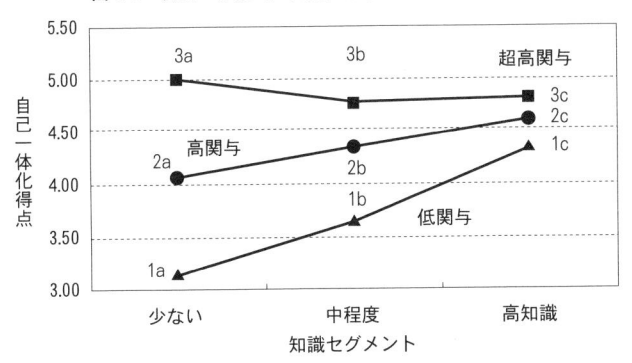

第4章　超高関与の劇場消費と長期的リレーションシップ　83

図4-5　自己一体化（2元配置分散分析・オペラの例）

(出所)　筆者作成。

「私にとってオペラは人生になくてはならないものである」への回答を基に，自己一体化得点とする。オペラの2元配置分散分析では，関与，知識の交互作用が見られた（5％水準）。知識水準別に見ると，知識（少）の層および知識（中）の層では低関与，高関与，超高関与間すべてに有意差がある（1％水準）が，高知識層でのみ有意差が見られなかった。

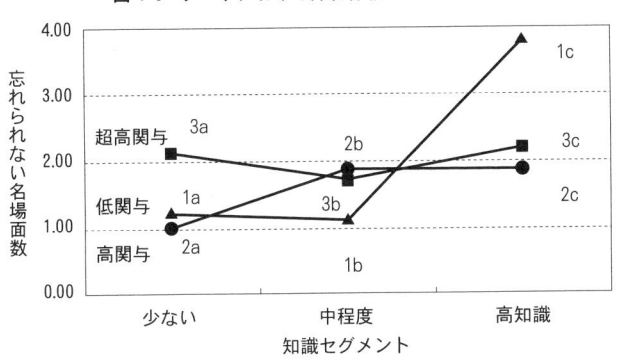

図4-6　アートにおける深化体験（オペラの例）

(出所)　筆者作成。

かつて観た舞台での「忘れられない名場面」を自由回答で具体的に挙げてもらった。挙げられた名場面数をカウントし2元配置分散分析を行った。その結果，関与－知識で交互作用が見られた（1％水準）。超高関与層ではセグメント間で有意差がなかった一方，低関与層では高知識の1cセグメントが突出しており，1a, 2a, 2c, 3cセグメントに対し有意差が見られた（1％水準）。

4.6 劇場会員とのリレーションシップ

分析結果を踏まえ，図4-7「アートの消費者とのリレーションシップ」を提案する。アートの消費者を，舞台芸術の鑑賞者として成長していく過程の中で捉え，それぞれのセグメント層の関与と知識に応じて，どのようなリレーションシップを構築することが最も効果的で，関係性の継続，発展に資するのかを考えたい。

まず，1aセグメントに入る矢印①である。アートの潜在顧客は市場に広く分布しており，バレエやオペラの認知促進を図るためには種々の媒体やマスメディアを使って接触を図っていく必要がある。他の会員組織とリンクすることも有効である。具体的には，サービス内容が補完性を持った他の会員組織，例えば，劇場であれば宿泊施設や交通機関と組むなどを行う。あるいは，カニバ

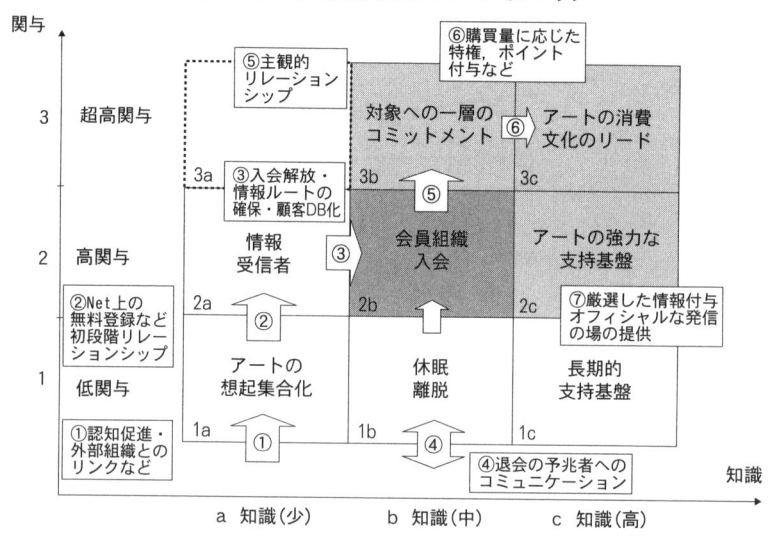

図4-7　アートの消費者とのリレーションシップ

（出所）筆者作成。

リゼーションを生まないよう，相手方会員組織への観劇機会の提供や，組み合わせ企画の紹介を行い，間接的に認知を広める方法が挙げられる。

　次に，バレエやオペラの存在を知った 1a セグメントを，より関与の高い 2a に移すための矢印②では，SNS やホームページ上での無料会員登録などの行動を取ってもらうことによってアート組織との初段階のリレーションシップを作ることができる。受け身中心のこの段階の消費者とは，情報の経路を持つことが関係性の要である。情報経路を活用して，レストランとのタイアップや旅行プランに組み合わせるなど，精緻化見込モデルで言う「周辺情報」を付帯させることによって興味を持ってもらう。この結果として，生の舞台に触れるチャンスを提供することができる。

　2a セグメントに至った鑑賞者には，③の矢印で 2b の本格的な観客層へ仲間入りしてもらうために，会員組織への入会を促す。入会によって会報誌や DM などの太い情報提供が可能な関係性が形成され，継続性が生まれることになる。会員登録により，顧客のデータベース化ができ，購買情報と連携した分析および個別対応も可能となる。アート組織にとって「関係づくりの基本は『会員化』であり，その企業・ブランドに関して特別な資格を持った顧客（会員）として扱われるための意思表示（登録）を勧め，その後は登録客と，そうではない客とを識別し，さまざまな利便や優遇，特典を提供することを約束する」（中澤 2001）ことが必要であろう。

　本格的な鑑賞活動層となり会員になった 2b セグメント層は，今後超高関与に進むか，休眠・離脱に進むかのターニングポイントである。この層に「アートの深化体験」をしてもらうことによって，超高関与への移行が起こる。ここでも「生の舞台」が重要ではあるが，「アートの深化体験」を意図的に設定することは難しい。なぜなら「深化体験」は過去の経験と関連した極めて個人的で，かつ偶発的な出来事だからである。このような場合，舞台上のことを客観的に観る立場ではなく，鑑賞者自身の主観的な体験になるような機会を用意することによって，自己との関連性を高めてもらい，超高関与への移行を促すことが一つの方法である。例えば「のめりこむようになったきっかけ」として，「終演後，憧れのダンサーを楽屋出口で待っていたら，急遽サイン会になって，感激の握手と言葉をかわせたこと」といった回答が複数見られた。映画等の記

録物と違って，生の舞台の強みは，その日その場に生身の人間たちが集っているところにある。

3bセグメントに至った鑑賞者は，アートの深化体験によって関与対象へのコミットメントが高まった状態である。彼らに継続的鑑賞を続けてもらい，繋がりを強めていくために，購入量などの貢献度に応じた特権を付与したり，ポイントアップで優遇するなどの還元を行う必要がある（矢印⑥）。

3cの最重要セグメントは，舞台上のあらゆる要素に関心を持ち，アート消費の先端を行く層である。日々進化をする芸術家たちのアウトプットを取り込み，理解し咀嚼する，いわば文化の消費を開拓する「アート受容における文化の創出者」である。この層には，高知識の形成を目指す「より個別で中心的な情報提供」を行うとともに，やむを得ない出演者変更など，アート組織として理解を求めなければならない情報も提供し，ロイヤルティを高めてもらうことが必要であり，またこの層に対してはそれが可能である。アート組織のサポーターになってもらうための積極的情報提供である。

1c, 2cセグメントの「超高関与経験層」は，3cセグメントを経験した高知識層である。強力な支持基盤としてアートを支えてもらうためにも，重要な本質的情報を付与し，時にはオフィシャルな発信の場を彼らに提供するなどリレーションを深めたい。オピニオンリーダー度の高いこれらの層を通して，間接的に観客拡大を図ることにもつながる。

1bセグメント層にある会員のうち，行動データが退会の予兆を示す場合，再度の活性化をもたらすコミュニケーションを図る。具体的には，このセグメント限定の利便情報や，リハーサル見学などを案内することが効果的である。新規会員獲得より現会員の維持の方が効率的な戦略と言える。

4.7 インプリケーションと今後の課題

関与と知識の2軸上で鑑賞者を把握することにより，それぞれのセグメントにいる人たちに，効果的なリレーションシップを構築する指針を得た。ここで得られた結果は，趣味嗜好の強い製品分野で一般化できる可能性がある。ある

いは，知識軸との関連で見れば，「知れば知るほどおもしろい」消費分野への適用も可能となる。バイク，工芸品，ワインやお酒，料理などのグルメ，特定の場所へのこだわりによる旅行，スポーツ観戦といった超高関与のカテゴリーへの応用が考えられる。また，骨董品，美術品，道具選びなどのモノ志向から，伝統芸能や武道，楽器演奏をはじめとして，スポーツ，登山，ヨットクルージングといったアウドドア活動など，技術や経験が必要な消費分野にも応用が可能と言える。

　スポーツ観戦を例にとってみよう。スポーツは選手の活躍する姿や，得点が入ったときのスタジアムの盛り上がり，あるいは試合の攻防だけでも十分楽しめる。しかしながら，選手やチームの背景を詳しく知ることによって，「作者のいないドラマ」の面白さを読み取ることができるし，競技の歴史に精通していれば，達成した記録の価値を理解することもできる。さらに，その競技の経験がある人は，体験に基づいた一段と深い見方をすると考えられる。

　さらに，本研究から得られた知見からは，高関与カテゴリー製品において，超高関与層へと導くコミュニケーションおよびリレーション構築に示唆を得ることができる。すなわち，関与が知識を醸成し，知識が関与を育てる相互作用の下で，知識や情報を与える機会を数多く設け，出会いや体験の場を提供することが「超高関与のマーケティング」には欠かせない戦略となる。

　「アートの消費者　関与－知識セグメント」を媒体計画に適用し，各セグメントにいる消費者の特徴を捉えた上で，それぞれの層向けに広告媒体を設計すれば，超高関与消費にも対応した媒体ラインナップとなる。ただし，製品提供側の発信するメッセージは，ともすると 1c セグメントの観点に近い，専門的かつ客観的なものに偏りがちになることを肝に銘ずべきである。

　和田（2013）は宝塚のファン・クラブを例に，「強力なユーザー・イメージが出来上がる」のも超高関与市場の特徴であるとし，超高関与のリピーターが需要拡大を妨げているとの指摘を行った。今後の課題として，ユーザーコミュニティのこのような面を認識した上で，この層がアートの楽しみ方や消費文化を開拓している面に着目し，超高関与層をマーケット創出の核として，さらにコモディティ化させないための維持基盤として捉えた検討を行う必要があるだろう。

(注) 本章は，堀田（2012）を大幅に加筆修正したものである。

〈参考文献〉
Bloch, P. H. (1986), "The Product Enthusiast: Implications for Marketing Strategy," *The Journal of Consumer Marketing*, Vol.3, No.3, Summer 1986, pp.51-62.
Celsi, R., R. Rose and T. Leigh (1993), "An Exploration of High-Risk Leisure Consumption Through Skydiving," *Journal of Consumer Research*, Vol.20, No.1, pp.1-23.
Cohen, J. B. and C. S. Areni (1991), "Affect and Consumer," T. S. Robertson, H. H. Kassarjian (ed.), *Handbook of Consumer Behavior*, Prentice Hall, pp.188-240.
Laaksonen, P. (1994), "*Consumer Involvement−Concepts and Research*", Chapman and Hall 70.（池尾恭一・青木幸弘（監訳）『消費者関与』千倉書房，1998。）
Peter, J. P. and J. C. Olson (2010), *Consumer Behavior and Marketing Strategy Perspectives*, 9th edition McGRAW. HILL International Edition.
Zajonc, R. B. (1980), "Feeling and thinking: Preferences need no inferences," *American Psychologist*, Vol.35, pp.151-175.
青木幸弘（1989）「消費者関与の概念的整理」『商學論究』（関西学院大学）第37巻第1・2・3・4号合併号, pp.119-138。
池尾恭一（2011）『モダン・マーケティング・リテラシー』 生産性出版。
清水聰（1999）『新しい消費者行動』千倉書房。
戸梶亜紀彦（2001）「『感動』喚起のメカニズムについて」認知科学, pp.360-368。
戸梶亜紀彦（2004）「『感動』体験の効果について―人が変化するメカニズム―」広島大学マネジメント研究, 4, pp.27-37。
中澤功（2001）『進化するデータベースマーケティング』 日経BP社。
堀田治（2012）「アートにおける超高関与の消費者行動とコミュニケーション」『日経広告研究所報』265号, pp.16-23。
和田充夫（2013）「超高関与消費者行動とその対応戦略：BMWから宝塚歌劇まで」『商學論究』（関西学院大学）第60巻第3号, pp.69-82。

（堀田　治）

第 5 章
ペット消費の積極化要因の解明
―ペットとペットオーナーの関係性から―

5.1 積極化するペット消費

　本研究では，近年市場の成長が著しいペット関連市場に注目する。ペット関連市場は順調な成長を続けており，2011 年度の市場規模は 3660 億円で，2014 年度には 3869 億円に拡大すると予測されている。飼育頭数自体は微減傾向であるにもかかわらず，ペットにかける年間平均支出は年々増加しており，ペットオーナーを対象とした調査では，自分の出費を抑えてもペットへの出費を優先する意識が顕著化している。

　近年，趣味やこだわりのある分野には積極的な消費，すなわち，時間配分や所得配分を優先的に行う消費者行動が顕在しているが，ペット分野はその代表であると言えよう。消費全体が低迷する今日でも，なぜペットに関連する消費（以下，ペット消費）は積極的に行われているのだろうか。

　ペットは人間社会の一員として活躍の場が広がり，その役割も大きく変わってきている。一般的にペットは「愛玩動物」と呼ばれてきたが，欧米を中心に「伴侶動物」と呼ばれるようになり，ペットと供に人生を送るという価値観が定着してきている。ペットは，ペットオーナーのライフスタイルに多大な影響を長期的に与えており，その影響は消費面にも大きく反映している。しかしながら，日本における消費者行動の研究領域ではこの現象に関しての研究はほとんど実施されていない。

　そこで本研究は，ペット消費の積極化要因についてペットとペットオーナーの関係性，すなわち，リレーションシップに着眼して解明することを目的とする。ペット関連市場の成長を支えるペットオーナーの消費者行動に注目した本

研究は，ペットの「家族化」，「擬人化」という意識の高まりだけでは説明ができない領域で，ペット消費の積極化要因の解明を試みる。なお，本研究における調査対象は犬と猫に限定する。

5.2 近年のペット事情

5.2.1 ペットブーム

「空前のペットブーム」と言われるようになって久しい。ペットブームとは一般的にペットを飼育することそのものではなく，生体の品種に流行が起こり，話題の中心になることや飼育環境が充実してきたことを指す。

ペットブームの火付け役は1950年代に流行したスピッツという犬種だと言われている。当時の日本は戦後の高度成長期に入り，庶民の所得水準が上昇したため，生活の豊かさを示すかのような清潔で高級そうなイメージを持つ白い毛並みのスピッツが人気を呼んだ。従来の番犬的な役割だけでなく，愛玩動物という意味でのブームはここに始まった。

1980年代から1990年代にかけては，第1次ペットブームと呼ばれる時期である。狼のような風貌と青い瞳の鋭い目つきが特徴の犬種であるシベリアンハスキーが爆発的な人気を生み，日本の典型的な流行犬となった。

1990年代には，ゴールデンレトリバーなどの大型犬が，盲導犬として活躍して脚光を浴びたため人気を博した。柿沼（2008）は，日本人のペットに対する意識が大きく変わったのは1990年代だと指摘する。猫の品種はアメリカンショートヘアが流行した。

第2次ペットブームと言われている2000年代に入ると，大型犬の人気をトイプードルなどの小型犬が急速に追い越した。社団法人ジャパンケンネルクラブの公開データ「犬種別犬籍登録頭数」を見ると，2000年代の人気犬種ランキングは，ほとんどが小型犬によって独占されている。特にトイプードル，チワワ，ミニチュアダックスフンドの3大小型犬は，過去10年間トップ3を譲らない根強い人気でペットブームの息の長さを支えている。猫の品種は，スコティッシュフォールドの人気が定着している。

内閣府が 2010 年に行った「動物愛護に関する世論調査」によると，ペットを飼うのが「好き」と答えた者の割合が前年の 65.5％から 72.5％（大好き 23.4％＋好きなほう 49.1％）に上昇し，「嫌い」と答えた者の割合が前年の 31.7％から 25.1％（嫌いなほう 21.8％＋大嫌い 3.3％）へと低下する結果が出ている。このような動物愛好の意識の高まりからもうかがえるように，現在のペットブームは単なる一過性の社会現象としてではなく，長期にわたる使われ方をしており，ペットブームは文化として社会の中に定着していると言える。

5.2.2　少子・多ペット化

我が国の少子化問題は深刻で，2011 年の出生数は 105 万人と過去最少になったことが厚生労働省の人口動態統計で判明した。2011 年 4 月現在 15 歳未満の子供の数は 1693 万人となっており，これは同年の犬猫の飼育総頭数を下回る数値である。

一般社団法人ペットフード協会（以下ペットフード協会）の調査における 2011 年の犬の飼育世帯率は 17.7％，猫は 10.3％であった。平均飼育頭数は犬が 1.26 頭，猫が 1.74 頭で多頭飼いも珍しくないことがわかる。同年の合計特殊出生率が 1.39 人であることと比較して考えると，現代は青木（2012）が指摘するように，「少子・多ペット化」であると言えよう。

飼育意向率を見ると犬は 33.1％，猫は 18.7％となっている。つまり，今は飼育していないが今後飼育意向のある者の数は，実際飼育している者の数より，犬猫ともに約 2 倍に達しているのである。この犬猫に関するペット飼育の潜在需要は，ペットを飼育できるような環境の提示や提案を行うことによって，大きな頭数拡大が期待できると考えられる。飼育総頭数の拡大はペット消費の拡大につながると予想される。

5.2.3　ペット消費の背景

先に述べた通り，ペットブームとは品種の流行や飼育環境の充実を指しており，飼育頭数自体が驚異的に伸び続けているわけではない。ペットフード協会の全国犬猫飼育実態調査によると，犬猫の飼育総頭数の推移は，2008 年のピークを境に微減傾向にある（図 5-1）。

図 5-1 犬猫飼育総頭数

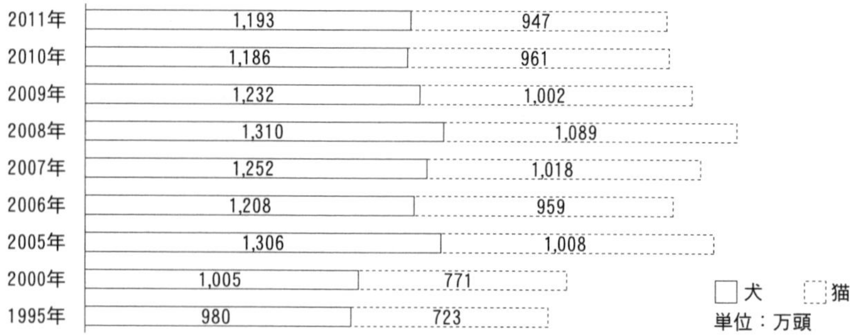

年	犬	猫
2011年	1,193	947
2010年	1,186	961
2009年	1,232	1,002
2008年	1,310	1,089
2007年	1,252	1,018
2006年	1,208	959
2005年	1,306	1,008
2000年	1,005	771
1995年	980	723

単位：万頭

（出所）ペットフード協会の資料を基に筆者作成。

　一方，ペットにかける年間支出金額は増加の一途をたどっている。アニコム損害保険株式会社が行った犬猫を対象とした「ペットにかける年間支出調査」によると，2009年の平均支出金額は犬が24万8916円，猫が12万8941円で，前年と比較して犬猫ともに120％以上も増加している。2011年に行われた同調査では，犬が前年比102.6％で32万5867円と横ばいではあるが，猫が前年比113.4％で18万4735円という結果が出ている。犬の費用項目で最も増加が見られたのは「病気やケガの治療費」で前年比131.7％の6万2872円であった。ペットの高齢化に伴って発症する病気やケガによる通院が増えたために治療費がかさむという理由である。また，将来の治療費を考えたペット保険の加入率も増えており，ペットの健康維持や長寿を願う傾向がうかがえる。

　飼育総頭数が微減傾向であるにもかかわらず，年間の平均支出金額が増加していることは，1頭あたりのペット消費の拡大を顕著に表していると言える。ペット関連市場は比較的低投資で参入しやすいと言われており，新規参入を呼びかけるセミナーや報道が目立つ。異業種からの参入も相次いでおり，新事業の展開は枚挙にいとまがない。ペットは家族化，小型化，室内飼育化，高齢化などの特徴を特化したビジネスが狙い目とされており，多角的な戦略が見込める分野である。近今はペットの学校，ペットのリゾートホテル，ペットのスポーツジムなど，人間顔負けの施設が揃っている。

5.3 ペット関連の先行研究

5.3.1 ペットの特性

ハーシュマン（Hirschman 1994）によると，ペットの特性は4つに大別される。

① 友達としての動物（animals as friends）：このカテゴリーの動物は，相互理解と経験に基づいて非言語的な方法で通信をし，消費者である所有者と交互に進化して関係を発展させる。動物は独自の権利と人格を認められ，扱われる。

② 自分としての動物（animals as self）：このカテゴリーの動物は，所有者の人格，自己拡張を表している。人間がどの動物をペットに選択するかは自己定義の行為であり，その行為は自己の確認，検証である。所有者の欲望を体現したり，所有者の個性を反映させたりする。

③ 家族としての動物（animals as family members）：多くの研究者が文書化してきたように，ほとんどの動物は子供の役割を果たす。それは，友達としての動物，自己としての動物を含む要素も認められるが，子供である動物は永遠に未熟で生涯にわたり所有者に依存状態を維持する最も顕著なカテゴリーと言える。

④ モノ・製品としての動物（animals as objects/products）：このカテゴリーの動物は，所有者の伴侶としての役割が減り，代わりに所有者の環境内に存在するモノ・製品の役割をする。具体的には，装飾としての動物，ステータスシンボルとしての動物，趣味としての動物，器具としての動物，人のような動物，自己拡張としての動物が挙げられる。

5.3.2 ペットのベネフィット

ホルブルック（Holbrook 2008）は，ペットがペットオーナーに対して与えるベネフィットとペット消費との関わりを下記の4つに分類して整理した。

① 経済的ベネフィット（economic benefit）：ペットは購買意欲などの潜在

的な利益に有益な結果を作成する。ドッグショーに出品される犬は，賞を獲得することを意図とした飼育，繁殖，グルーミングなどをされる。
② 快楽的ベネフィット（hedonic benefit）：喜びや自己高揚，美的価値に貢献すること。ペットとペットオーナーのコンパニオンシップを理解する因子は，擬人化すれば子育て体験ができる，ショッピングを楽しむ，遊び心や若々しい活動などがある。
③ 社会的ベネフィット（social benefit）：印象を管理する目的で，他人の操作のための外的な手段としてペットを使用する。ダイヤモンドを散りばめた首輪や，生体価格が高価で血統書つきと言ったステータスの役割を果たしている場合などがこれである。
④ 利他的ベネフィット（altruistic benefit）：ペット消費の中でもより倫理的で精神的な側面を持っており，保護者，救助者，介護者として情緒的愛情に基づいた神聖な消費を含んでいる。

5.3.3　ペットオーナーの価値観

シュワルツ（Schwartz 2006）は価値をさまざまな日常行動の基本にある概念であると考え，以下のように分類して整理した。
① 自決（self-direction）：自由，好奇心，自己の独立した思考や活動を重視する。
② 刺激（stimulation）：興奮，新奇性，人生における挑戦を重視する。
③ 快楽（hedonism）：喜び，快楽，自己の満足感を重視する。
④ 達成（achievement）：自己の向上心や能力を示して得られる個人的成功を重視する。
⑤ 権勢（power）：社会的地位や権威，人々や資源の操作または支配をする。
⑥ 秩序（security）：社会秩序，人間関係，自己の安全や安定性を重視する。
⑦ 調和（conformity）：礼儀正しさや従順を重視して，他者を害する，あるいは社会の期待や規範を脅かすような，活動，行動傾向，衝動を抑制する。
⑧ 伝統（tradition）：伝統的な文化・宗教についての習慣や考え方を尊重し，受容する。
⑨ 善行（benevolence）：仲間の幸福，誠実さ，責任感を重視する。

⑩ 博識（universalism）：人間の幸福，平和な世界，自然に対する理解，感謝，保護を重視する。

次にシュワルツは，上記10種類の価値を関連性のあるもの同士で統合し，4グループに分類した。
① 自己超越（self-transcendance）：自分のエゴを超えて自分が属するコミュニティの発展を望むこと。博識，善行が含まれる。
② 保守（conservation）：現状の維持に努めること。調和，伝統，秩序が含まれる。
③ 自己高揚（self-enhancement）：自尊心を維持し，自己の評価を高めること。権勢，達成，快楽が含まれる。
④ 変化に対する受容性（openness to change）：変化を受け入れ，取り込むこと。刺激，自決が含まれる。

さらにシュワルツは，これらグループを図5-2のように円周構造に沿って整理している。本研究でシュワルツによる価値理論を支持する理由は，価値と価値の関係性に着目したことである。隣り合う概念同士がお互いに関連し，類似する存在であることを表している。例えば，「博識（あらゆる人々と自然の福

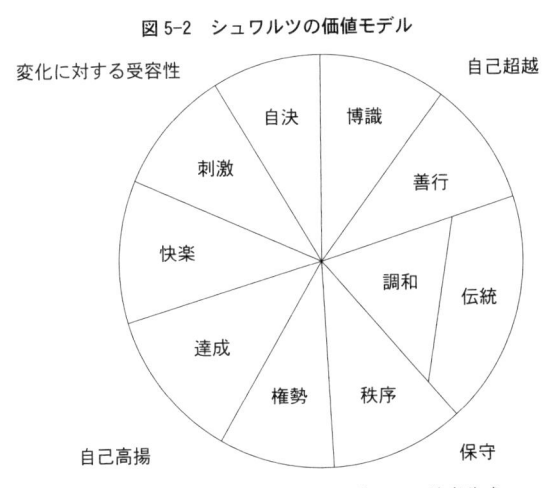

図5-2 シュワルツの価値モデル

（出所） Schwartz（2006）を基に一部修正して筆者作成。

祉を理解し尊び，そのために我慢し，保護すること）」という価値を実行することは，隣接する「善行（仲間の福祉を維持し高めること）」と高い関係性を有しており，2つの価値を「自己超越（自分のエゴを超えて自分が属するコミュニティの発展を望むこと）」という括りでグループ化してある。

さらに対極に位置する価値とそのグループは，対立した概念を持つことを意味している。例えば，「変化に対する受容性」と「保守」とは対極軸に位置しており，これは変化しようという価値観と伝統を維持しようとする価値観とは対立的な価値グループであることを示唆している。ペットオーナーの持つ価値が仮に自己高揚であるとするなら，そのペットオーナーに自己超越を訴求したマーケティングは最大の効果をもたらさないのである。

5.4 手段－目標連鎖モデルを用いた分析方法

本研究では，調査対象者として，首都圏に住むペットオーナーで次の3つの条件のうち2つ以上該当する人を選考した。①ペット消費の月平均支出額が総務省統計局の「家計調査年報（家計収支編）平成23年」におけるペット関連月平均支出額と同額またはそれ以上であること。②ペット消費に積極的だという自覚があること。③多頭飼いをしていること。調査対象者に，ラダリング法によるデプスインタビューを実施し，いくつかの発見を提示しながらペット消費の積極化要因を焙り出す。インタビューは「あなたにとってペットはどのような存在ですか」という質問から始める（複数回答あり）。

ラダリング法は，「手段－目標連鎖モデル」に基づき，消費者の価値観がブランドおよび製品の具体的な属性にどのように実現しているかを明らかにするものである（丸岡 1998）。本研究ではペットを生体ではなく製品とみなし，消費者であるペットオーナーの心理的な文脈を理解することが重要となる。

手段－目標連鎖モデル（図5-3）は，消費者行動の研究で，目標達成のためのアプローチとして製品と消費者との関係を捉えるために考え出された。手段－目標連鎖モデルには，消費者の製品選択に関する知識や情報が，製品の属性や機能と言った具体的なものから心理的な効用や生活目的，価値観と言った

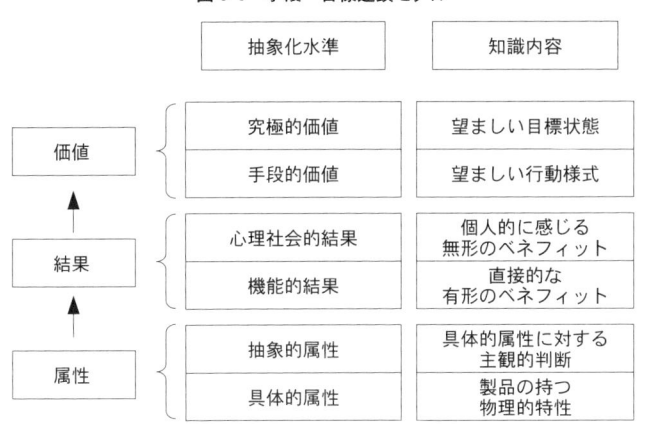

図 5-3　手段－目標連鎖モデル

抽象化水準		知識内容
価値	究極的価値	望ましい目標状態
	手段的価値	望ましい行動様式
結果	心理社会的結果	個人的に感じる無形のベネフィット
	機能的結果	直接的な有形のベネフィット
属性	抽象的属性	具体的属性に対する主観的判断
	具体的属性	製品の持つ物理的特性

（出所）　新倉（2012）を基に一部修正して筆者作成。

抽象的なものまで階層的な構造として有されている（西久保 1998）。各階層間には「手段－目標」という関係が成立しており，製品は消費者の価値観となる目標を達成するための手段とされ，その関係が1つの階層構造からなる連鎖的媒体として概念化される。

　このモデルは，消費者の持つ製品知識に基づいており，その製品知識について，抽象化水準に関する連鎖の階層構造を捉えているのが特徴である。すなわち，消費者は抽象化水準において異なる内容の製品知識を有すると想定して，その製品知識を階層構造から捉えるのである（新倉 2012）。それぞれの抽象化水準に存在する知識内容は「価値」，「結果」，「属性」の3構成で説明される。製品の持つ属性が，より抽象的な目標である結果を提供するための手段となり，その結果が消費者の持つ価値観によって選ばれるという形式で連鎖している。

① 属性（attribute）

　「属性」は，手段－目標連鎖モデルにおいて，最も低い抽象化水準に位置付けられており，対象である製品・サービスの物理的および心理的な特徴として指摘する内容のことである。

　「抽象的属性」とは，物理的な製品特性について消費者が主観的に判断する

もので，具体性に欠ける製品知識のことである。「具体的属性」とは，具体的な製品特性に関する製品知識のことで物理的特性を直接反映するものである。

属性については前節で記述したペットの特性を基に考察する。

② 結果 (consequence)

抽象化水準において属性の上に位置づけられているのは「結果」である。

「心理社会的結果」とは，消費者が製品の使用・消費することで得られる情緒社会的結果を合わせて，個人的な意識の中に反映される無形のベネフィットのことである。「機能的結果」とは，製品を使用することより得られる直接的なベネフィットのことで，実際に目にすることができる有形の結果を指す。

結果については前節で記述したペットのベネフィットを基に考察する。

③ 価値 (value)

最終的な目標であり，抽象化水準の最も高い知識には，「価値」が想定されている。

「究極的価値」は，「最終的価値」とも呼ばれ，目標により導かれる抽象的な望ましい状態である。消費者の最も基本的な欲求と目標となる認知表象で，消費者がその人生において実現しようとする重要な最終的状態をメンタルに表したものである (Peter and Olson 1987)。「手段的価値」は，究極的価値を実現するための望ましい行動様式を指し，消費者の持つ諸資源の使い方の判断基準である（丸岡 2002）。最終的価値を達成するための手段として，具体的なアクションが含まれる。

価値については，前節で記述したペットオーナーの価値観を基に考察する。

5.5 分析結果から見るペット消費に積極的なペットオーナーの特徴

インタビューのトランスクリプトから重要だと考えられる文章データをコード化し手段－目標連鎖モデルにあてはめると，図5-4になる。ここではペットオーナーがペットに何を求めているかだけではなく，それを実現するために何を行っているのかも明らかにすることができる。

図 5-4 手段－目標連鎖モデル（文章データからコード化）

究極的価値	精神安定	生きる喜び	情操教育	精神安定	精神安定	生きる喜び	人生や仕事にハリが出る	支配する	精神安定
手段的価値	快適な環境を整える	健康で長生きさせる	快適な環境を整える	健康で長生きさせる	健康で長生きさせる	健康で長生きさせる	いろいろな経験をさせる	教育する	快適な環境を整える
心理的結果	癒される	責任感が高まる	感情が豊かになる	癒される	ストレス解消	責任感が高まる	家族の絆が深まる	上下関係をはっきりする	癒される
機能的結果	一緒に遊ぶ	世話をする	世話をする	世話をする	一緒に遊ぶ	世話をする	一緒に遊ぶ	しつけをする	世話をする
抽象的属性	子供	子供	ペット	分身	弟	子供	妹	部下	子供
具体的属性*	中型牧羊牧畜犬	中型作業犬	中型作業犬	小型愛玩犬	小型獣猟犬	小型愛玩犬	小型愛玩犬	小型愛玩犬	小型獣猟犬
事例	A	B-1	B-2	C	D	E-1	E-2	E-3	F

生きる喜び	精神安定	生きる喜び	生きる喜び	自己拡張	精神安定	情操教育	生きる喜び	人生や仕事にハリが出る
健康で長生きさせる	健康で長生きさせる	健康で長生きさせる	快適な環境を整える	他者を印象づける	健康で長生きさせる	快適な環境を整える	健康で長生きさせる	健康で長生きさせる
生活を楽しむ余裕ができる	癒される	責任感が高まる	責任感が高まる	恰よよく見られたい	責任感が高まる	責任感が高まる	癒される	家族の絆が深まる
世話をする	一緒に遊ぶ	世話をする	必要とされる	着飾る	世話をする	世話をする	必要とされる	家族との喧嘩が減る
子供	相棒	子供	ホスト	弟	分身	子供	ペット	子供	ペット
小型愛玩犬	小型愛玩犬	短毛猫	短毛猫	中型テリア	中型テリア	雑種猫	雑種猫	小型獣猟犬	中型雑種犬
G	H	I-1	I-2	J-1	J-2	K-1	K-2	L	M

（注）　*『猫の写真図巻』（日本ヴォーグ社 1993）『犬の写真図巻』（日本ヴォーグ社 1994）を参照。
（出所）　筆者作成。調査対象者はA〜Mの13人で抽象的属性が複数回答の場合はB-1, B-2とした。

　事例Aを見てみると，子供のような存在であるペットと一緒に遊ぶことによってペットオーナーは癒されている。癒されることは自分の精神を安定させてくれるので，そのためにペットには快適な環境を整えている，という一連の文脈が図示されている。ペットオーナーは，自分の精神を安定させたいという価値に基づき，子供みたいなペットを飼っているのである。
　事例Bでは，子供のようなペットの世話をすることによってペットオーナーの責任感が高まり，生きる喜びを感じることができる。そのためにペットを健康で長生きをさせるという説明ができる。
　事例E-3は，ペットを部下だと捉え，しつけをすることによって上下関係をはっきりさせている。それはペットに言うことを聞かせ，支配することを目

的としており，そのために教育をしていることが読みとれる。

図5-4の同じ回答をまとめて見やすくするために，階層的価値マップ（属性，結果，価値の連鎖情報を図示したもの）に変換すると図5-5になる。

このモデルでは，ペットオーナーの持つペットの属性，結果，価値のそれぞれをつなぐ連鎖を解釈することに意味がある。ここで注目すべきは，最も明確な連鎖構造を形成している図中中央に位置する太線の連鎖である。図示されているように，ペットを子供のような存在であると回答しているペットオーナーが最も多い。この連鎖ではペットオーナーはペットを子供であるかのごとく世話をすることで責任感の高まりを充足し，生きる喜びを得ていると考えられる。ここでの「健康で長生きさせる」が持つ意味は，ペットオーナーの生きる喜びが長続きするための手段として捉えることができる。

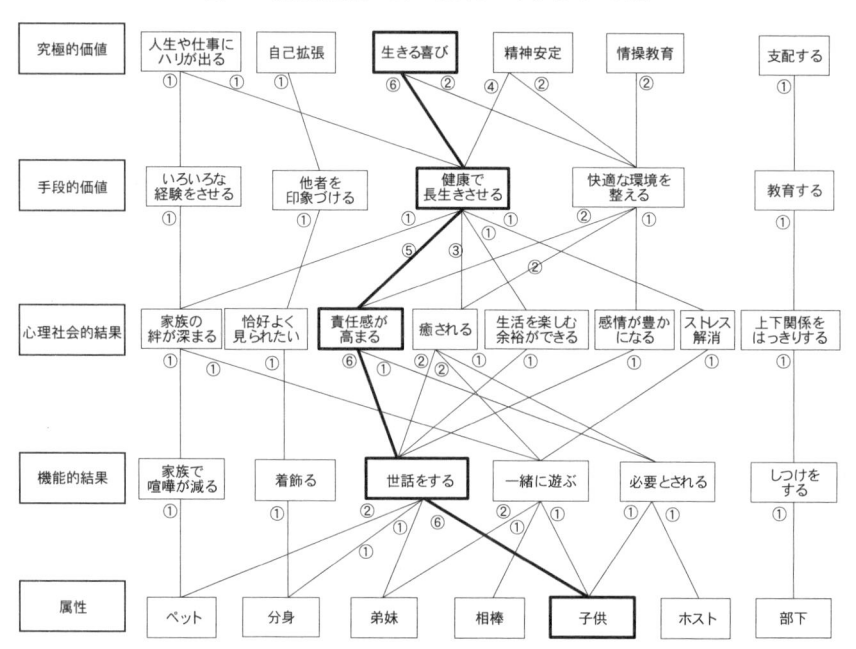

図5-5 階層的価値マップ（文章データからコード化）

（出所）図5-4を基に筆者作成。コードの下の数字は，各コードから上位コードへのラダー数である。

第5章　ペット消費の積極化要因の解明　　*101*

　この連鎖にあてはまるのが事例 B-1, E-1, I-1, J-1 である。この4人のペットオーナーに共通する点を2つ挙げることができる。第1に，4人ともペットの存在を多角的に捉えていることである。本研究の調査対象者である13人のうち，8人はペットの存在を1つしか回答していない。残りの5人はペットの存在を2ないし3つの側面から捉えており，それぞれの属性に対応した結果と価値を確認することができる。ペット消費に積極的なペットオーナーは，ペットの存在認識の数，すなわちラダーの数が多いという特徴が見出された。第2に，ペット消費が病気または高齢化による介護関連に大きく割り当てられていることである。概算による自己申告ではあるが，月平均支出が最も高かったのは事例 J である。このペットオーナーは高齢化に伴うペットのケアに並々ならぬ諸資源を費やしており，その割合は自分への出費をしばしば上回っている。その原動力はまさしく最愛のペットの長生きを願い，世話をする責任感であることがインタビューから感じ取ることができた。

　次に図5-4 手段－目標連鎖モデルを先行研究に依拠してコード化すると図5-6 になる。

　属性は，「子供」，「弟妹」を「家族」に，「ペット」，「相棒」を「友達」に，C-1 の「分身」を「自己」にカテゴリー化した。なお，J-2 の「分身」はペットで顕示的欲求を満たしていると考えられるので「モノ・製品」に，同様に，K-2 のペットは子供の情操教育の道具と考えられるので「モノ・製品」にカテゴリー化した。結果は，「癒される」，「感情が豊かになる」，「ストレス解消」，「上下関係をはっきりさせる」，「生活を楽しむ余裕ができる」を「快楽」にカテゴリー化した。「責任感が高まる」，「家族の絆が深まる」は「利他」にカテゴリー化した。K-2 は子育て体験の結果として責任感が高まることを目標としているので「利他」にカテゴリー化した。価値は，「精神安定」を「保守」にカテゴリー化した。「生きる喜び」，「情操教育」，「人生や仕事にハリが出る」，「支配する」，「自己拡張」を「自己高揚」にカテゴリー化した。

　図5-6 を階層的価値マップに変換したものが図5-7 である。結果において，経済ベネフィットに該当がなかった。経済ベネフィットは，繁殖目的やショーへの出品目的などであり，ペットを飼育しているペットオーナーが持つベネフィットを有しているため，本調査では該当がなかったものと考えられる。価

102　第2部　サービス財における長期的な関係性

図5-6　手段－目標連鎖モデル（先行研究からコード化）

価値	保守	自己高揚	自己高揚	保守	保守	自己高揚	自己高揚	自己高揚	保守
結果	快楽	利他	快楽	利他	快楽	利他	快楽	社会	利他
属性	家族	家族	友達	自己	家族	家族	家族	モノ・製品	家族
事例	A	B	B	C	D	E	E	E	F

自己高揚	保守	自己高揚	自己高揚	自己高揚	自己高揚	保守	自己高揚	自己高揚	自己高揚
快楽	快楽	利他	快楽	利他	社会	利他	利他	利他	利他
家族	友達	家族	友達	家族	モノ・製品	家族	モノ・製品	家族	友達
G	H	I	I	J	J	K	K	L	M

（出所）　図5-4を基に筆者作成。

図5-7　階層的価値マップ（先行研究からコード化）

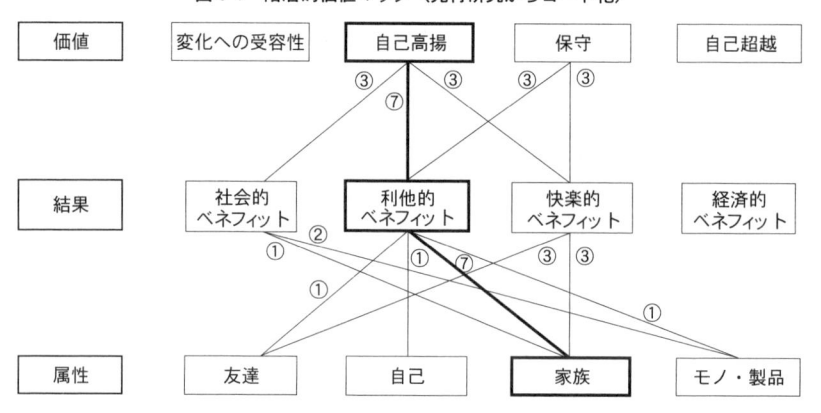

価値	変化への受容性	自己高揚	保守	自己超越
結果		社会的ベネフィット	利他的ベネフィット	快楽的ベネフィット	経済的ベネフィット
属性		友達	自己	家族	モノ・製品

（出所）　図5-6を基に筆者作成。コードの下の数字は，各コードから上位コードへのラダー数である。

値においては自己超越と変化に対する受容性に該当がなかった。これは本調査が消費行動を中心にインタビューを行っていることが原因であると考えられる。ペットオーナーのライフスタイルやサブカルチャーを焦点に置いた調査などでは，これに関連する連鎖が現われると推測される。

太線で示した最も高い結合度は，「家族としてのペット」,「利他的なベネフィット」,「自己高揚の実現」という連鎖であった。ペットオーナーは自尊心を維持し，自己の評価を高めるために保護者，救済者，介護者として情緒的愛情に基づいた消費を行っていると解釈できる。

以上の結果から，ペット消費に積極的なペットオーナーの特徴として次の3点が明らかになった。第1に，ペットを自分と同等または格下の存在に位置付けている。これはペットを養護の対象と捉えているためと考えられる。なぜならペットの性格を「甘えん坊」,「寂しがり屋」と認識しているペットオーナーが多く，ペットに依存され，「この子は自分が守ってあげなくてはならない」という自覚が強いと推測される。第2に，ペットが家族であると利他的なベネフィットを，友達であると快楽的なベネフィットをもたらす傾向がある。ペットを家族と捉えると，ペットオーナーは保護者，救助者，介護者として利他的行動，すなわち，行為者がコストを負担して被行為者が利益を得る行動分類（Hamilton 1964）に向かう。ペットを友達と捉えると，ペットオーナーとペットの双方向に有益な結果をもたらす相利行動，すなわち，行為者と被行為者の両者が利益を得る行動分類（Hamilton 1964）に向かう。第3に，価値に対する回答の多くが「生きる喜び」,「人生や仕事にハリが出る」など自己高揚の実現を示唆するものであった。したがって，ペットオーナーは自尊心を維持し，自己の評価を高めるためにペットを飼っていると考えられる。

5.6　ペット消費が積極化する時のペットとペットオーナーの関係性

本研究では，ペット消費の積極化要因の解明を目的として，ペット消費に積極的なペットオーナーにインタビューを実施した。その結果，ペットオーナー

がペットをどのような存在で捉えているのか，ペットを飼うことはどのようなベネフィットがあるのか，ペットを飼うことでどのような価値が実現されるのかという関係性が明らかになった。本節では，これらのインタビュー結果を基にペット消費の本質と積極化要因について，「ペットの属性」，「ペットの結果」，「ペットの価値」の3点から考察する。

5.6.1 ペットの属性

本研究では，ペットを「家族の一員として育てている」と回答するペットオーナーが最も多かった。必ずしも擬人化されているわけではなく，ペットとの共存生活そのものが近年の「ペットの家族化」を意味するところである。ペットの属性を家族としてだけでなく，友達として，あるいは，装飾品としてなど，多角的に存在を捉えることでペットの役割が増え，消費の機会も増えると考えられる。

5.6.2 ペットの結果

よりよい共存生活を維持するために，ペットオーナーは責任を持ってペットの世話をするという利他的行動に向かう。利他的行動は，他者のために生涯奉仕したり，危険を顧みず人を助けたりする行動であり，基本的に見返りを期待しない。これはペットオーナーの自己満足的な達成欲求を充足しているためと考えられる。つまり，ペットから得るベネフィットは達成欲求を満たすための利他的な動機なのである。「ペットの健康に気を使う」，「可愛がる」など世話に含まれる具体的行動，すなわち，達成したい目標が多ければ多いほど，資源配分が優先的に行われ，ペット消費も嵩んでいく。

5.6.3 ペットの価値

価値は，ペットオーナーがペットを飼うことで実現しようとする重要な最終的状態をメンタルに表したものである。本研究では，ペットオーナーの究極的価値は自己高揚が最も多いことが明らかになった。自己高揚とは自尊心を維持し，自己の評価を高めるという利己的行動のあらわれである。ペットオーナーの動機は利他的であると前述したが，利他的行動は シュワルツ（Schwartz

2006）に依拠するところの自己超越となり，図5-2に示されるように利己的行動である自己高揚とは対極に位置している。ペットオーナーの望ましい目標状態は利己的な価値であり，それは利他的な行動で達成されることが露呈した。

自己高揚の実現や欲求の充足によりペットオーナーは満たされていく。その成就感や充実感が長く続くように，ペットオーナーはペットを長生きさせようとするのである。

5.7 ペット消費の積極化要因

本研究では，ペット消費に積極的なペットオーナーを対象にラダリング法によるデプスインタビューを行い，ペットをどのような存在で捉えているのか（ペットの属性），ペットを飼育することはどのようなベネフィットがあるのか（ペットの結果），ペットを飼育することでどのような価値が実現されるのか（ペットの価値）を引き出し，手段－目標連鎖モデルを用いてペットとペットオーナーの関係性を可視化した。

手段－目標連鎖モデルに基づき，階層的価値マップを作成した結果，ラダーの連鎖パターンに明確な偏りが見られた（図5-8）。これがペット消費に積極的なペットオーナーの特性であり，すなわち，ペット消費の積極化要因であると判断する。

ペット消費はペットオーナーの自己高揚を実現すべく行われており，自己高揚を実現したいという願いが強く重要であるほど，ペット消費への諸資源の配分が優先的になり，ペット消費が積極化していく。ここでの留意点は「属性」，「結果」，「価値」の各々を個別に取り上げるのではなく，連鎖の階層構造，すなわち，ラダーの結合を理解することである。同じ属性から始まって同じ価値にたどり着いても，連鎖のパターンが多いほど消費に動機づけられる機会も多くなる。

ラダーの数が増えれば，それは消費の機会が増えることにつながる。すなわち，ラダーの数を増やすこと，および属性から価値までの結合パターンを増やすことが，延いては消費の積極化を助長することにつながるのである。

106　第2部　サービス財における長期的な関係性

図5-8　手段−目標連鎖モデルから見たペット消費に積極的なペットオーナーの特性

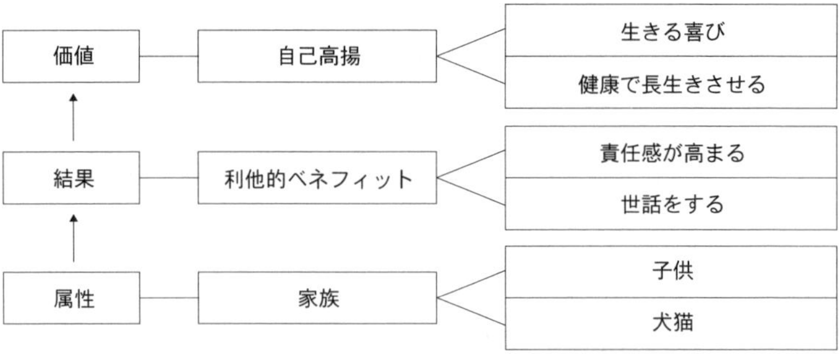

```
価値 ← 自己高揚 ← 生きる喜び
                 健康で長生きさせる

結果 ← 利他的ベネフィット ← 責任感が高まる
                         世話をする

属性 ← 家族 ← 子供
             犬猫
```

（出所）　筆者作成。

　本研究の結果から，次の2点を知見として挙げることができる。第1に，ペット消費に積極的なペットオーナーは，利己的な価値，すなわち自己高揚を実現するためにペット消費を行っている。言いかえれば，ペット消費の積極化要因はペットオーナーの自己高揚の実現である。しかしながら，その手段はペットとの共存生活を尊重した利他的行動によるものである。第2に，価値の実現，欲求の充足への重要性が高いほど，ペットオーナーの持つ諸資源は優先的に配分され，ペット消費は積極化する。ペット消費はペットオーナーの成就感や充実感を味わうために行われているのである。

5.8　今後の課題

　本研究には残された課題が3点ある。第1に，調査対象者が首都圏で犬を飼っている独身女性に偏ってしまった点である。調査対象者の属性の違いによって，得られる結果に違いが生じる可能性があるが，それについて考慮した分析を行えなかった。第2に，筆者がラダリング法のデプスインタビューに未熟なため，被験者の深層心理を上手に引き出せているか疑問が残る点である。コーディング作業も1人で行ったため，精緻さに欠けている可能性が否めない。第3に，他に適した調査手段がなかったかという懸念が残る点である。調

査対象者をペット消費に積極的なペットオーナーに限定し，インタビュー結果を手段－目標連鎖モデルを用いて分析したが，他の分析方法が適していた可能性が捨てきれない。また，ペット消費に積極的ではないペットオーナーとの比較や定量的な検証の必要性も挙げられる。

今後は，残された課題について精査し，本研究では発見に及ばなかったペット消費の積極化要因について探っていきたい。

〈参考文献〉

Hamilton, W. D. (1964), "The genetical evolution of social behaviour I and II," *Journal of Theoretical Biology*, Vol.7, pp.1-16 and 17-52.

Hirschman, E. C. (1994), "Consumers and Their Animal Companions." *Journal of Consumer Research*, Vol.20, No.4, pp.616-632.

Holbrook, M. B. (2008), "Animal companions, consumption experiences, and the marketing of pets," *Journal of Business Research*, Vol.61, No.5, pp.377-381.

Rossiter, John R. & Larry Percy (1997), *Advertising Communications & Promotion Management* 2nd Edition, McGraw Hill. (青木幸弘・岸志津江・亀井昭宏監訳『ブランド・コミュニケーションの理論と実際』東急エージェンシー出版部, 2000。)

Schwartz, S. H. (2006), "Basic Human Values," *Revue française de sociologie*, Vol.42, pp.249-288.

青木幸弘 (2012)「消費者行動分析の基本フレーム」青木幸弘・新倉貴士・佐々木壮太郎・松下光司『消費者行動論－マーケティングとブランド構築への応用』有斐閣アルマ。

柿沼美紀 (2008)「発達心理学から見た飼い主と犬の関係」森祐司・奥野卓司『ヒトと動物の関係学　第3巻　ペットと社会』岩波書店。

新倉貴士 (2005)『消費者の認知世界－ブランドマーケティング・パースペクティブ』千倉書房。

丸岡吉人 (2002)「手段目的連鎖モデルで消費者を理解する」,『一橋ビジネスレビュー』Vol.50, No.3, pp.48-56。

(永江　麻希子)

第3部
地域活性化とリレーションシップ

第 6 章

シモキタ音楽クラスター論
―商業集積内の関係性を探る―

6.1　商業集積の問題点

　商業集積において同質化が問題とされている。同質化というのは，テナントミックスや商品・サービスの提供において主に同業態の他企業との差異がなくなり，消費者にとって特定の店舗に行く誘因が働かなくなることを意味する。

　しかし，自然発生的に集積してきた街を見ると，そこには同質的な側面を持つと同時に，他とは全く異なる魅力を備えた街が少なからず存在している。計画化された人工的な街区やショッピングセンターにはない異質さが街の魅力である。

　下北沢はそうした自然に発生し形成されてきた街の1つである。劇場やライブハウス等エンターテインメント施設が多いこと，また古着，アンティークを始め古物商が多いことが特徴で，若者が支持する個性的な街として他地域との棲み分けを可能にしてきたと言えよう。

　本研究では街の DNA（歴史に培われた個性）が，どのような異質なもの同士のぶつかり合いや連携によって創発的に築かれてきたのか，それによりどのように「計画性」を超えた集積が形成されてきたのかについて，商業集積にクラスターという概念を用いて分析を行う。クラスターという概念を用いることで個々の行為主体（プレーヤー）の関係性を浮き彫りにし，そこに働くメカニズムを明らかにすることができると考えるからである。

6.2 クラスターに関する先行研究

ポーター (Porter 1998) は「特定分野における関連企業, 専門性の高い供給業者, サービス提供者, 関連業界に属する企業, 関連機関 (大学, 規格団体, 業界団体等) が地理的に集中し, 競争しつつ同時に協力している状態」をクラスターと呼び,「クラスターによる競争優位の多くは, 情報の自由な流れ, 付加価値をもたらす交換や取引の発見, 組織間で計画を調整したり協力を進める意志, 改善に対する強いモチベーションなどに大きく左右される。こうした事情を支えるのは, 関係性であり, ネットワークであり, 共通の利害という意識である」と述べている。

湯川 (2002) はネット企業を例に挙げ, クラスターの特徴を「集中立地によって形成されたコミュニティが新しい価値の創造の場として機能」することであると述べた。また矢作 (1997) は, いわゆる企業が「表の組織」であるのに対して, 経営交流グループを「陰の組織 (シャドーシステム)」であると位置づけ, 多様な情報を収集し, 異質な経験や能力を持った個人・組織間の相互作用を通して専門的な知識を創造する能力を備えたものとしている。

藤田 (2003) は, 集積の初期条件として「リーダー的な個人や企業の努力, また特定の大学や地方政府などの政策」などを挙げ, それらが「触媒」として作用することで初期形成が始まると述べた。また, 湯川 (2002) はコーディネーターやコーディネート組織の存在がアイディアや意見を交換する「場」をコーディネートするという役割を担い, こうした「場」から生み出されるアイディアが元になってプロジェクトが生まれ, 企業になるというパターンを提示した。

本論文では, クラスターという概念を手掛かりに, 下北沢の商業集積における音楽クラスターのネットワークと価値創造の場について明らかにする。さらに集積形成の初期条件を「街の資源」として,「触媒」がクラスター形成のプロセスにどのように関わるのかを明らかにしたいと考える。

6.3　下北沢での 2008 年のフィールドワーク

6.3.1　下北沢の歴史「街の資源」の成り立ちと「音楽」のはじまり
(1)　「街の資源」の成り立ち：～1960 年前半

　下北沢は太平洋戦争以前から私鉄の小田急線，帝都電鉄線（現京王井の頭線）が交差する駅であった。戦後は闇市から始まり，その後 1950 年代半ばには，北口の下北沢駅前食品市場等，食料品店が最盛期を迎え，近隣駅からも集客があった。また商店街振興会理事長 A 氏によると，1950 年代から 1960 年代にかけて，地方から来ている学生やサラリーマン向けの下宿屋が多くなり，こうした下宿屋に住む若者をターゲットにした喫茶店やダンスホール，ビリヤードの店等が増えた。中でも学生の溜まり場となった喫茶店はシャンソンやジャズに特化した店や美人喫茶等それなりに特色があったようである。ジャズ喫茶「マサコ」も 1953 年にオープンしている。こうしたことが下北沢に若者文化が根付く要因の 1 つとなったとも言われている。1960 年代には，特徴のある業種や業態はなく，いわゆる普通の街の商店街として発展したという。

(2)　音楽の原点：1960 年後半～1980 年
①　下北沢音楽祭の開催

　1970 年前後にかけて，下北沢にはアーティスト志望の若者と共にジャズバーやロックバー，ロック居酒屋等を経営しようとする人たちも増えてくる。

　　ジャズバー　オーナー B 氏：
　　「僕が初めて下北沢の駅に降りたのが 66 年。その時ライブをやる空間はゼロだった。ジャズバーやロックバー，ジャズ喫茶は何件かあって，まずそういうところに通い始めたのが，下北沢になじんでいくきっかけになった。
　　（ミュージシャン志望の人たちが）小説家とか，俳優とか，カメラマンとか，絵描きとかそういう人に混ざってね，いわゆる喫茶店とかいうより，そういうところを情報交換の場にしていくんですね。で，ライブハウスが一軒もないのに，音楽は聞こえてたんですよね，ロックなり，ジャズなりはね。街全体が醸し出す街の匂いがあった。」

ロックバー オーナー　C氏：（1972年オープン）
「（お客は）映画関係と音楽関係が多くて，インテリな人が多かった。それと，うちより1年くらい後にできたお店と仲良くなったんですよ，そこもロックバーで。で，お互い行ったり来たりして。それ以外にもそういう音楽を聞かせるお店が自然発生的にできたりして。」

1975年12月には，ライブハウスとしてはじめて下北沢ロフトがオープンした。

1978年には「下北沢発信の音楽祭をやろう」という動きが出て，1979年9月に下北沢音楽祭が開催された。B氏によると，このとき音楽祭を組織した主なメンバーはジャズバーやロック喫茶，ライブハウス等のオーナー5名と後に音楽プロダクション経営をするD氏の計6名であった。本多劇場予定地の空き地を借りて会場とし，2日間で約5000人を動員した。この様子は朝日新聞（1979年8月9日付，9月6日付），読売新聞（1979年8月25日付）等でも報道された。このイベントは若い人には大変好評だったようで再演を望む声が多く，下北沢音楽祭は第3回まで開催されたとのことである。なおこの後，B氏は音楽祭メンバーの1人と，1981年から1985年まで多目的劇場の経営をしている。

②　若者と商店街のコンフリクト，街の変化

こうした若い店舗経営者や企業家が参入してくることで，下北沢には若者向けのカルチャーが育って行くことになるが，一方で元から住んでいる住民や商店主，商店街とのコンフリクトも多かったという。

ロックバー経営のC氏は，当時，地元の商店街の人たちから「よくわからない若者の店」と思われていたため，結局親密な関係にならなかったと話す。また下北沢音楽祭に関しても，主催者側と商店街の意思疎通や引継ぎがうまくいかず，第4回は開催されなかったという。

また，1970年代は商店街自体にも変化がおこり始めた。商店街振興組合理事E氏は原因の1つとして多摩ニュータウン等郊外への人口流出を挙げている。食料品の需要が落ち，その分ファッション等の売上が伸長したことで，「下北沢」からシャレた「シモキタ」というイメージになっていったのではないかと語っている。

(3) 劇場の隆盛とライブハウスの増加：1980年〜

下北沢が「演劇の街」と言われるようになったきっかけは，1982年に本多劇場ができたことが大きい。1980年代の小劇場ブームと相まって，本多劇場は若い演劇人の登竜門と言われるようになる。日本経済新聞（1984年12月29日付）は本多劇場を「百貨店等大型施設のない下北沢のシンボル」と表現している。

しかしながら現在，「本多劇場は商店街にメリットをもたらしたか」という点では賛否が分かれているようである。劇場と商店街の間にはコンフリクトがあり，相互理解しようとしないことを挙げる人がいる一方で，「7つの劇場がある街」というイメージは大事にしていくべきと考える人もいるのである。

一方，下北沢のライブハウスは1975年の下北沢ロフトから始まり，1986年には屋根裏（LAアンティノックが名称変更）がオープン，1990年以降増え続けていく（表6-1）。その中でもSHELTER，CLUB251，GARAGE そして CLUB Queといった店舗はそれぞれ個性があり，その後の下北沢の音楽シーンの骨格を作り上げたと言われている。しかし1990年代前半では下北沢のライブハウスはまだそれほど知名度が高くなかった。

　　ライブハウス店長　F氏：
　　「でも，それまではシモキタってそんなにみんなが出たがるような場所じゃなかったと思うんですよね。やっぱり新宿や渋谷のライブハウスにみんな出たいと思っていて，シモキタってあんまり人気なかったんですよ。ま，あっち側に出れ

表6-1　ライブハウスのオープン年

	ライブハウス名	オープン年		ライブハウス名	オープン年
1	下北沢 LOFT	1975.12	9	WEDGE	2001.11*
2	下北沢屋根裏	1986*	10	下北沢 ERA	2002
3	SHELTER	1991	11	440 (four forty)	2002.5
4	CLUB251	1993.11	12	Cave-Be	2002.11
5	GARAGE	1994.4	13	offBEAT	2003
6	CLUB Que	1994.10	14	mona records	2004頃*
7	BASEMENT BAR	1995頃*	15	MOSAiC（モザイク）	2005
8	下北沢 BIG MOUTH	2000頃	16	Daisy Bar	2005.3

（出所）　HPおよび「下北沢カタログ」を基に筆者作成。ただし*については聞き取り調査を行った。

図 6-1　下北沢のライブハウス立地図

(出所)「下北沢カタログ」(2007) を基に筆者作成。

ない人たちが，しょうがなくてやるくらい。マイナーでしたね。逆にその後，94年以降，2000年にかけて，渋谷新宿で相手にされなかった分，交わらなかったからだと思うけど，特殊で個性的でちょっと素敵なバンドが育ってきて，それが開花しだしたのがそれぐらいの頃です。そうすると急にシモキタ凄い，音楽の街，世間的にはそういうイメージがついて，それを見た人たちがライブをやるならシモキタあたりで演りたいとか，お店を出すならシモキタに出したいとかいうのできたんじゃないですかね。」

　1990年代半ばはインディーズ・ミュージック市場が広がっていった時期であり，下北沢でも大手音楽ソフト会社等がインディーズミュージシャンの発掘，育成に力を入れ始めている（日経流通新聞1996年10月31日付，1999年3月1日付，日経MJ（流通新聞）2001年9月25日付）。

　このころ，街自体には物価の安さから様々な若者が来街するようになる。ジャズバーオーナーB氏は，そもそも下北沢には「下北沢価格」があり物販・飲食店共に他所の街に比べて10%～20%程度安くないと成立しないと語る。日経流通新聞（1997年1月1日付）は，インディーズが活況な下北沢では収入があまり多くないアーティスト志望の若者向けに，衣料や電気製品等安い日用品を扱う店がある一方で，演劇や音楽への関心はほとんどないが，原宿より安く買い物ができるから下北沢に来るという女子校生の増加を伝えている。

また，2003年には下北沢再開発問題が浮上したため，市民団体や商業者，アーティストが再開発の見直しを求めて活動するようになった（http://www.stsk.net/situation/chronology.html）（http://www.shimokita-sk.org/）。

(4) 下北沢の商業集積における街の資源：寛容性

劇場や音楽関連の店等が街に参入するにあたっては，様々なコンフリクトがあった。しかし一方で参入した人たちはその出店理由を次のように述べている。

> ジャズバー　オーナーB氏：
> 「(75年頃，関西からのミュージシャンが増え) 関西人って独特のにおいとか好みを持ったりしてるのに，なんで下北沢を選んだのか。そういう人たちを受け入れる土壌っていうか，空気を持っていたんでしょうね，下北沢が。」
>
> ロックバー　オーナー　C氏：
> 「みんなその頃（70年代半ば）オープンして，私と同世代かちょっと若いくらいで，20いくつでしょ，街にそのくらいの人たちが店を構えられる容量があったんですね。家賃も敷金も安かったから等身大でできたっていうのもあるし。」
>
> 古書&カフェ　オーナーG氏：
> 「シモキタは許容度がありますよね。ほかの街と比べて。へんな店とかへんな人とかがたむろできるっていうか。」

彼らのいう容量・許容度というのは街が持つ「寛容性」ではないだろうか。フロリダ（Florida 2005）はクリエイティビティによる経済発展に必要なものとして「技術」，「才能」と共に，「寛容性」を最も重要なものとして挙げている。鈴木（1993）は下北沢では「どんなファッションをしていようが誰にも文句は言われない。だからとっても居心地がいいのは確かだろう」と特徴づけている。下北沢の街の「多様性」はこうした「寛容性」によって担保され，それがさらに多様な人を惹きつけてきたと考えられる。

こうして寛容性に裏付けられた人々の多様性は，次いで様々な出来事を引き起こしていく。出版社フリースタイルを経営する吉田氏はフリーペーパー「simokita style」を発行するにあたり「下北沢」を選んだ理由を，ニューヨークにも匹敵するほどの様々な出来事の多さと情報量があることと述べている（http://melma.com/backnumber_38672_3230822/）。

6.3.2 音楽クラスターの形成：新しいネットワーク

(1) 企業家，ライブハウス，アーティストが創り出すネットワーク

下北沢には新しいつながりを模索し，面白いこと，新しいことをしたいと集まってきた人たちによるネットワークができていった。ここで下北沢で音楽に携わる人の業種の広がりを見てみよう。

> 音楽プロダクション　会長 D 氏：
> 「下北沢に引っ越してやろうとしたのは，「音楽自給自足生活」やな。昔夢見ていたのは，例えば，みんなここで暮らしていて，ミュージシャンがいて，曲できたといったら，すぐ電話してスタジオ集まって，この街で全部音楽ができること。練習スタジオ，レコーディングスタジオ，ライブハウス，レコード屋，で，もちろんプロダクションやレコード会社のオフィスとか，全部ここにありゃいいじゃんって思ったのよね。下北沢だけで完結するっていうこと。要するにメディア，テレビ局とかややこしいじゃん，だから最後にはメディアまで作れればいいなって。雑誌なのか，インターネットテレビなのかわからんけど。とりあえず 10 年やろうと思ってやってきた。そうこうしてると，みんな集まってきたわけ。最初うちしかなかった感じがする。ま，音楽やる場所としては色んな店があったり，飲み屋はある程度健在だけど。
> ライブハウスっていうのは一時なかったんだけど，ずっと前に屋根裏ができて，SHELTER と 251 ができて，そこからなんか集まってきたんだよね。オフィスとか，ライブハウスとかができてきて，で，そういう奴らがスタジオやるからスタジオはじゃあ作らんでいいやって。で，一時期，インターネットテレビを 1 年くらいやっていたことがある。内容は普通に音楽番組。シモキタのライブハウスを撮ったり，インタビューを撮ったりして。結構面白い。ちょっと頑張ったのよ，でもその後やめちゃったんだけど。」

ライブハウスには多くの音楽関係者が関わっている。具体的に下北沢のライブハウスを軸にしてみた場合，そこに出演するミュージシャンおよび所属プロダクション，プロモーションビデオや番組を作る映像関係の事務所，レーベル・レコード制作会社，ライブハウスの内装を行う会社，音楽配信会社，デザイナー，Web 関係の技術者等である。ライブハウスを運営する母体企業がこうした複数の業種を手掛けていることも多い。他にも美容師等も音楽好きな人が多く，音楽活動をしたりイベントを立ち上げる人もいるという。そしてそう

した中で一番関連の多いものが「飲み屋」だそうである。「飲み屋」は自店に集まるDJやミュージシャンを起用してイベントをやる場合も多い。

  ライブハウス店長　F氏：
  「僕がライブハウスをやっていて関連が一番多いのは飲み屋さんかな。例えば美容室や飲み屋，バーでは音楽って必ずかけているもんじゃないですか？で，そこにそういう音楽が好きなミュージシャンが行きますよね。そこで盛りあがって，じゃあイベントをやろうかっていう。ライブハウスをやっていて面白いと思うのは本当にいろいろな職種の人が関わることができるからいろんな話が聞けて。」
  音楽プロダクション　会長　D氏：
  「飲み屋は大事なポイントだよな，（どんな点が重要かというと）音楽の話ができる，ミュージシャンもそこに集まれる，で，今度何かやろうかって言える。そこから企画ができたり，バンドが結成されたりみたいなことでしょう。」

 さらにIT関連の企業や人が音楽に関わるビジネスを立ち上げるケースもある。日経産業新聞（2000年7月5日付）は，下北沢でインディーズ音楽の無料情報交換サイトを立ち上げようとするITのフリーエンジニアを取り上げている。

（2）　共同イベントによるネットワーク

 下北沢ではライブハウスやバー，レコード店とDJやミュージシャンが共同して行う様々なイベントが企画されている。その中には複数のライブハウスを回遊できるイベントも多い。企画の主体もDJから音楽雑誌出版等多様である。こうした共同イベントもネットワーク形成に一役買っている。

 プロデューサーH氏によれば，共同イベント等の企画で各々のライブハウスが適宜コミュニケートするというのは非常に珍しいそうである。例えば渋谷では「渋谷音楽祭（シブオン）」という大規模なイベントがあるが，ここでは実行委員会等がオーガナイズしている。そのため20店舗くらいあるライブハウスは協力店として参加するという形態となっており，各店が能動的にネットワークを作っていく感じではないとのことである。

 ①　回遊イベント「下北沢ナイトウォーカー」，「SHIMOKITA ROUND UP」

 「下北沢ナイトウォーカー」は2007年から始まった，アーティストが多数参加するフリーパスイベントである。フリーパスイベントとは，パスを一枚購入

すれば，期間中，参加店舗への出入りが自由になるというものである。このイベントのテーマは「NEXT CIRCLE 〜新たな繋がりと出会い〜」である。実際，イベントでは客とアーティストという境界はあまりないようで，会場内で「久しぶりに会ったね」とか，「今度一緒にやろう」と言いながら肩をたたき合うような光景が様々なところで見られた。

「SHIMOKITA ROUND UP」は，1994年から発行されているインディーズ音楽誌「Quip」が主体となって2008年に行われたイベントである。「Quipらしい自由にたくさんのライブを観れるイベント」をテーマに，主に新人アーティストを前面に押し出す企画である。下北沢での開催理由は，スタッフが毎週のようにライブを観ている場所であること，Quipに載っているバンドの多くが活動している場所であること，そして音楽好きが集まる街であることを挙げている。こうした企画にライブハウス，レコード会社，アーティストはとても好意的であるとQuip編集人の石川氏は述べている（Quip Vol.53 2008）。

② 北沢音楽祭：商店街との関係性構築へ

1990年から下北沢では「北沢音楽祭」（途中，現名称へ変更）という音楽イベントを毎年開催している。これは1979年の「下北沢音楽祭」とは全く別のもので，もともとは行政と地区住民が中心となったワールドミュージックの音楽祭である。しかし次第に地元の認知度が低いことが問題となっていき，ついに第8・9回音楽祭の実行委員会では有名ミュージシャンを輩出したライブハウスを交えない音楽祭に異議を申し立てる意見が出るようになった。一方でライブハウス側は深夜の騒音やゴミ，人だまりの問題等，周辺住民とのトラブルを受けて，閉店後に周辺の掃除を行うなど，街とうまく共存する方法を模索していた。こうしたことから第10回の音楽祭は「異世代共存響声」のテーマの基にライブハウスが加わるようになった（http://shimokita-fes.com/18th/about/index.html）。

音楽プロダクション会長D氏にも音楽祭の活性化のための相談が持ち込まれ，コーディネーターとしてプロデューサーH氏とD氏の会社のスタッフを音楽祭実行委員会に紹介する。H氏は「ライブハウスは長い間，人だまりやゴミの問題等，決していいイメージに捉えられていなかった部分もあるんですけど，実はそれもディスコミュニケーションだったことが1つの問題だった。

表 6-2 回遊イベント参加店舗

■「下北沢ナイトウォーカー」2008 年　参加店舗

《ライブハウス，クラブ，バー》BASEMENT BAR, 440, WEDGE, BAR?CCO, Daisy Bar, CLUB Que, MOSAiC, Piece Of 8, Room "Heaven & Earth"
《レコードショップ》ディスクユニオン下北沢店，JET SET 下北沢店，DISC SHOP ZERO
《協力》ラスコー（フライヤーデザイン），北島友太（web 制作）

■「SHIMOKITA ROUND UP」2008年参加店舗

CLUB Que, SHELTER, CLUB 251, GARAGE, 440, mona records

（出所）　HP，フライヤー，雑誌を基に筆者作成。

表 6-3　第 18 回（2008 年度）北沢音楽祭　実行委員・企画運営委員

■商店街・区役所関係者

実行委員長	下北沢東会［実行委員（会計）］
しもきた商店街振興組合	下北沢南口商店街振興組合
下北沢一番街商店街振興組合	Hair & Prink TANBAYA（美容室）
世田谷区北沢総合支所地域振興課［実行委員］	

■音楽関係者

(有) スマイリーズ	BASEMENT BAR 店長
ハイラインレコード 店長	GARAGE 店長
(有) 喇叭社 代表	下北沢屋根裏 店長
CLUB Que 店長	CAVE-BE 店長
SHELTER 店長	風知空知 店長
CLUB251 店長	Zher the ZOO YOYOGI 店長
440（four forty）店長	BAR? CCO ブッキング担当

（出所）　北沢音楽祭 HP を基に筆者作成。

会話をしていく中で座組みができていくと今迄の誤解が解けて，相互の役割分担が明確になってきて，やれるようになった」と語る。

2008 年に開催された第 18 回音楽祭では，恒例になったプロミュージシャンと地元中学生のブラスバンドによる環境美化 PR パレードの他に，関東七大学音楽祭，そして下北沢商店街・世田谷区産業振興公社・昭和女子大学生活環境学科による産官学共同の"フラッグのわ"プロジェクト等が開催された。北沢音楽祭は第 4 回東京商店街グランプリのイベント事業部門で優秀賞を受賞した。

(3) ライブハウスの差別化

前述のような共同イベントを開催する一方で，ライブハウスは差別化についてシビアに考えている。ライブハウス店長 F 氏は次のように語る。

「ライブハウスに客がつくとは思わないようにしようと思ってます。常に斬新で刺激的なバンドを探すことと，最高の音質と照明。お客さんはライブハウスの名前ではチケットは買わない。バンド名のみです。なんだけど『同じお金を払って同じバンドを違う場所で観るとしたら，どっちで観る？』って話でもありますよね。そこで選んでもらえるように努力しなきゃいけないし，バンドにとってありがたいハコになる。（現在，客からある程度の評価は受けているが）こっちが仕事を怠けていい加減なブッキングをしていたら，それはあっという間に消えてなくなるものだから。そこにあぐらはかけない。ブランドみたいなものにはなりきれないですよね」

(4) 下北沢の音楽および街とメディアの関係

マスメディアに下北沢が取り上げられるようになったきっかけは演劇だった。本多劇場はオープンしてから，マスメディアにとても頻繁に取り上げられていた。音楽の街と言われるようになったのは 1990 年頃，ライブハウスの屋根裏や SHELTER ができた頃からで，マスメディアというよりは口コミで徐々に浸透していったようである。プロデューサー H 氏は当時を次のように語っている。

「（音楽の街と言われるようになるのは）ホントに 90 年代でしょう。マスっていうよりどちらかといえば口コミ，やっぱりアーティストによる認知度とか，そういうのが大きいでしょうね。それを後追いでマスが取り上げていったっていうところはあるよね。……2000 年代に入ったくらいには「シモキタなら人が入る」っていうイメージがあった時期がありましたね。シモキタに行けば何か変わるんじゃないかっていう。……（それはバンドにもライブハウスにも）どっちにもあったでしょうね。アーティスト側にとってはある種，目標の到達点っていうか，1 つのブランドになっていただろうし。ライブハウスもより過当競争になっていったとしても下北沢のほうが人を集めやすかったり，いろいろな人をブッキングしやすかったりっていう風に，マーケティングとして重きを置いたところはあるかもしれないですね」

またタレント等がテレビや雑誌で「自分の街」として下北沢をよく取り上げていったことも下北沢のブランド化に貢献したようである。

こうして下北沢のイメージが確立され，それが「ブランド」として認知されるようになると，商店街のほうにも影響が出てくる。下北沢南口商店街の2008年度の事業計画には「商店街の店舗前を貸す」という項目がある。具体的にはデビューを控えたタレントが下北沢の街なかで歌ったり，アルバイトをすることで，そのタレントにいわゆる「箔」をつけられることから，広告代理店から下北沢の店舗前などの場所を借してほしいという要望が増えているという。

6.4　分析　シモキタ音楽クラスター：「場」とネットワークコーディネーター

6.4.1　下北沢におけるクラスターの存在

先行研究レビューでも見てきた通り，クラスターとはある特定の分野に属し，相互に関連する企業と機関からなる地理的に近接した集団である。そしてこれらの企業と機関は，共通性や補完性によって結ばれている。またクラスターにはイノベーションを生み出すためのコミュニケーションの場が必要である。そうした観点から下北沢をライブハウスを軸にして俯瞰してみる（図6-2）と音楽関連の企業や店舗等がクラスターを形成していることがわかる。

1つ目のグループは，レコードショップや飲み屋，美容室といった下北沢に立地し，ライブハウスと補完しあう業種（一部の飲み屋は競合する）である。2つ目のグループは商店街組織や区役所等を中心にしたグループで，北沢音楽祭での地元中学校，大学とのつながりや「下北沢ブランド」増幅の効果を狙った相乗り宣伝を行う広告代理店等も含む。

ここで，クラスターの視点で見ることで浮きあがってくるのが音楽産業に属するグループの存在と，「裏の場」としての「飲み屋」の存在である。

音楽産業に属するグループはプロダクションやミュージシャンをはじめ，レコード会社，デザイナー等が含まれる。それらはライブハウスを軸にしたクラスターを構成する企業や個人であり，そして相互にも関わりを持っている。こ

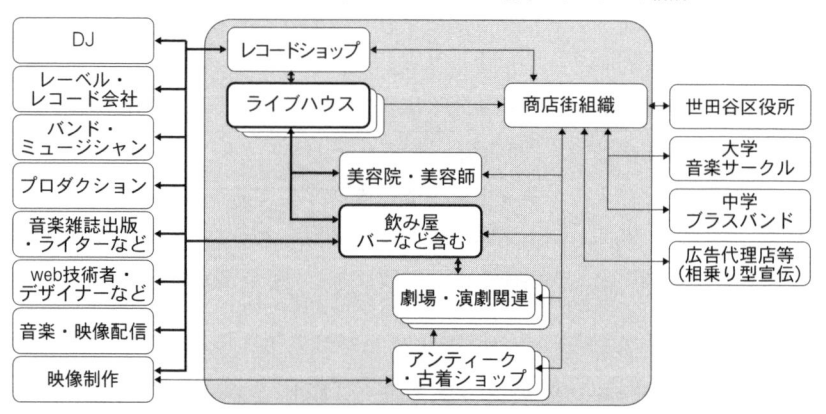

図6-2 ライブハウスを中心としたシモキタ音楽クラスターの構成

（注）アミ掛け部分は、下北沢商店街に立地していることを示す。
　　　太線は日常的に交流があるつながりを示す。
（出所）調査を基に筆者作成。

れらは必ずしも下北沢に立地していないが、シモキタ音楽クラスターには欠かせない存在となっている。そしてもう1つの重要な存在が音楽クラスターのコミュニティの場となる「飲み屋」なのである。

　前節で指摘した通り、「飲み屋」ではミュージシャンやDJ、ライブハウスのブッキング担当、美容師たちが集まり、新しいバンドやイベント、そして音楽制作等の話をし、そこから実現されているものも多い。シモキタ音楽クラスターには、オーディエンスに向けて制作物（楽曲）を発表する「表の場」としての「ライブハウス」のほかに、インフォーマルな情報交換や知識の共有を行い、新しい価値創造の場となる「裏の場」として「飲み屋」が日常的に重要な役割を果たしているのである。そこではミュージシャンやイベンター等異質な才能を持つ個人や組織間の日常的な相互作用を通して、新しい楽曲等の創造を促す場となっているのである。

　上記分析で音楽クラスターの現在（2008年当時）の範囲と関係性の概要は把握できた。しかしクラスターは最初からこのような多様な要素を含んでいたわけではない。次項ではクラスターの形成要因と発展プロセスの分析を行う。

6.4.2 発展メカニズムにおける「転換点」と「ネットワークコーディネーター」

それでは下北沢に音楽クラスターが形成されるための条件である「街の資源」と「触媒」とは何だったのだろうか。藤田（2003）は初期形成に「触媒」が作用すると述べているが，下北沢を分析して判明したことは，発展プロセスのある時期に大きく状況が変化するきっかけとなる「転換点」が複数存在し，そこには「触媒」としてある種のリーダー的人物たちが機能したということである。順を追って見ていこう。

(1) 初期条件としての「街の資源」

前節で指摘した通り，形成の初期条件となる下北沢の「街の資源」は集約すると，「異質性を受け入れる土地柄（多様性を担保する寛容性）」や「文化性」，「経済性」ということになるだろう。そしてこうした「街の資源」に惹かれてミュージシャンの卵や若き企業家たちがほうぼうから集まって来る。こうした多様な人材を街に惹きつけたことがクラスター形成の引き金となる。

(2) 変化のきっかけ「転換点」

シモキタ音楽クラスターは大きく変化・拡大する時期がある。例えば，「共同イベント」である。共同イベントは基本的には期間限定で開催されるもので，企画者の形態は飲み屋の経営者，DJ，雑誌社等様々であり，参加するミュージシャンやライブハウス，関連組織もイベントのテーマによって組み合わせを換え，セッションが行われる。そこでは専門的知識や様々な情報の組み合わせを換えることで新しい創造が行われるのである。共同イベントは言わばクラスターの中の個々のミュージシャンや店舗，組織を意識的につなぎ換え，新しいつながりを作ることで流れを大きく変える「転換点」であり，発展プロセスの要素の1つなのである。また事業の拡大等も，この共同イベントと同様の働きを持つ「転換点」として考えられる。藤田（2003）が指摘している通り，短期的な知識外部性の増大による集積の効果は，メンバー構成が固定されている限り長期的には却って多様性を失わせるため，知識外部性は縮小していく。そのため適宜つなぎ換えを行うことは多様性を担保し，イノベーションや創造の効果を増すと考えられる。

(3) 転換を促す触媒「ネットワークコーディネーター」

そしてこうした「転換点」には「触媒」として企業家やミュージシャン等が

126 第3部 地域活性化とリレーションシップ

図6-3 シモキタ音楽クラスター 発展メカニズム

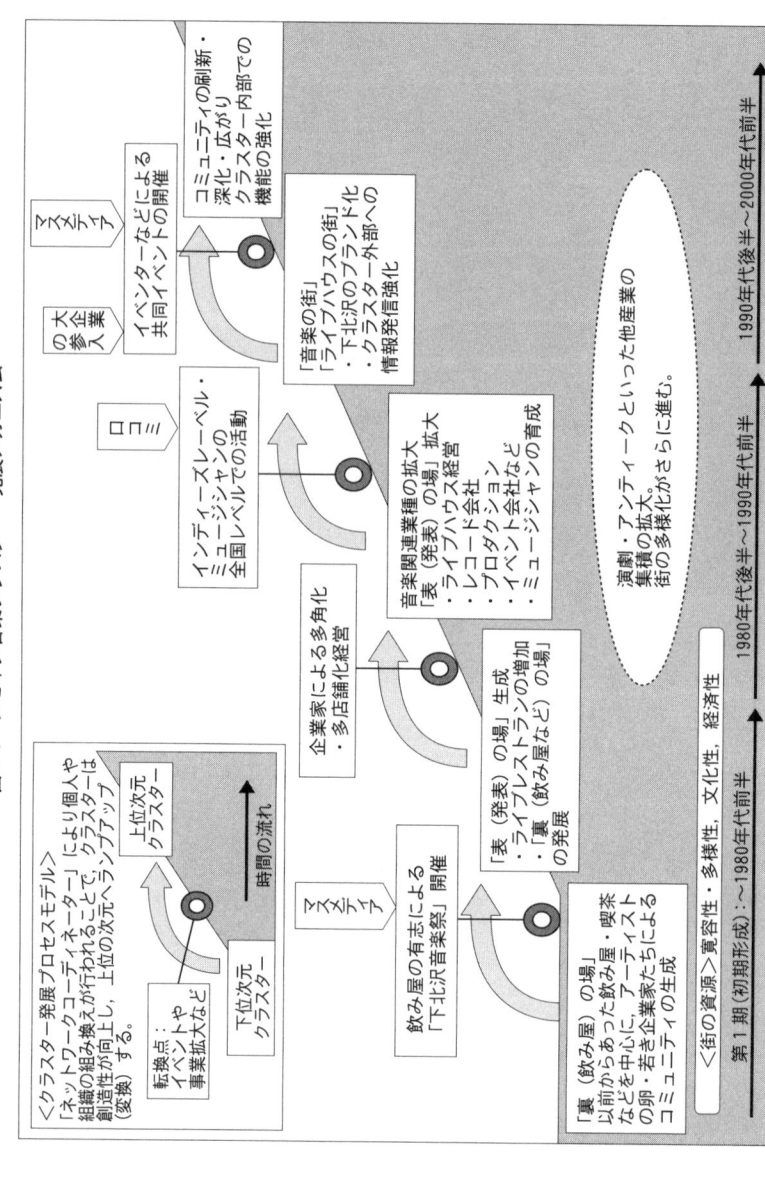

<クラスター発展プロセスモデル>
「ネットワークコーディネーター」により個人や組織の組み換えが行われることで、クラスターは創造性が向上し、上位の次元へランクアップ（変換）する。

下位次元クラスター → 上位次元クラスター

転換点：イベントや事業拡大など

時間の流れ

第1期（初期形成）：〜1980年代前半
〈街の資源〉寛容性・多様性・文化性・経済性

「裏（飲み屋）の場」
以前からあった飲み屋・喫茶などを中心に、アーティストの卵・若き企業家たちによるコミュニティの生成

飲み屋の有志による「下北沢音楽祭」開催

「表（発表）の場」生成
・ライブレストランの増加
・「裏」（飲み屋など）の発展

1980年代後半〜1990年代前半

企業家による多角化・多店舗化経営

音楽関連業種の拡大
「表（発表）の場」拡大
・ライブハウス経営
・レコード会社
・プロダクション
・イベント会社など
・ミュージシャンの育成

インディーズレーベル・ミュージシャンの全国レベルでの活動

ロコミ

1990年代後半〜2000年代前半

大企業の参入

イベンターなどによる共同イベントの開催

コミュニティの刷新・深化・広がりクラスター内部での機能の強化

メディア

「音楽の街」「ライブハウスの街」
・下北沢のブランド化・クラスター外部への情報発信強化

演劇・アンティークといった他産業の集積の拡大、街の多様化がさらに進む。

メディア

（出所）調査を基に筆者作成。

深く関わっている．彼・彼女らがイベントの開催や事業の多角化・多店舗化等積極的な活動を通して新しいコミュニティを作り，新規企画を実行し，新しい流れを作ることでシモキタ音楽クラスターは発展してきた．彼・彼女らは石原 (2006) が分類したリーダー的商業者とは違い，「ネットワークコーディネーター」という第3のリーダーとして存在するのである．「ネットワークコーディネーター」とはイベントや新規事業といった「転換点」において，組織や個人のつながりを組み換えることで新しい作品や新規事業の創造を促す役割を果たす人たちである．ネットワークコーディネーターがうまく機能することで，クラスターを上位の次元に引き上げる「ランプアップ」(変換) 効果（矢作 2007）を引き起こすのである（図6-3）．ここで言う次元とは，クラスターを構成するプレーヤーの種類・数の増加はもとより，より高度な課題解決ができる状態になることを指している．

6.5 本研究の意義と今後の課題

　本論文の意義は，商業集積にクラスターという視点を適用することにより商業集積のダイナミックな広がりを発見するとともに，新しい価値創造のコミュニティとして機能する表と裏の「場」の存在を確認できたこと，また「街の資源」，「転換点」，「ネットワークコーディネーター」というクラスター発展の基本的なメカニズムを理解できたことである．

　今後の課題としては，プレーヤー間の競争についてさらに掘り下げることである．ライブハウス間の競争はもとより，ライブハウスとミュージシャンの間のプレッシャー（音楽性・アート性と集客数）といったものが，どのようにクラスターに影響するのかについてはさらに調査する必要があるだろう．また，再開発などもあり下北沢は現在も変容しつつある．その中で，他地域との差別化や競争優位を得るために音楽クラスターがどのように行動していくのかについても今後，観察を続けていきたい．

　　（注）　氏名の記述について：インタビューでのインフォーマントに関しては氏名をアルファベットで記述し，著作やインターネットによる情報はそこに掲載されている氏名を記述した．

本論文を執筆するにあたり下北沢の皆様には多くの貴重なお話を提供して頂きました。ここに感謝の意を表します。

〈参考文献〉

Florida, R. (2005), *The Flight of The CreativeClass*, Harper Collins publishers, Inc. (R. フロリダ著，井口典夫訳（2007）「クリエイティブ・クラスの世紀—新時代の国，都市，人材の条件」ダイヤモンド社。）

Porter, M. E. (1998), *"Clusters and Competition" On Competition*, Harvard Business School Press, pp.197-271. (M. ポーター著，竹内弘高訳（1999）「第2章　クラスターと競争」『競争戦略論II』ダイヤモンド社。）

「Quip Vol.53」「Quip Vol.54」（2008)，メディコム・トイ。

「下北沢カタログ S.C」（2007)，フリースタイル。

石原武政（2006）『小売業の外部性とまちづくり』有斐閣。

鈴木由香利（1993）「FIND OUT33 フィールドワーク　下北沢　街中雑貨屋化する怪現象」『across '93.6』。

藤田昌久（2003）「第6章　空間経済学の視点から見た産業クラスター政策の意義と課題」石倉洋子ほか『日本の産業クラスター戦略—地域における競争優位の確立』有斐閣。

矢作敏行（1997）「小売りイノベーションの源泉」日本経済新聞社。

矢作敏行（2007）「小売国際化プロセス—理論とケースで考える」有斐閣。

湯川抗（2002）「第7章　東京のネット企業クラスター　ビットバレーを再考する」山﨑朗編『クラスター戦略』有斐閣。

（渡邊　ヒロ子）

第 7 章
地域のブランド化とリレーションシップ形成

7.1 自治体による地域ブランドへの着目

　企業経営において，1980年代以降「ブランド」戦略の重要性が説かれている。近年のインターネットをはじめとする情報化の進展，成熟した消費市場，商品のコモデティ化により，今後もその重要性は増していくと考えられる。同様に企業だけではなく，民間の非営利団体，公的機関のあらゆる組織においても，「ブランド戦略」の重要性が認識され始めている。中でも地方の公的機関では，「地域ブランド」に注目が集まっている。地域経済は，地方自治体，企業，非営利組織，民間団体・住民・観光客など，複数の主体に支えられており，地域活性化策としての地方経済の自立性はもとより，これら複数の主体の連携を深め，地域の価値を高める役割として，「地域ブランド」が求められている。

　地域ブランド事業推進の背景として，第1に国策としての積極的な「地域活性化支援」が挙げられる。経済産業省中小企業庁が創設した「JAPANブランド育成支援事業」は，中小企業庁から委託され，日本商工会議所，および全国商工会議所連合の共同事務局によるプロジェクトである。また，2004年のJAPANブランド採択後，国が策定した「知的財産推進計画2005」(http://www.kantei.go.jp/jp/singi/titeki2/index.html) でも，中小・ベンチャー企業の振興，ブランドの活用による地域経済の活性化などを重点課題として掲げており，これを受けて，自治体では「地域ブランド」に関する取り組みが本格化してきた。同時に「地域ブランド」を事業化するための推進支援策とし，2006年度の商標法改正により，「地域団体商標制度」が導入され，「地域＋商品名」の商標登録が可能となった。特許庁のHP (http://www.jpo.go.jp/

torikumi/index.htm）によると，出願している産品は，農水一次産品，食品関係が多く，地域のブランド作りは，製品主体であることが明らかである。

　第2に，消費市場においては，製品のコモデティ化が進み「ブランド」の重要性が増したことである。Keller（1997）は，国・地域が製品やサービスのパフォーマンスと直接関係していないにもかかわらず，ブランドはその国・地域と連想を共有し，間接的で二次的な連想を有するとしている。また，これらの二次的な連想は態度や信頼性（専門性，信用性，魅力）といった全体的な連想への移転をもたらす。したがって，特定の「地域」の持つ豊富なイメージや連想が，製品・サービスの持つ機能的便益，情緒的便益と適合した場合，連想が深まり，ブランド化が比較的容易に図れると言える。

　第3に，「地域ブランドビジネス」の実現性である。（財）中小企業総合研究機構（http://www.jsbri.or.jp/new-hp/work/research/h16-3.html）が，平成16年11月〜平成17年2月にかけて，全国の地域ブランド構築の現状と課題についてヒアリングをした結果，21例中13事例が販売に対する打開策を挙げており，販売チャネルが事業展開のボトルネックとなっていた。しかしながらインターネットの普及により，チャネルの確保は以前ほど大きな問題ではない。IT化により日本全国，団体の大小を問わず，ローコストの情報発信，販売ができるようになり，採算性の見込める事業となりつつある。

　これらを背景として各自治体から比較的小規模な商店街に至るまで「地域ブランド構築」への取り組みは急増している。しかしながら，その構築手法は一部の成功した地域の事例を踏襲しており，地域の特徴を考慮した手法についての充分な議論がされているとは言い難い。日経流通新聞の地域ブランド調査（2009）では，名産品における地域の知名度の重要性が明らかにされている。すなわち，地域知名度が高い場合，地域名自体が他にない特徴であり，豊富な連想を生むため，差別化要素となり，ブランド化が容易になる。一方，知名度が低いため，地名から多くの連想を生まない地域もある。しかしながら，知名度が高く，連想が強固であってもその連想故に他の新しい要素と上手く結びつかない場合もあるし，逆に知名度が低い故に新しいイメージを創出して成功する場合もある。したがって「地域ブランドの構築」は，知名度の高低はもちろん，地域に付随する連想の強弱および財の種類に影響を受けると考えられる。

本論文では，ブランド拡張を「既存のブランド名を別のカテゴリーの製品に適用すること」と定義したフレーム（Farquhar 1989）を用い，地域を無形財と位置づけて，無形財（サービス）から有形財（製品），無形財から無形財への拡張を，連想と知名度の高低の2軸から議論する。また，小川（1994）によると，企業ブランドの定義とは，全製品に企業名を用いることであり，製品ブランドとは，それぞれの製品に違ったブランド名を用いることとしている。そこで本論文では，「地域」を企業ブランドと捉え，地域の連想に合致した製品・サービスと合致しない製品・サービスを展開する際の消費者の反応を，知名度の高低ごとに定量分析することにより，「地域ブランド構築」の成功要件を明らかにする。その上で現在画一的に論じられている地域ブランドに対する新たな構築手法を提案し，実務的なインプリケーションを得ることを目的とする。

7.2 先行研究レビュー

7.2.1 地域ブランド先行研究および定義

「地域ブランド」そのものの研究は，地域をマーケティングの対象となるモノと捉えているコトラー（Kotler 1996）が端緒である。コトラーは街が直面している問題を解決するために，マーケティングの手法を地域再活性化のための有効なアプローチとして提示している。その後，既存の経営学のフレームワークを活用して地域ブランドを解明しようとする試みがなされている（Kavaratzis 2004, Parkernson and Saunders 2005）。日本においても，マーケティング分野での「地域ブランド」の研究として，青木（2004）が自治体の取り組み事例からブランド構築の仕組みと視点を整理しており（図7-1），地域ブランドを企業ブランドとして捉え，これを傘ブランドとした地域ブランドの枠組みを提示している。同様に小川（1994）も，国や文化をベースにした連想を製品に利用することは，ブランド知名の傘として企業名を利用する企業ブランドのケースに類似していると指摘している。阿久津・天野（2007）は，国内における「地域ブランド」の定義の整理と取り組み団体の課題について述べている。加藤（2005）は，ブランド拡張のフレームを援用して，「地域ブランド」を定量的に分析し，地域ブラン

図 7-1 地域ブランド構築の仕組み

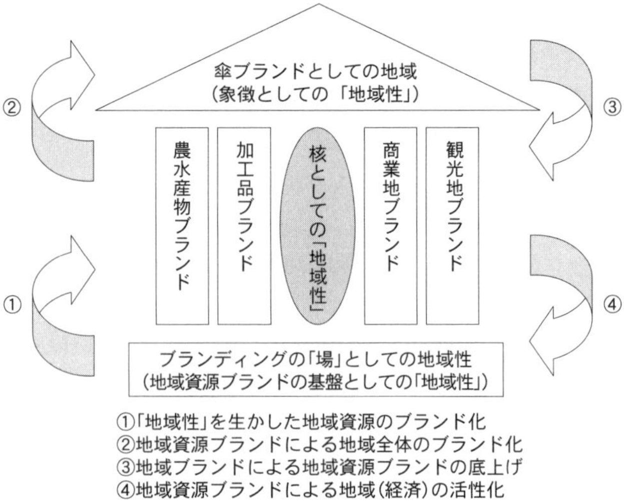

```
         傘ブランドとしての地域
         （象徴としての「地域性」）

 農    加    核    商    観
 水    工    と    業    光
 産    品    し    地    地
 物    ブ    て    ブ    ブ
 ブ    ラ    の    ラ    ラ
 ラ    ン    「    ン    ン
 ン    ド    地    ド    ド
 ド         域
           性
           」

   ブランディングの「場」としての地域性
   （地域資源ブランドの基盤としての「地域性」）
```

① 「地域性」を生かした地域資源のブランド化
② 地域資源ブランドによる地域全体のブランド化
③ 地域ブランドによる地域資源ブランドの底上げ
④ 地域資源ブランドによる地域（経済）の活性化

（出所）青木（2004）。

ドの成功要件を「地域の生活スタイル」であるとの知見を得ている。しかしながら，地域ブランドはマーケティングの枠組みとして議論されているものの，定量的な実証研究は少ない。そこで本論文では青木の枠組みに基本的に依拠し，地域ブランドを「企業ブランド」と捉らえ，分析を行う。

地域ブランドの定義に関して，ケラー（Keller 1997）は，ブランドの対象を有形財，サービス，小売店，人，組織，場所，あるいはアイディアとし，場所すなわち地域を視野に入れている。そこで本論文では，阿久津・天野（2007）の地域ブランドの定義に依拠し，さらに，サービスも含めて拡張し，「地域活性化を目的としたある地域に関係する売り手（あるいは売り手集団）の当該地域と何らかの関連性を有する製品，サービスを識別し，競合地域のものと差別化することを意図した名称，言葉，シンボル，デザイン，あるいはその組み合わせ」とする。

7.2.2　ブランド拡張の先行研究

ブランド拡張のフレームを援用すべく，ブランド拡張の先行研究について概

要を述べる。アーカーとケラー（Aaker and Keller 1990）は，ブランド拡張の成功要件として「適合性」が消費者反応に最も大きな影響を与えるとし，補完性・代替性・技術の移転を適合性の変数としている。この他にも，ブランド感情と製品カテゴリー類似の重要性（Boush 1987），コンセプト一致の重要性（Loken 1993），ブランド連想の一致と製品カテゴリー類似の重要性（Park 1991），各要素の高い適合性（Feldman and Lynch 1988），親ブランドの知名度の高さ（金沢 1995）が挙げられる。これらの先行研究は主に，製品（有形財）から製品（有形財）へのブランド拡張であるが，古川（2006）は，製品（有形財）からサービス（無形財）へのブランド拡張における成功要件が議論されていないと指摘し，実証分析を行っている。同様に無形財からのブランド拡張の検討は十分とは言い難い。そこで本研究では，第1に，無形財である地域ブランドを親ブランドとし，地域ブランドから製品，地域ブランドからサービスといった拡張先の財の違いによる消費者の反応から，地域ブランドの特性を検証する。また，無形財から製品・サービスへの拡張の成功要因と，先行研究の知見である有形財からの拡張の成功要因とを比較し議論する。

　前述のパーク（Park 1991）は，親ブランドと拡張先の製品カテゴリーが異なる場合，連想の一致が重要であることを見出している。そこで，第2の視点として地域ブランドにおける連想の重要性を取り上げる。すなわち成功要件の変数として，知名度（金沢 1995），連想の一致（Park 1991），拡張先の財の違い（古川 2006）に着目し，連想の重要性を深堀りする。本論文における「連想の一致」は，アルバ（Alba 1994）とケラー（Keller 1997）に依拠し，「消費者が親ブランドに関する特定のブランド連想と拡張先の財との間にイメージ・情報の整合性を感じること」とする。なお，地域における連想の一致の具体的な実験上の操作については後述する。

7.3　仮説の導出

　金沢（1995）によると，製品属性が離れたブランド拡張では知名度の高さが成功の決め手となる。そこで以下の仮説を設定する。

仮説1：ブランド拡張する場合，知名度の高い地域では，低い地域に比べて合，拡張に対する評価が高い。

ブランド拡張の成功要件として，コンセプトの一致の重要性（Loken 1993），ブランド連想の一致と製品カテゴリーの共通性の重要性（Park 1991）が議論されている。

アルバ（Alba 1994）によると，親ブランドから製品（有形財）にブランド拡張する場合，ブランド連想の関連性が高いと，拡張に対する評価は高まる。さらに古川（2006）は，連想が一致する拡張において，拡張する財により評価は異なるとの知見を得ている。よって以下の仮説を設定する。

仮説2-1：ブランド連想が一致する拡張では，ブランド連想が一致しない拡張に比べて，拡張に対する評価が高い。

ヘムら（Hem *et al.* 2001）は親ブランド（無形財）からサービスへの拡張において，親ブランドとの無形要素での適合性が高い場合により高い消費者反応を得る可能性を示している。また古川（2006）は，この知見に基づいて，連想が一致する拡張において，親ブランド（有形財）からサービス拡張のほうが，親ブランド（有形財）から製品拡張よりも高い消費者反応を得ることを明らかにした。しかしながら，本論で扱う地域ブランドは，その特性上，特産品，歴史や文化，風土など色々な側面の背景を持ち，親ブランドそのもののイメージが転化されやすい。一方，仮に，拡張先が無形財であると，有形財に比べて具体性が乏しいゆえに親ブランドのイメージを広げ，新たな連想を形成できる。すなわち，親ブランドである地域と拡張先のブランドは双方向に影響を与える関係と仮定できる。そこで以下の仮説を設定する。

仮説2-2：ブランド連想が一致する拡張において，地域ブランド（無形財）からサービス（無形財）への拡張に比べて製品（有形財）の拡張に対する評価の方が高い。

仮説2-3：ブランド連想が一致しない拡張において，地域ブランド（無形財）から製品（有形財）への拡張に比べてサービス（無形財）の

拡張に対する評価の方が高い。

　知名度の低い地域のブランド構築の可能性も検討するべき課題である。仮説1で示したように知名度の高い地域に比べて，評価そのもの，すなわち絶対値は低いと考えられる。しかしながら，消費者反応の差は連想一致の有無で拡大する。つまり連想の一致の効果が大きい。また仮説2-2で設定したように，サービス財への拡張の効果の方が顕著であると仮定できる。そこで知名度の低い地域に着目して以下の仮説を設定する。
　仮説2-4：地域の知名度が低い場合，知名度の高い地域と比較して，ブランド連想一致の有無による消費者反応の差が大きい。

　連想の一致は重要であるが，単に一致するだけではなく，その内容に対する納得性，すなわち，連想の質によって消費者の反応は左右されると考える。よって以下の仮説を設定する。
　仮説3：納得性の高いブランド連想の一致はそうでないものと比べて，ブランド拡張に対する消費者の反応が高い。

　これらの仮説を総合して，地域ブランドにおける成功要件をまとめると以下のようになる。
・知名度は高いほうが良い。
・ブランド連想の一致は必要であるが，サービス財の場合一致しなくても評価を得られる可能性がある。
・知名度が低い場合，連想の一致がより重要なポイントとなる。
・連想の一致の質も重要であり，内容の納得性によってより高い反応を得られる。

7.4　調査方法

7.4.1　調査対象地域の選定

　分析対象を市単位とし，地域の選定を行う。また，知名度の高低がブランド

構築の成功要件であると仮定し，知名度によって高中低の3群に分類する。分類に際しては，ブランド総合研究所の「地域ブランド調査2006市版」（国内全779市を対象に各市のブランドを可視化し，ブランドの指標とすることを目的とした調査，2006年7月実施，N=24,536である）を用い，上位20位までの地域の中から高知名度として横浜，浜松，倉敷を，20位〜100位から中知名度として出雲，湯沢（秋田県），黒部を，100位以降から低知名度として南陽，鯖江，藤枝を選択する。ただし，実際の分析においては，質問票で調査対象者に直接知名度を聞き（5件法で測定），その平均値を用い9地域を4群に分類した。知名度高として横浜，浜松，出雲，知名度中上は黒部，湯沢，知名度中下は倉敷，藤枝，知名度低は鯖江，南陽とする。

7.4.2 拡張する財の選定

拡張する財は，選定地域に関連する納得性の高いと考えられる情報から作成する。ただし，適切と考えられる製品，サービスが存在する場合でも，今後のブランド構築の可能性を探るため既存の認知度の高すぎる製品，サービスは対象外とした。また適切な製品，サービスがない場合は，適宜架空の製品，サービス内容を作成した（表7-1）。

表 7-1 「拡張する財」

地域名	拡張する財	
	製品	サービス
横浜	スカーフ	ビアレストラン
倉敷	ジーンズ	アートパーク
浜松	楽器	＊ガーベラパーク
出雲	そば	＊ウエディングサービス
湯沢	＊化粧水	＊テルメスパ
黒部	天然水	インダストリアルツアー
南陽	＊織物	＊ワインバー
鯖江	メガネ	＊コレクティブハウス
藤枝	家具	＊カフェ

（注）　＊は新たに作成した財，＊なしは既存の財を示す。
（出所）　筆者作成。

7.4.3 連想の一致

先行研究で述べた通り，親ブランドに関する連想と拡張の財との間にイメージや情報の整合性を感じることが連想の一致であるが，本研究では，「地域の情報」の提示の有無によって連想の一致を擬似的に設定する。つまり，地域の情報がない場合の評価を「連想の一致無」とし，その後，情報を提示した上で同様の評価を行い，これを「連想の一致有」とする。

知名度の高い地域の場合，消費者（＝アンケート回答者）は既に連想を保持している可能性が高いが，その点については本研究では考慮していない。そのため財の選定で記した通り，知名度の高い地域の既に確立された財を対象とせず，新規にブランド化する場合を想定して，財の選定を行っている。

7.4.4 情報の納得性

アンケートでデータ収集した「情報の魅力度」の平均値を用い，情報の納得性を高低の2群に分ける（表7-2）。

表7-2　9地域の製品・サービスに対する情報の納得性

【製品】
◆納得性が高い製品情報と判断された地域　　：出雲，湯沢，黒部，浜松，倉敷
◆納得性が低い製品情報と判断された地域　　：南陽，横浜，藤枝，鯖江
【サービス】
◆納得性が高いサービス情報と判断された地域：横浜，湯沢，南陽，藤枝，出雲
◆納得性が低いサービス情報と判断された地域：倉敷，浜松，黒部，鯖江

（出所）　筆者作成。

7.4.5 調査項目

調査は，一定の情報なしでの評価を「連想の一致無」，その後情報を提示した上での評価を「連想の一致有」として，拡張製品・サービスへの興味度，情報の納得性などの測定尺度を用い，いずれも5件法で測定した。

【調査概要】

調査対象　　法政大学経営学部　大学2年生　男女
実査期間　　2007年10月3日
実施場所　　法政大学「マーケティング論Ⅱ」授業内にて実施
収集数　　　214人　（内訳：男性147人　女性67人）

7.5 仮説の検証

最初に検証するのは，知名度に関する仮説である。「ブランド拡張する場合，知名度の高い地域では，低い地域に比べて，拡張に対する評価が高い」という仮説1を検証する。従属変数を「製品の興味度」，独立変数を「知名度」（4段階）とし，2元配置の分散分析と多重比較（Bonferroni法）を行った。その結果，有意となった（F(3,1916)＝43.72, p＜.000）。知名度の水準に関して，高⇔中下，高⇔低，中上⇔中下，中上⇔低に有意差があり，上位グループ高と中上では差がなく，下位グループ中下と低でも差がなかった。したがって，知名度が高いほど消費者の製品の拡張に対する反応が高く，仮説は支持された（図7-2）。

次に，従属変数を「サービスへの興味度」とし，同様に分析を行った。その結果F(3,1916)＝16.01, p＜.000で，有意となり，グループの有意差が見出された。多重比較の結果，高⇔低，中上⇔高，中上⇔中下，中上⇔低は有意差があったが，高と中下，中下と低に差はなく，仮説は支持されなかった。サービスについては，「中上の知名度の地域の反応が高い」という興味深い結果が得られた（図7-2）。

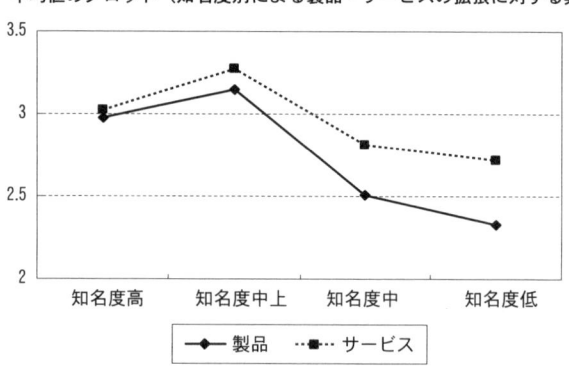

図7-2　平均値のプロット（知名度別による製品・サービスの拡張に対する興味度）

（出所）　筆者作成。

2番目の仮説2-1「ブランド連想が一致する拡張では，ブランド連想が一致しない拡張に比べて，拡張に対する評価が高い」という連想の一致の有無による評価の違いを検証する。「製品・サービスの興味度」を従属変数，独立変数を「連想一致の有無」，「財の種類」とし，2元配置の分散分析を行った。「連想×種類」の交互作用（$F(1,7632)=7.84, p<.005$），連想の有無の主効果（$F(1,7632)=663.04, p<.000$），財の種類の主効果（$F(1,7632)=15.43, p<.000$）とも有意となった。したがって，連想一致，財の種類，財と連想一致によって反応に差があると言える。製品・サービスともに，連想の一致の有無については有意差があるが，連想が一致した場合，製品とサービス間に有意差は認められなかった。したがって財の種類を問わず，連想の一致によって反応が高くなり，仮説2-1は支持された（図7-3）。

仮説2-2「ブランド連想が一致する拡張において，地域ブランド（無形財）からサービス（無形財）への拡張に比べて製品（有形財）の拡張に対する評価の方が高い」は，仮説2-1の分析結果で記述した通り，連想が一致する拡張においては，財の種類による違いに有意差はない。したがって仮説2-2は支持されなかった。一方，仮説2-3「ブランド連想が一致しない拡張において，地域ブランド（無形財）からサービス（無形財）の拡張に対する評価が高い」という連想が一致しない場合の財の種類による違いには有意差があり，サービスへの評価が高く，仮説は支持された。

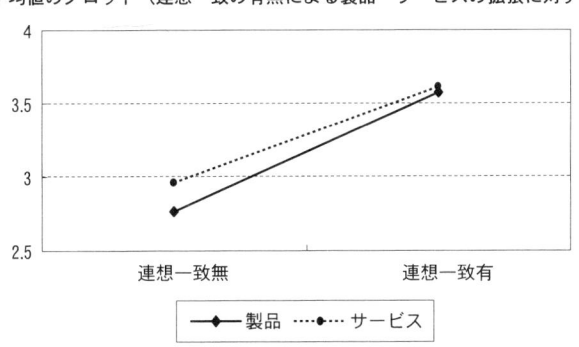

図7-3　平均値のプロット（連想一致の有無による製品・サービスの拡張に対する興味度）

(出所)　筆者作成。

5番目の仮説である「地域の知名度が低い場合，知名度の高い地域と比較して，ブランド連想が一致する拡張と一致しない拡張に対する消費者反応の差が大きい」(仮説2-4)の検証をする。従属変数を「製品の興味度」，独立変数を「連想一致の有無」と「知名度」の2要因の分散分析を行った。「知名度×連想」の交互作用 ($F(3,3810)=4.64, p<.003$)，知名度の主効果 ($F(3,3810)=55.8, p<.000$)，また，連想一致の有無の主効果 ($F(1,3810)=421.15, p<.000$) とも有意となり，知名度，連想一致，知名度×連想一致によって反応に差があった。水準間(知名度)で，連想一致の有無を比べた場合，すべての水準で連想が一致しているほうが反応は高くなり，知名度高⇔中下，高⇔低，中上⇔中下，中上⇔低で有意差がある。次に，従属変数を連想が一致している「製品の評価」，要因を「知名度」とした1要因の分散分析をした結果，$F(3,1894)=16.03, p<.000$ で有意であり，知名度高⇔低，中上⇔低，中下⇔低に有意差はあるが，高，中上，中下には差がない。つまり，知名度低の場合は，他のすべてのグループに対して有意に反応が低いという結果になった。一方，従属変数を連想が一致しない「製品の評価」，要因を「知名度」とした場合は，知名度高と中上に差がなく，中下と低に差がない。したがって，これらの結果をまとめると，連想が一致しない場合，知名度上(高，中上)のグループと低(中下，低)のグループに有意差があるが，連想の一致によって知名度低は有意に低いもののそれ以外は差がなくなる。つまり，順位そのものは変らないが，中下の知名度地域の評価が改善した。そこで次に，連想の一致の有無による反応の差分について検証した。その結果，図7-4に示す通り，反応の差は，知名度中下，低で大きい。一致した場合だけで見ると，知名度低は他よりも有意に低い値になっているが，差分で検討すると，知名度中上とは有意差があるものの，知名度高と中下とは差がないという結果が得られた。よって仮説は一部支持された。

同様の分析を従属変数「サービスの興味度」として行う。「知名度×連想」の交互作用 ($F(3,3810)=7.02, p<.000$)，知名度の主効果 ($F(3,3810)=11.79, p<.000$) 連想一致の有無の主効果 ($F(1,3810)=270.4, p<.000$) はいずれも有意となり，知名度，連想一致，知名度×連想一致によって反応に差がある。知名度では，知名度高⇔中上，高⇔低，中上⇔中下，中上⇔低に有意差がある。

第7章　地域のブランド化とリレーションシップ形成　*141*

図7-4　平均値のプロット（知名度別の連想一致の有無による製品に対する興味度）

凡例：知名度高　知名度中上　知名度中下　知名度低

（出所）　筆者作成。

連想一致の有無で比較した場合，一致有のほうがすべての水準で反応が高くなる。また連想が一致した場合のサービスへの反応を分析した結果，有意差はなく（$F(3,1894)=2.18, p<.089$），連想が一致した場合は，どの水準も同程度の反応と言えるが，平均値のプロットから，水準間で，反応の大きさに差があることがわかる。そこで水準ごとに連想一致の有無間の反応の差分をとり，差の検定を行った。水準間では知名度高⇔中下，中上⇔中下，中上⇔低に有意差が

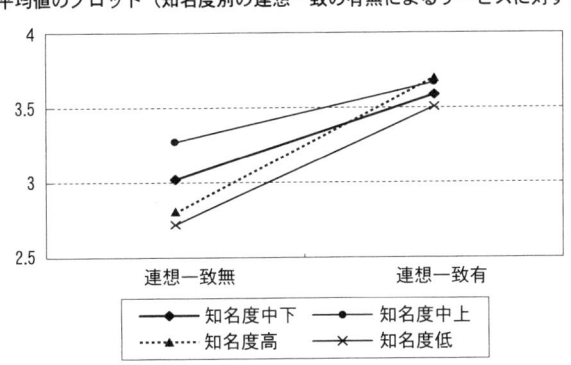

図7-5　平均値のプロット（知名度別の連想一致の有無によるサービスに対する興味度）

凡例：知名度中下　知名度中上　知名度高　知名度低

（出所）　筆者作成。

図7-6 平均値のプロット（情報の納得性による財に対する興味度）

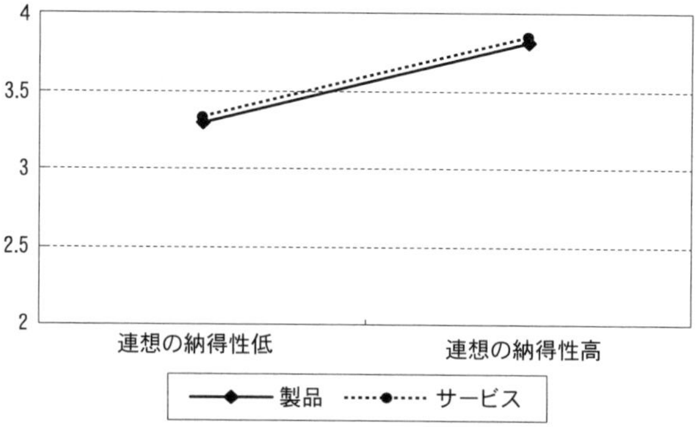

（出所）筆者作成。

ある。図7-5に示す通り，反応の差分は，知名度中下と低で大きい。特に製品と同様に，知名度中下の反応差分が大きい。しかしながら知名度低の差分も知名度中下と有意差がない。よって仮説は支持された。

最後に，納得性の高低に関する仮説3「納得性の高いブランド連想の一致はそうでないものと比べて，ブランド拡張に対する消費者の反応が高い」を検証する。従属変数を製品拡張に対する「興味度」，独立変数を製品情報の「魅力度」の高低2群（表7-2）とし，平均値の差の検定を行った。その結果，$t=9.067, p<.000$で有意差がある。よって仮説は支持された。同様に，サービスへの拡張に関しても平均値の差の検定を行った。$t=9.533, p<.000$で有意差があり，サービス拡張においても仮説は支持された（図7-6）。

7.6 結果の考察—成功の鍵はサービス財の活用—

分析から得られた知見として，地域ブランドを構築する上での成功要件は，知名度，連想の一致であり，これは先行研究と同様の結果である。しかしながら，知名度が低い地域であっても，納得性の高い情報で，かつ連想が一致した場合は，地域のブランド化が可能となる。また，先行研究とは異なる「地域ブ

ランド」独自の特徴は，拡張する財によって反応が異なる点である。特に「サービス」への拡張に対する反応が高い。地域はそれ自体が無形財のため，その全容を捉えにくいが，「サービス」へ拡張することにより，その地域の文化や歴史をも含めた特徴，連想を消費者に具体的な形で提示できるため，興味が高まると考えられる。すなわち，地域ブランドにおける知名度，連想の一致は重要な成功要件であるが，効率的に地域ブランドを構築するには，地域の知名度を考慮し，拡張する財を決めることが重要と言える。成功要件として必要な知名度が低い地域でも，サービスへ拡張することによりブランド構築を容易にできる可能性がある。以下に仮説として設定した成功要素ごとに，詳しく結果の考察を述べる。

7.6.1 知名度と拡張先の財

製品への拡張に関しては，知名度が高いほど，消費者の評価，すなわち財への興味度は高くなる。したがって有形財から有形財の拡張において，知名度の高さが拡張の成功要因の1つであるという先行研究を支持する結果となった。つまり，無形財から有形財への拡張においても知名度は成功要因の1つと言える。一方，サービスに関しては，知名度の効用はみられず，知らないサービスに対しても興味が持たれるという結果になった。地域ブランドにおいて，知名度の高さは，拡張先が製品の場合には有効であるが，サービスへの拡張では，有形でないため，親ブランドの持つイメージと財のイメージに齟齬がおきにくく，親ブランドと拡張先のサービスが同定されやすいと言える。さらに地域からサービスへの拡張では，新しさを期待させる「中の上程度の知名度」が望ましいという結果が得られたのは，本研究による新たな知見である。製品やブランド知識など財を評価する手がかりがない場合，地域名にある程度親しみはあるが，「知らなかったサービス」に興味を持つ。すなわち，消費者は地域ブランドに「目新しさ・意外性」を求めており，すでに知っている想定内のサービスよりも，未知のサービスへの評価が高まるためと考えられる。分析結果から，地域の知名度，および財の違いによって，消費者の反応は同じではないという知見が得られた。

7.6.2 連想

本研究は，無形財から無形財，無形財から有形財への拡張を扱っている点に独自性がある。先行研究同様，地域ブランドの拡張においても，連想の重要性は，製品・サービス共に認められた。また，連想一致の有無と財の有形・無形性によって親ブランドと拡張先は双方向に影響を与える関係を示唆するという知見も得られた。したがって，地域ブランドを構築する際には，地域の持つイメージを考慮し，イメージに沿った製品，サービスを選ぶことが重要である。

7.6.3 知名度と連想

先行研究ではサービスへの拡張の有効性が提示されているが，地域ブランドにおいては，製品，サービスへの拡張間で有意差は見出されなかった。また，知名度によって，拡張に対する反応を分析した結果，連想が一致した場合，全体的に反応は高くなる。しかしながら知名度の水準により，連想一致の有無間で拡張に対する反応の差は相違がある。中でもサービスへの拡張において，知名度中下，低の地域は連想が一致した場合，反応が高くなる。すなわち知名度が低い地域であっても連想の一致によって，知名度が高い地域と同じ程度の消費者の反応を得られる。

7.6.4 連想の納得性

地域ブランドにおける連想の重要性だけでなく，連想の「質」も重要であるという知見も得られた。地域ブランドと拡張先の製品，サービスに何らかの整合性や魅力がある場合，より拡張に対する反応は高くなる。したがって，地域をブランド化していく上でのコミュニケーション戦略において，地域と製品，サービスのつながりをわかりやすく，明確に伝える必要性があると言える。

7.7 実務へのインプリケーション―ブランド構築手法―

地域ブランド構築は，「地域活性化策」の1つとして注目を集め，知名度が低い地域でも，販売する製品・サービスを検討し，ブランド化していくケース

も増えている。そこで以下では主に，知名度低～中程度の地域ブランド構築の具体的な手法について述べたい。知名度低～中程度の場合，拡張する財として「サービス」が重要なポイントとなる。サービスへの拡張は，連想の一致がなくても，知名度が中上の地域で反応が高く，また連想が一致した場合は，知名度が中下，あるいは低であっても，知名度が高い地域と同じ程度に反応が高くなる。地域ブランドと言えば，「特産品」が思い浮かび，実際に特許庁の地域商標団体認定の申請数が示す通り，圧倒的に第一産品や製品が多い。特に知名度が低い地域は，その土地で採れる産品・名物に地域名をつけてブランド化を図る場合が見受けられる。しかしながら，分析結果が示す通り，このようなブランド化は必ずしも良い消費者反応は得られない。それよりも，ブランド構築のプロセスとして，消費者の高評価を得やすいサービスを先行させてブランド構築の効率を挙げる手法が得策である。そのため，まずは ① 地域のブランド・アイデンティティを決め，② アイデンティティと連想が一致するサービス・製品を検討する，③ サービスを先行してブランド化し，④ 知名度を上げ，⑤ サービスに関連する製品を拡張する，その上で，⑥ 製品と地域の連想を強化させるプロモーションを積極的に展開し，⑦ ブランドを構築するというステップになる。留意点として，地域のアイデンティティは何であるかを明確にした上で，地域の特徴を選び，その特徴と拡張先のサービスの内容に整合性を持たせることが挙げられる。アーカー（Aaker 1991）は，ブランド・アイデンティティを「ブランドを創造したり，維持したりしたいと思うブランド連想のユニークな集合であり，ブランドが何を表しているのかを示し，また組織の構成員が顧客に与える約束を意味するものである」と定義している。つまり，ブランド・アイデンティティとは，顧客がブランドに接触したとき，顧客に何を思い起こしてほしいのか，どういうブランドと思ってほしいのか，その具体的な内容と言える。さらに，サービスから製品に拡張する際には，連想の一致のみならず，カテゴリー間の類似性，もしくは補完性を重視し，ブランド拡張を成立に導くことが必要である。したがって，財の選定も地域のアイデンティティに沿って，綿密に検討すべきと言える。本研究では，対象とした9地域のうち，知名度「中」として「秋田の湯沢」を取り上げ，製品の連想を「日本酒と水」，拡張製品を「化粧水」とし，サービスの連想を「温泉」，拡張のサービス

を「テルメスパ」と設定した。その結果，他地域の拡張と比較して，消費者の高い反応が得られた。拡張先からもブランドは影響を受けるという仮説が支持されたように，親ブランドと財だけではなく，拡張する製品とサービス間においても，補完性，カテゴリー間の類似性（この場合は美容関係）からより連想が強化された結果，反応が高まったと考えられる。実際，地域ブランドでは，製品からサービスへの拡張よりも，サービスから製品への拡張の成功事例が多く見受けられる。特に食品では，北海道のスープカレー店からスープカレーが全国区となり，喜多方や京都のご当地ラーメン店，新横浜ラーメン博物館で人気のラーメンが製品化されたり，宇都宮の餃子店から餃子が製品として販売されるなどの成功事例が挙げられる。また，「金沢21世紀美術館」や「旭山動物園」のように優れたサービスが地域名と結びつき，豊富な連想を生み出し，ブランド化に成功している地域もある。したがって実務へのインプリケーションとして，「地域」が「サービス」をブランド化することにより，その地域の特徴を具体的な形で提示し，連想を強化し，知名度を上げる手法が挙げられる。知名度低〜中の地域にとって，短期間に製品をブランド化することは難しいが，一連のプロセスを踏まえて，サービスと製品を合わせてブランド化することにより，新しいイメージを創出できる可能性がある。また，すでにイメージの固定している地域よりも今までにない製品をブランド化しやすいと考える。一方，すでに知名度が高く，ブランドが構築されている地域は，サービスのブランド化よりも地域の連想に一致する製品の販売，もしくは，一致させる情報を消費者に提供し，積極的に製品と地域の関係性を強調するPRを行うことが重要と言える。

7.8 今後の課題―地域ブランドとリレーションシップ―

本研究では，ブランド拡張の先行研究を踏まえて変数を設定したため，実際のブランド構築における有用性は限定的であるが，地域ブランド構築における成功要件の具体的な方向性を示したと考える。地域ブランドの課題として，阿久津・天野（2007）が指摘している通り，地域ブランド構築は通常のブランド

構築と比較し，理解および構築方法が困難である。確かに地域経済，企業，住民，自治体など目的が異なる複数団体が地域ブランド構築に携わる例が多く，ゴール設定が曖昧になりやすい。しかしながら地域ブランドの目的が，前述の通り，複数団体を結びつける機能にあるとすれば，その関係性がブランド成功のもうひとつの鍵になる。したがって「地域ブランド」のマネジメント手法について今後より具体的な検証が必要となるだろう。

(注) 本章は，竹田・竹内 (2010) を加筆修正したものである。

〈参考文献〉

Aaker, D. A. and K. L. Keller (1990), "Consumer Evaluations of Brand Extensions," *Journal of Marketing*, Vol.54, January, pp.27-41.

Alba, J. W. and S. M. Broniarczyk (1994), "The Importance of the Brand in Brand Extension," *Journal of Marketing Research*, Vol.31, No.2, pp.214-228.

Boush, D. M. and B. Loken (1991), "A Process Tracing Study of Brand Extension Evaluation," *Journal of Marketing Research*, Vol.28, pp.16-28.

Boush, D. M., S. Shipp, B. Loken, E. Gencturk, S. Crockett, E. Kennedy, B. Minshall, D. Misurell, L. Rochford, and J. Strobel (1987), "Affect Generalization to Similar and Dissimilar Brand Extensions," *Psychology and Marketing*, Vol.4, pp.225-237.

Farquhar, P. H. (1989), "Managing Brand Equity," *Marketing Research*, Vol.1 (September), pp.24-33.

Hem, L. E., L. D. Chernatony, and N. Iversen (2001), "Factor Influencing Successful Brand Extensions," *Journal of Marketing management*, Vol.19, No.7-8, pp.781-806.

Keller, K. L. (1997), *Strategic Brand Management: Building, Measuring, and Managing Brand Equity*, New Jersey, Prentice Hall, (『戦略的ブランドマネジメント』恩蔵直人・亀井昭宏 東急エージェンシー，2000)

Park, C. W. (1991), "Evaluation of Brand Extensions: The Role of Product Feature Similarity and Brand Concept Consistency," *Journal of consumer research*, Vol.18, pp.185-193.

青木幸弘 (2004)「地域ブランド構築の視点と仕組み」『商工ジャーナル』8月号，pp.14-17。

阿久津聡・天野美穂子 (2007)「地域ブランドとそのマネジメント課題」『マーケティングジャーナル』第105号，pp.4-17。

小川孔輔 (1994)『ブランド戦略の実際』日本経済新聞社。

金沢良昭 (1995)「ブランド・エクステンションの成功条件」法政大学大学院経営学専攻　マーケティング・コース経理人コース研究成果集。

古川豪太 (2006)「Toサービス拡張の成功要因」法政大学大学院経営学専攻マーケティング　サービスマネジメントコース研究成果集。

竹田淳子・竹内淑恵 (2010)「知名度の低い地域でもブランド化は可能か」『マーケティングジャーナル』第118号，pp.45-61。

(竹田　淳子)

第4部
新たなる関係性

第 8 章
現実行動と仮想行動の相互作用のメカニズム
―位置情報ゲームの事例分析―

8.1 位置情報ゲームを取り巻く環境

　日常生活の移動という「現実行動」がゲームになり，このゲームを楽しむ「仮想行動」のために，ユーザーがさらに移動して「現実行動」を起こす「位置情報ゲーム」と呼ばれるゲームが，注目を集めている（とーりまかし，2009年12号）。本研究の目的は，「現実行動と仮想行動の相互作用」といった現象がどのようなメカニズムで生まれているのかを明らかにすることである。

　2011年3月末現在で携帯電話の契約台数は1億1954万台（総務省「電気通信サービスの加入契約数等の状況」）となり，国民の誰もが携帯電話を所有している状態と言える。さらに携帯電話でのインターネット利用者数は，2010年3月現在で7878万人（総務省「平成22年通信利用動向調査の結果」）と，モバイルインターネットが浸透している状況がうかがえる。通信の高速化，パケット定額制の導入など，インターネットを利用しやすい環境が整備されたためである。このような環境の中，携帯電話向けにさまざまなインターネットサービスが生まれており，冒頭で述べた「位置情報ゲーム」もそのうちの1つである。例えば「コロニーな生活（コロプラ社）」や「ケータイ国盗り合戦（マピオン社）」などのゲームである。これらは携帯電話やスマートフォンで位置情報を取得し，登録した位置や移動した距離に応じて仮想の通貨やアイテムが貰え，それらを元手にして街を育成したり，他人とのコミュニケーションを行うようなゲームである。

　これら「位置情報ゲーム」は日常生活の移動がゲームとなり，ゲーム内の仮想行動をより充実するために，旅行や消費などの現実行動を引き起こしている

ユーザーが存在するという点で新しいと言える。例えば，会社の休みを利用して，アイテムを収集する旅に出る人が実際に現れているのである。

人が行動することで，交通費やガソリン代，飲食代などの消費が発生する。わずかではあるが，「位置情報ゲーム」は実体経済に影響しているのである。例えば，地方の観光地が位置情報ゲームの仕組みを活用して人々を誘客することができれば，地域の活性化も可能ではないだろうか。そのためにも，なぜ「位置情報ゲーム」によって，「現実行動と仮想行動の相互作用」が起こっているのかを明らかにする必要がある。そこで本章では，「位置情報ゲーム」ユーザーに対して，個人深層面接（デプスインタビュー）を行い，これらのメカニズムを解明する。

8.2　位置情報ゲームの概要

本章で研究対象とした位置情報ゲームは，「コロニーな生活☆PLUS（コロプラ社）」と「ケータイ国盗り合戦（マピオン社）」の2つである。これらのサービスを選定した理由としては，ユーザー数が多いこと（コロニーな生活200万人：2011年7月現在，ケータイ国盗り合戦85万人：2011年5月現在），位置情報ゲームのサービスとして先駆的な取り組みをしていることが挙げられる。

コロニーな生活☆PLUS（以下，コロプラ）とケータイ国盗り合戦（以下，国盗り合戦）について簡単に説明しておこう。コロプラは移動距離に応じて「1km＝1プラ」の仮想通貨が貯められ，ユーザーはこの「プラ」を基にさまざまなアイテムを取得し，自分の街（コロニー）をつくるシミュレーションゲームである。他にも，特定のエリアにある仮想のお土産（以下，仮想土産）を仮想通貨で購入できる機能，位置登録を行うとその位置を訪れた証としてスタンプ（全国で748エリアに分割）を取得できる機能，仮想土産を他のユーザーと取引できる機能，友人や近くにいるユーザーとコミュニケーションできる機能がある（図8-1）。

一方の国盗り合戦は，移動した場所の位置情報を取得し（以下，【国盗り】），制覇した国の履歴を蓄積したり，出かけた先の思い出を共有できるゲームであ

第 8 章　現実行動と仮想行動の相互作用のメカニズム　*153*

る。他にも毎日出題されるクイズに答えて，仮想通貨「コバン」を取得したり，この「コバン」を元手に，自分の城下町を育てられる機能もある（図 8-2）。なお，本章では，コロプラの仮想土産，スタンプ，国盗り合戦の【国盗り】を総称して「アイテム」と呼ぶ。

図 8-1　コロプラのイメージ

① 画面　　　　　　② 仮想土産　　　　　　③ スタンプ

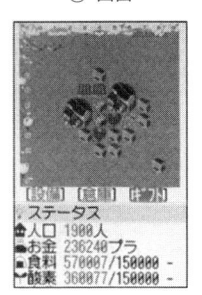

（出所）　　　　　　（出所）　　　　　　　　　　（出所）
CNET JAPAN　　「コロニーな生活 PLUS 公式ガイドブック」　http://ssone.blog.so-net.ne.jp/

図 8-2　ケータイ国盗り合戦のイメージ

① 画面　　　　　② 【国盗り】

（出所）　マピオン　　（出所）　ケータイ国盗り合戦超攻略ガイドブック

8.3 現実行動および仮想行動に関する先行研究

8.3.1 オンラインゲームの研究

(1) オンラインゲームの概要

オンラインゲームとは「ネットワークに接続された端末機を使い，複数のユーザーが共にプレイすることができるゲーム」である（野島 2008）。代表的なオンラインゲームは，MMORPG (Massive Multiplayer Online Role Playing Game) と呼ばれるものであり，「オンラインゲーム」という市場を生み出した（深田 2011）。この RPG は，主に PC を操作し遊ぶゲームであり，そのゲームの内容は，たくさんの利用者が同時にゲームに参加し，協力し合いながら冒険を進めたり，ときには対戦しアイテムを奪い合ったり，自分のキャラクターをさまざまに飾り付けたりするようなものである。

近年，オンラインゲームの中でも著しく成長を遂げているのがソーシャルゲームと呼ばれるゲームである。2010 年度の市場規模は 1120 億円と前年比 4.4 倍の成長であった（エンターブレーン調べ）。

ソーシャルゲームとは，SNS 上で提供されるゲームのことであり，日本では主に GREE，DeNA，mixi のサービス上で提供されている。ゲームは携帯電話やスマートフォンで行い，その内容は怪盗になって宝を盗みあったり，農作物を作ったりなどさまざまな種類のゲームがある。

(2) オンラインゲームへの参加動機

人はなぜ仮想空間に参加するのか。仮想空間のサービスの中でも歴史の長いオンラインゲームについては，すでに学術的研究が始まっている。バートル (Bartle 1996) は，オンラインゲームのプレイ動機について，経験的にユーザーを Achievers（達成家），Explores（探検家），Socializers（社交家），Killers（殺し屋）の 4 つに分類している。Achievers（達成家）は，レベルを上げたり，アイテム収集をコンプリート（完全制覇）させるなど，達成意欲の高いユーザーである。Explores（探検家）は，新しい世界を開拓したり，隠し場所を発見するなど，冒険そのものを楽しむ好奇心の強いユーザーである。

Socializers（社交家）は，ゲームの中で，他のユーザーと相互に関わることを好むユーザーである。Socializers は他のユーザーとの交流や接触などを自慢に思うユーザーである。Killers（殺し屋）は競争心が強く，他のユーザーを攻撃するなどの行動を通じて，自身が優越していることを示したいユーザーである。

野島（2008）は，紙や CD などの物的メディアを伴わずに，デジタル信号として消費者に直接提供される情報や，オンラインゲームなどのサービスを総称してデジタルコンテンツと呼び，これらの価値として ① 新奇性・娯楽性，② 利便性，③ コミュニティ・居場所，④ UCC（User Created Contents）を挙げている。また，オンラインゲームのユーザーに対する満足度調査により，ゲーム利用開始時には新奇性がゲームの満足度を上げ，時間が経過するにつれコミュニティや UCC が満足度低下を下支えしていることを明らかにした。

石井・厚美（2002）では，オンラインゲームの「リニジ」を事例として取り上げ，レベル水準や地位の向上という目標が，ユーザーの参加を動機づけると示唆している。すなわちユーザーの動機付けには新奇性やコミュニティなどの価値に加えて，仮想空間内での目標設定が必要と言える。

8.3.2　コンテンツ・ツーリズムに関する研究

ツーリズムの側面から，現実行動を引き起こす事例研究が，近年盛んに行われている。これはコンテンツ・ツーリズムと呼ばれ，アニメ，マンガ，映画やゲームなどのファンがコンテンツ作品に興味を抱き，その舞台を巡るというものである。従来，聖地巡礼と呼ばれたものであるが，コンテンツ・ツーリズムは単に観光文脈だけではなく，地域の再生や活性化と結びついている点が重要である（増渕 2010）と言われている。

近年では，アニメ「らき☆すた」（美水かがみによる 4 コママンガ作品，およびそれを原作としたゲーム・アニメ作品）による聖地巡礼として埼玉県鷲宮町が脚光を浴びている。「らき☆すた」の中の登場人物の 1 人が神社の巫女をやっており，その舞台に鷲宮神社が使われたことから脚光を浴び，2007 年に 12 万人だった初詣客が，2009 年には 42 万人に膨れ上がったとのことである。

増渕（2010）では，この「らき☆すた」など，近年起こっているコンテンツ・ツーリズムの事例を基に，コンテンツ産業と地域を結び付けて，「どのように地域振興や産業振興を行っていくか」という点に焦点を当てている。

山村（2009），岡本（2011）は，情報社会の発展により旅行行動が変化している状況に注目し，主体性，能動性，影響力を増した旅行者に焦点を当て，町おこしにおけるこの旅行者の役割を明らかにした。その中で山村（2009）は，「らき☆すた」の事例では，アニメが媒介となり，ファンや地域住民などの関係者間でのコミュニケーションが促進されることで，作品に対する「敬愛」，交流における「気持ち良さ」や「楽しさ」が価値として共有されたのではないかと指摘している。このような感性的な価値を共有することで，旅行者はその場所を「私の居場所」として認識し，結果としてリピーターになると主張している。すなわち，アニメが媒介となって関係者間でのコミュニケーションが活性化されることが，現実行動を促進する1つの動機付けになっていると言える。

8.3.3 研究課題

オンラインゲームの研究では，仮想空間への参加動機や，仮想空間に参加する上での目標設定の必要性が主張され，さらにゲームを継続する上で，他者とのコミュニケーションが非常に重要な役割を果たすことが明らかにされている。しかし，これらはあくまでも仮想空間内の研究であり，現実行動を引き起こす所までを捉えていない。

一方，コンテンツ・ツーリズムの事例においては，アニメが媒介となり，関係者間でのコミュニケーションが活性化されたことにより，現実行動が促進されたことを確認している。しかし仮想行動を捉えた研究ではなく，「現実行動と仮想行動の相互作用」を説明できるものではない。そこで本章では，位置情報ゲームの事例を通じ「現実行動と仮想行動の相互作用」のメカニズムを明らかにしていきたい。

8.4 ユーザーへのインタビュー結果

8.4.1 インタビュー概要

インタビューは位置情報ゲームユーザーと1対1による個人深層面接(デプスインタビュー)とし,時間は1人当り30分〜1時間程度行った。この個人深層面接法を用いた理由としては,インタビュー対象者の動機や感情を明らかにするに適しているからである。また距離的な都合等で直接面接ができなかったユーザーに対しては,メールにて質問を実施した。

インタビュー対象者の選定方法は,位置情報ゲームを1年以上利用しているユーザーとした(合計21名)。本章にて収集したデータを表8-1に示す。

表8-1 調査データ一覧

収集データ	数
ユーザーインタビュー(個人深層面接)	17人
ユーザーインタビュー(メール)	4人

(出所) 筆者作成。

8.4.2 インタビュー結果

インタビュー結果は,(1)現実行動を引き起こした経験の有無に,(2)現実行動を引き起こす動機,(3)現実行動を引き起こすまでのプロセス,(4)現実行動の内容,最後に(5)コミュニケーションの状況を記述する。なお,発言の後尾にある(A〜T)は回答者を示している。

(1) 現実行動を引き起こした経験の有無について

現実行動の実態を把握するために,「ゲームがきっかけとなり現実行動を引き起こしたことがあるか」という質問を行った。

インタビュー回答者21名中16名が位置情報ゲームをきっかけとして現実行動を引き起こしていた。これらのユーザー(以下,実施者)が現実行動を引き起こす動機や行動内容は次項以降に記述するが,本項では現実行動を引き起こ

してない5名のユーザー（以下，未実施者）に焦点を当てる。

　未実施者は，行動を起こしていない理由を「コロプラが中心じゃなくて，自分の行動が中心で，プラスアルファにコロプラがあったから（A）」や「ゲームのために何かをすることに対して，嫌悪感があるからです。そこまでしたら，'オタク'じゃないの!?とか思われそうで（F）」と回答していた。

　さらに，これらのユーザーに対し，位置情報ゲームの魅力について質問したところ，「プラを稼いで自分の街を作っていくこと（A）」や「プラを貯めるのが好きだった。現実世界ではお金が貯まらないので，せめてバーチャルな世界ではお金を貯めようとした（F）」という回答があり，仮想行動に対して魅力は感じているようであった。

　インタビュー当時，未実施者の5名中3名がゲームの利用を休止していたが，実施者の利用休止はいなかった。このことから未実施者は位置情報ゲームの利用を継続しない傾向が強いと言える。

(2) 現実行動を引き起こす動機について

　なぜ，ユーザーは位置情報ゲームをきっかけに，現実行動を引き起こそうと思ったのか，その動機について質問を行った。その結果，多くのユーザーが限られた場所でしか取得できないアイテムのコンプリート（完全制覇）を目標として行動を起こしていた。アイテム収集を通じて，他者とのコミュニケーションを活性化させるために現実行動を引き起こしたユーザーの存在も確認できた。

　現実行動を引き起こしたユーザーは，その動機について「元々ドライブが好きでそのついでにスタンプを取得し始めたら，コンプリート欲が出てきて少し足を伸ばそうと思った（C）」，「エリアコンプリートの衝動に駆られて…，揃えなきゃいけないという義務感や揃えた時の安心感があるので…（J）」と回答しており，達成感や収集意欲が非常に強いことがわかった。

　このタイプのユーザーは位置情報ゲームの魅力について「位置登録により地域のスタンプを取得し，そのエリアをコンプリートした時の達成感（C）」，「限られた地域でしか入手できないスタンプや（仮想の）お土産集め（I）」などと回答している。これらの回答結果から限られた場所でしか入手できないアイテムに魅力を感じ，それを収集していく達成感が快感となり，現実行動を起

したと考えられる。

　また，「実際に行った場所の（仮想の）お土産を集め，知人にプレゼントする。（仮想の）お土産をきっかけにコミュニケーションが盛り上がる…（中略），なので，（仮想の）お土産のために遠回りすることもある（T）」と回答したユーザーのように，位置情報ゲームによってコミュニケーションを活性化させ，人との関係をより良いものにしようと，現実行動を起こしたユーザーの存在も確認できた。このことから，位置情報ゲームが，媒介となり現実の知人とのコミュニケーションを活性化させている様子がうかがえた。

(3) 現実行動を引き起こすまでのプロセスについて

　ユーザーはゲームを開始してすぐに現実行動を引き起こす訳ではない。そこでユーザーが現実行動を引き起こすまでのプロセスについて質問を行った。この質問から，ユーザーのゲームに対する目標が段階的に変化していく様子が明らかになった。

　ゲーム開始当初，ほぼ全てのユーザーが同じゲーム内容を楽しみ（コロプラであれば日常的な移動で仮想通貨を稼ぎ，コロニーの育成を行う），自分の生活に位置情報ゲームを定着させている。この段階のゲームを続けるうちに，限られた場所でしか取得できないアイテム収集に楽しみ方が徐々にシフトし，それがエスカレートした結果，アイテムのコンプリートを目標として移動を起こしていた。

　例えば，I氏の場合「ゲームの開始当初は移動やアイテム売買により得たプラでコロニーを育てるRPG的な感覚を楽しみ，1プラでも多く稼ぎコロニーを育てることを目標としていたが，コロニーが成長し，人口が飽和してからは限られた地域でしか入手できないスタンプや（仮想の）お土産集めに楽しみをシフトしていった」と回答している。その結果としてアイテムを収集する際に帰宅ルートを変更するなどの現実行動を起こしている。

　同様にC氏も「人に誘われて始めた当初はコロニーの育成に没頭したが，次第に飽きてきて，（仮想の）お土産収集やスタンプ収集に目覚めた。それでどうせ集めるならコンプリートしたいと思い，できる限り車で出かけるようになった」と回答している。

　ゲーム開始当初は，I氏もC氏もコロニーの育成をゲームの魅力としていたが，

この段階の目標を達成することで，新たな目標にシフトしている様子がうかがえた。このことから，ユーザーは段階的にゲーム内で設定する目標を変化させ，その目標が限られたエリアしか収集できないアイテムの収集になった時から現実行動を引き起こすことが明らかになった。

(4) 現実行動の内容

次に「位置情報ゲームによって，どのような現実行動を引き起こしたのか」という質問を行った。ここでは，寄り道程度の現実行動から，アイテム収集だけのために旅行に出る人まで，様々な現実行動が確認できた。いずれのケースにおいても，限られた場所でしか入手できないアイテムの収集のために現実行動を起こしているのである。これらのケースについて以下に具体的な回答内容を示す。

寄り道程度の現実行動とは，アイテム収集のために，通勤や旅行中に回り道をするケースである。例えば「普段は京王線で帰る帰宅ルートをJRに変更し，(仮想の)お土産やスタンプを収集した (I)」や「スタンプの収集のために福岡までの帰省を飛行機ではなく，普通電車を使って帰りました。ちなみに別の時期の帰省では新幹線やバスを使って帰りました。実は交通機関によって通るエリアが若干違うんですよ (H)」などの回答があった。

一方，アイテム収集だけのために旅行に出る人の話としては，例えば「地区称号取得(一定数のスタンプ収集や国盗りができた場合に貰える称号)や，(仮想の)お土産やスタンプコンプリートのために車で移動してきましたよ。東北，北関東，中国，四国はコンプリート済みですね。多分，今までこの移動だけで20万円は軽く使っていると思いますよ (M)」や「地域のスタンプを集めるために，一人エリアコンプリートツアーを行ってきました。はじめは北陸3県のコンプリートをして，次に九州各県のスタンプと(仮想の)お土産収集に行ってきました。最近では2011年8月のお盆休みにレンタカーで中国・四国のスタンプをコンプリートしてきました。(中略)お金はレンタカー4万4000円，高速代，宿泊代などで軽く10万円を超える出費を行いましたね (J)」などがあった。

(5) コミュニケーションの状況について

本項では，位置情報ゲームの中でのコミュニケーションが現実行動や仮想行

動にどのような影響を及ぼしているのか明らかにするために，他者とのコミュニケーションの状況について質問を行った。その結果，「ゲームの利用開始段階」と「現実行動を引き起こす段階」の段階でコミュニケーションが重要な役割を担っていることが明らかになった。

　ゲーム利用開始段階のユーザーは，ゲームの利用方法が分からない初心者が多い。このようなユーザーのためにコロプラであれば周り（近くにいるユーザーや紹介者）のユーザーから助けてもらい，それに対するお礼のようなコミュニケーションが行われる。例えば「開始当初は，やさしい人が隕石情報を教えてくれたり，お助けミサイルで助けてくれるので，そのお礼のメッセージを助けてくれた人の掲示板に書き込んだ（O）」や「紹介してくれた先輩が毎日掲示板に書き込みをしてくれた（S）」といった回答もあり，周りの人とのコミュニケーションを行っている状況が確認できた。

　利用開始段階で特筆すべきは，紹介者の役割が大きいことであろう。先述したS氏の回答を始め，「（ゲームの）利用を始めた当初は自転車操業で，（紹介者である）Y先輩が資源を色々と補給してくれた（D）」や，国盗り合戦であれば「国盗りは足跡機能があったので，人から見られている気になる，人から見られていると自分も頑張んなきゃって気になった（T）」というように，先輩ユーザーが足跡を残すといったコミュニケーションを行うなど，ゲームの紹介者が回答者のゲームプレイを熱心に支援している状況がうかがえた。

　これは，ゲームを進める上で重要な役割を果たしている。そもそも今回の位置情報ゲーム利用者の21名中20名が，ゲームを始めたきっかけについて「知り合いからの紹介」と回答しており，自ら強い欲求を持ってゲームを始めたわけではない。そのようなユーザーは，ゲームに対する関心も低く，すぐにゲームをやめる可能性もある。そこで紹介者が熱心に初心者ユーザーをサポートして，これらのユーザーの脱落を防ぎ，ゲームの継続率を高める役割を果たしているのである。

　反対にゲームの利用を休止したF氏の場合「多くのやりとりは面倒に感じた」というように，コミュニケーションが苦痛になる人にとっては逆効果となっている様子もうかがえた。

　以上のことからゲーム利用開始段階においてはさまざまな人からの支援とい

う形の「コミュニケーション」により，ユーザーは徐々に位置情報ゲームが楽しくなり，さらに移動が楽しくなるのではないかと推察できる。

　利用開始段階を終えたユーザーは，「コロプラを初めて間もない時は資源不足だから助けて貰う。コロニーが成長したら自分でも助けることがある（B）」というように，今度は逆に自分が，周囲にいる初心者を助け，そのお礼を貰うといったコミュニケーションが発生している。コロプラの場合はこのようにユーザーが自然と助け合う互酬性の文化が成り立っており，結果として初心者ユーザーのゲームの継続率が高くなっていることは先述した通りである。

　次に，現実行動を引き起こす段階になるとユーザーによってコミュニケーションのあり方が変化している。現実行動を引き起こす多くのユーザーはアイテムのコンプリートが目的ということもあり，「（見知らぬ人との）コミュニケーションはない（C）」や「（必要以上に）コロプラ上で見知らぬ人とコミュニケーションをとったことがない（L）」などと回答している。

　このことから，ゲーム内でのコミュニケーションは重要ではないように見える。しかし，「コロプラのヘビーユーザーに対してその人が持っていないだろう（仮想の）お土産を探してきて自慢することはあった（I）」や「コロプラをやっている同僚，同期と，コロプラの話をしたり，（仮想の）お土産の交換を行うようになったので，コミュニケーションが活性化するようになった（J）」などのように，ゲームが現実の知り合いとのコミュニケーションを活性化させる材料になっている様子がうかがえた。

　さらに「コミュニケーションはない」と回答したC氏でも，「周囲の人に比べて制覇県やゲット県（一定のスタンプ数を取得した県のこと）が多いことを優越感として潜在的に感じていたかも知れない」と回答していた。他にも「全国制覇をしている人の自由帳（文章を書いたり写真を貼ったりできる自分のページ）を覗いたり，同時期にゲームを始めたであろうコロニーさんの達成状況をみて，感化されることはあります（J）」などの回答のように，他人との比較という要素がユーザーの現実行動に刺激を与えていることが明らかになった。

　一方，「ゲーム中の（仮想の）お土産やスタンプ収集もコレクター心をくすぐって面白いのですが，（中略）コロカ提携店（コロプラと提携している店舗）

で店員が「どこから来たの？」と声をかけてくれたり，いろいろおまけをいただいたり，また立ち寄りたくなるようなお店が多いのです。で，さらに他のお店にも足を運んで現実のお土産（商品・コロカ）とゲーム中のお土産をいろいろ集めてみたくなったのだと思います（L）」というように，旅先でのリアルなコミュニケーションが現実行動を促進したとの回答もあった。

以上のように，現実行動を引き起こす段階においては他者とのコミュニケーションが，現実行動をさらに促進させる役割があることが明らかになった。

8.5 相互作用のメカニズムについて

インタビューより，「現実行動と仮想行動の相互作用」は4つの段階を経て成立するメカニズムと言える（図8-3）。

1段階目は「日常的な移動に位置情報ゲームが定着する段階（図8-3の①）」である。ユーザーがゲームを始めたきっかけが「人からの紹介」ということもあり，本来ゲームに対するユーザーの関心は高くないはずである。しかし日常の移動がゲームになることや，先輩ユーザーからの積極的なコミュニケーショ

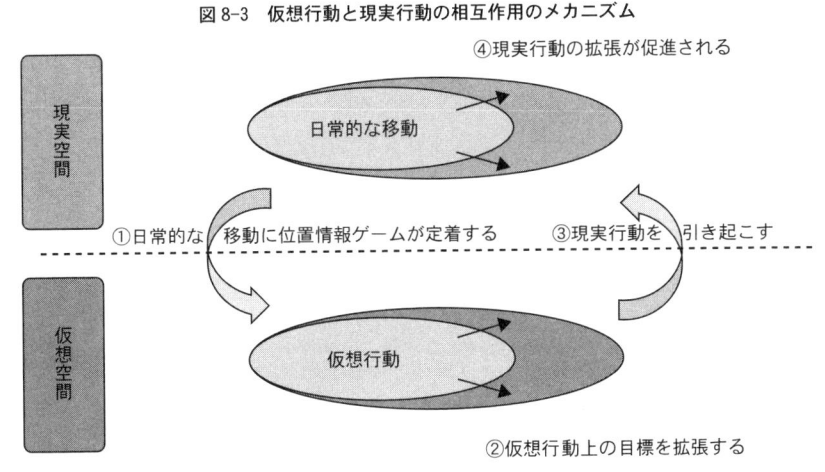

図8-3 仮想行動と現実行動の相互作用のメカニズム

（出所）筆者作成。

ンなどにより，ユーザーはゲームに対する関与を徐々に高めると同時に移動が楽しくなったのである。その結果，位置情報ゲームが日常的な移動に定着し，ユーザーはゲームを継続させているのである。

2段階目は，「仮想行動の目標を拡張する段階（図8-3の②）」である。ユーザーはゲーム開始当初の目標を達成すると，次第にゲームの楽しみ方が変化し，限られたエリアでしか取得できないアイテムの収集に目標をシフトする。ゲーム開始当初の目標は，日常生活（通勤や通学）の移動の範囲内で達成できるものであるが，この目標を達成すると，その達成感の心地良さからか，新たな目標を探すのである。そこで設定される目標が，限られた場所でしか取得できないアイテムの収集，さらにはアイテムのコンプリートになる。この目標設定が現実行動を引き起こすきっかけとなるのである。

3段階目は「現実行動を引き起こす段階（図8-3の③）」である。②で設定した仮想行動上の目標を達成するためには，日常移動の範囲を超えた移動が必要になる。ゲームに対する関与が高まっているユーザーは，目標達成のために帰宅ルートを変更するなど，少しずつ現実行動（移動）を引き起こし始めるのである。

4段階目は，「現実行動の拡張が促進される段階（図8-3の④）」である。アイテムのコンプリートを目標とするユーザーは，ゲームの進行状況を他者と比較したり，他者に対し顕示したりするようなコミュニケーションを行う。このコミュニケーションを通じて刺激を受けたり，優越感を得たりすることで，さらにゲームへの関与を高め，現実行動を促進させる。また，コミュニケーションに魅力を感じているユーザーは，アイテムのプレゼントを通じたコミュニケーションの活性化や，旅先での現地の人とのリアルなコミュニケーションの活性化により，ゲームへの関与をさらに高め現実行動を促進させる。この「現実行動の促進」と同時に，ユーザーの仮想世界（ゲームのアイテムなど）も充実されていくことで，「現実行動と仮想行動の相互作用」が成立するのである。

8.6 メカニズムの成立要因について

前節では,「現実行動と仮想行動の相互作用」のメカニズムを明らかにしたが,本節ではメカニズムの成立要因について言及しておきたい。ユーザー間のコミュニケーションがメカニズムを成立させる重要な要因と言える。その理由は,ユーザー間のコミュニケーションが「位置ゲームの定着率の向上」および「現実行動の促進」に大きく寄与しているからである。

ゲームを開始したばかりのユーザーは,ゲームの紹介者や近所にいるユーザーからの「支援」という形のコミュニケーション（例えば,コロプラであれば資源の補給など）を受けることで,ゲームの利用方法を理解し,ゲームへの関与を高め,ゲームに定着していく。また,ゲームを継続しているユーザーにとっては,ユーザー間でのアイテム交換のようなコミュニケーション,他者との達成状況の比較やアイテムの自慢などの顕示といったコミュニケーション,旅行先の人とのリアルなコミュニケーションを通じて,刺激を受けたり,優越感を得たりすることで,ゲームに対する関与を高め,現実行動をさらに促進していくのである。つまり,位置情報ゲームが媒介となって他者（友人,知人）とのコミュニケーションが活性化されることで,ユーザーはゲームに対する「楽しさ」が増し,次第にゲーム内での目標を高く設定し,現実行動を促進していくのである。以上より,ユーザー間のコミュニケーションが,このメカニズムを成立させる重要な要因であると結論付けられる。

8.7 実務への示唆と今後の課題

8.7.1 実務への示唆

本章では,「現実行動と仮想行動の相互作用」を成立させるメカニズム（4つの段階とコミュニケーションの重要性）を明らかにしたが,これらのメカニズムをサービスに組み込むことが実務上の重要事項になると考えられる。

第1に，ゲームを日常的に使うような仕掛けを提供することである。位置情報ゲームのような移動した距離に応じて，仮想通貨が貰えるようなことである。この中では勿論，他者とのコミュニケーション要素を組み込み，初心者ユーザーの脱落防止を行うことが重要である。

第2に，さまざまなユーザーを楽しませる仕掛けを提供することである。ゲームに参加する人の動機は，バートル（Bartle 1996）が指摘するように達成欲の強いユーザーやコミュニケーションを楽しみたいユーザーなどさまざまな人がいる。特に現実行動を引き起こすようなゲームの場合は，達成欲の強いユーザーに「収集したい」と思わせられるようなアイテムを投入することが重要であろう。

第3に，行動を起こしやすい仕掛けを提供することである。例えば，本章の対象とした位置情報ゲームが全国を600や700に細分化したことで，自分の住んでいる身近なところから行動が起こすことができたように，少しずつ行動が広げられる仕掛けとすることである。

第4に，現実行動を引き起こすユーザーに対して，行動をさらに促進させるために，ユーザー同士のコミュニケーションを円滑に行わせる仕掛けを提供することである。例えば，達成状況を可視化させ，それをコミュニティ内で閲覧し合える仕掛けが有効であろう。

8.7.2 今後の課題

本章の限界を最後に記述する。本調査結果は日本における代表的な位置情報ゲームのユーザーに対するインタビューに基づいているとはいえ，少数事例による例証であり，「現実行動と仮想行動の相互作用のメカニズム」が一般化できているわけではない。また本現象は，位置情報ゲームだけではなく他のサービスでも起こっていると考えられるが，そこまでも包括したメカニズムとなっている訳ではない。

今後の課題としては，研究の対象領域を広げ，さらには，より実証的な形でメカニズムを精緻化していく必要があるだろう。

〈参考文献〉

Bartle, Richard (1996), *Hearts, clubs, diamonds, spades: players who suit MUDs.* http://www.

mud.co.uk/richard/hcds.htm（2013 年 8 月 31 日参照）
Naresh K. Malhotra (2004), *Marketing Research, An Applied Orientation*, 4th edition.（小林和夫監訳『マーケティング・リサーチの理論と実践～理論編～』同友館）。
石井淳蔵・厚美尚武編（2002）『インターネット社会のマーケティング』有斐閣。
岡本健（2011）「コンテンツツーリズムにおけるホスピタリティマネジメント：土師祭「らき☆すた神輿」を事例として」『HOSPITALITY』、第 18 号、pp.165-174。
加藤史子（2010）「バーチャルからリアルへ携帯ゲームと旅行が融合する新・若者旅行」。『とーりまかし研究年鑑 2010 別冊』リクルート pp.34-46。
野島美保（2008）『人はなぜ形のないものを買うのか』NTT 出版。
深田浩嗣（2011）『ソーシャルゲームはなぜはまるのか』ソフトバンククリエイティブ。
増渕敏之（2010）『物語を旅するひとびと』彩流社。
山村高淑（2009）「観光革命と 21 世紀」『メディアコンテンツとツーリズム』CATS 叢書, No.1, pp.1-28。

（清原　康毅）

第9章
半導体商社の事業ドメイン拡大のメカニズム

9.1 はじめに

　川下にあるユーザーと川上にあるサプライヤーの間に立って取引の仲立ちをする事業者が中間流通業者である。中間流通業者の主な機能は，購買と販売からなる交換機能である（矢作 1996）。他にも，在庫・保管機能，金融機能，情報収集機能を果たす。在庫・保管機能とは，顧客ユーザーの需給にあわせて過不足なく製品を提供するために，一定量を品質保持しながら保有することである。金融機能とは，両者間の債務支払いと債権回収の時間の差を埋めることである。情報収集機能は，新製品や業界動向の情報を顧客に提供するものである。これらが伝統的な中間流通業者の機能である。

　本稿では，そのような伝統的な機能だけではなく，サプライヤーやユーザーが本来果たしてきた機能を持つにいたった中間流通業者に注目する。つまり，その中間流通業者は事業ドメインを川上や川下へ拡大していることになる。対象とする産業は半導体産業であり，技術進歩が速いハイテク分野に該当する。川上や川下へ事業ドメインを拡大させることは，ハイテク分野においては，技術に関する経営資源の獲得が必要となるために困難を伴うことが予想できる。それにも関わらず，事業ドメインが拡大するのは，どのような必然性があるのだろうか。

　半導体業界の中間流通業者とは，半導体デバイスを仕入れて電子機器やOA機器等の製造業者に提供する中間業者のことである。半導体商社と日本では呼ばれている。半導体商社は，図9-1のように，半導体メーカーから半導体デバイスを購買して電子機器メーカーに販売する。川上とは，半導体デバイスの企画・製造を，川下とは，主に電子機器の企画・製造を指す。本稿では，半導体

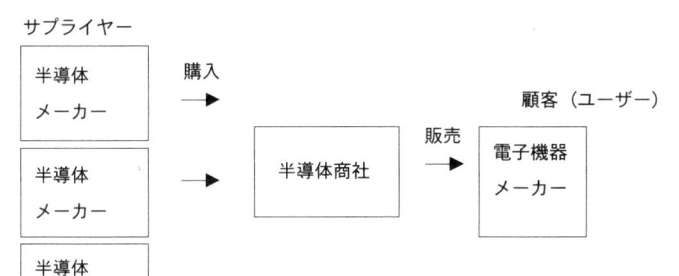

図9-1 半導体商社の位置づけ

(出所) 筆者作成。

商社が川上や川下へ拡大した事例を分析してそのメカニズムを明らかにしていく。

9.2 日本の半導体商社

　日本の半導体商社は大きくふたつに分類できる。国内大手の半導体メーカーの系列として販売を推進する系列商社と，海外の半導体メーカーから輸入をするか国内の中堅半導体メーカーから仕入れる独立系商社である。本稿では，資本関係にしばられることなく，自立的に戦略的意思決定ができる流通業者の活動を考察するために，独立系商社を分析対象とする。

　日本の半導体商社を経営規模の大きいものから並べた20社中，独立系商社は8社存在する。表9-1には，本稿が研究対象とする独立系の8社のみを挙げている。事例分析の対象は1位と2位を争う加賀電子と丸文，そして，8位の東京エレクトロンデバイスである。加賀電子は事業ドメインを川下へ拡大し，東京エレクトロンデバイスは川上への拡大を試みつつある。丸文は拡大を志向せずに従来からの流通業としての事業ドメインを維持している。次節では川上と川下の産業構造について説明したい。川上とは半導体産業，川下とは電子機器産業であり，どちらも，過去40年間に大きな構造変化を遂げた。

表 9-1　独立系半導体商社　上位 8 社

	売上高	営業利益
加賀電子	2,913 億	77 億
丸文	2,452 億	36 億
黒田電気	1,862 億	76 億
トーメンデバイス	1,746 億	36 億
マクニカ	1,540 億	43 億
トーメンエレクトニクス	1,364 億	35 億
伯東	1,332 億	28 億
東京エレクトロンデバイス	1,121 億	36 億

（出所）　2007 年度決算資料より筆者作成。

9.3　半導体商社を取り巻く川上と川下の構造

9.3.1　半導体商社が登場した背景

1960 年代から 1970 年代前半まで，日本の半導体デバイスの技術水準は米国製の後塵を拝しており，米国企業からの技術導入によってキャッチアップをはかっていた。Texas Instrument（以降 TI），Motorola，Fairchild，Rockwell という大手米国企業の半導体デバイスが，日本のテレビや電卓に採用されていた。このときに，米国から日本へ半導体デバイスを輸入する半導体商社というビジネスが成長したのである。また，後に，グローバル化の波に乗って，日本の電子機器メーカーがアジアでの完成品の組立を始めると，その部品調達にもこたえるようになった。次に，半導体および電子機器産業の構造を確認しておきたい。

9.3.2　日本の半導体産業

半導体デバイスのユーザーである日本の電子機器メーカーのうち，総合電子機器メーカーと呼ばれる大手企業は，品質のよい米国製を購入しながら，自社内でも半導体デバイスの開発を進めていた。つまり，電子機器メーカーは，半

導体デバイスを含む電子部品から，それらを組み立てた最終製品までを自社で手がける川上・川下の統合型ビジネスを目指した（伊丹・伊丹研究室 1995; 大西 1994）。半導体デバイスは社内消費を目的に生産されたが，やがて社内消費量を上回る生産能力をもつようになった。しかも，半導体デバイスの標準化が業界内で進んでいったこともあり，1970年代に，これら電子機器メーカーは外販比率を拡大させていった（金 2006）。その後も，外販と社内消費が並存するビジネスモデルは長く維持されたが，2002年以降は方向転換がはかられ，半導体部門を分離独立させる動きや他社への売却が顕著となった。2003年に日立製作所と三菱電機は半導体事業を統合してルネサステクノロジを設立，2007年にソニーは半導体事業の大半を東芝へ売却した。川上・川下の統合型ビジネスは次第に姿を消し，部品である半導体デバイスと最終製品である電子機器は別々の企業によって生産されるという垂直分業が進展した。

9.3.3 半導体産業（川上）の構造変化

日本においては，半導体デバイスは，1970年代より，設計開発から製造，販売，サポートまでを一貫して担当するIDM（Integrated device manufacturer）によって生産されていた。前節で説明したような総合電子機器メーカーの半導体部門はその最たるものであり，1980年代には米国製を抜く勢いとなった（伊丹 1995; 谷 2002）。1990年以降，企画，設計開発，製造の各機能を企業間で分担する水平分業が進展していた（Grove 1996; 伊藤 2005）。その背景には，微細化に伴う生産投資の増大や開発工数の増大がある。

図9-2は，半導体デバイス生産の流れを示している。以前は，ユーザーから依頼を受けたIDMが一貫して，設計開発から製造まで担うIDMモデルであった。それが，1990年代から業界構造が変化して，企画と設計はファブレス企業（fabless maker）が担い，製造はファウンドリー（foundry）が担うという分業体制になった。この分業体制は，ファブレス企業は米国企業，ファウンドリーは台湾を中心とするアジア企業というグローバリゼーションを土台に成り立っている。

さらに，2000年代に入ると分業体制は進んでいく。特定用途向けに専用機能をもつICであるASIC（別名システムLSI）が登場した。これは，プロ

図9-2 川上の産業構造

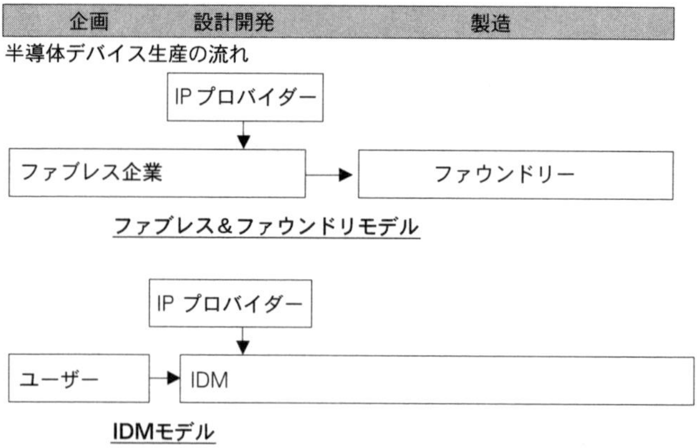

半導体デバイス生産の流れ

｜　企画　　　設計開発　　　　　製造　｜

```
            ┌──────────────┐
            │ IPプロバイダー │
            └──────┬───────┘
                   ↓
┌──────────────┐    ┌──────────────┐
│ ファブレス企業 │──→│ ファウンドリー │
└──────────────┘    └──────────────┘
```
ファブレス&ファウンドリモデル

```
            ┌──────────────┐
            │ IPプロバイダー │
            └──────┬───────┘
                   ↓
┌──────────┐    ┌──────┐
│ ユーザー  │──→│ IDM  │
└──────────┘    └──────┘
```
IDMモデル

(出所) 筆者作成。

セッサとメモリ，入出力回路，インタフェース回路，通信回路等を集約して1チップに集約したものであり，ハードウエアとソフトウエアを含む全体のアーキテクチャーとアルゴリズムが設計の焦点になった。こうなってくると，設計は，あらかじめ用意された設計ライブラリーを使わなければ，ニーズに追いつかなくなった。ライブラリーを提供する企業としてIPプロバイダーが登場した（図9-2参照）。IPプロバイダーの役割は高まっており，いかに多くのIPプロバイダーと連携できるかが，ファブレス企業やファウンドリーの戦略課題となっている（伊藤 2005）。

図9-2にあるもうひとつのIDMモデルを説明したい。半導体メーカーがIDMとしてビジネスを展開する形態も残ってはいる。半導体メーカーが，顧客（ユーザー）の要望にあわせて企画を練り，設計開発，製造までを一貫して行う。しかし，IPプロバイダーとの連携を行うことは多い。この形態では，企画・設計にユーザーがどこまで関与するかによって，半導体デバイスはふたつに分けられる。フルカスタムと，半完成品のセミカスタムである。セミカスタムのASICは，ユーザーに設計キットが渡されて，自由に回路の書き換えができるようになっている。フルカスタムは，ユーザーのニーズにあわせて，半導体メーカーが最終の設計までを行う。

9.3.4 電子産業（川下）の構造変化

次に，半導体商社の顧客である電子機器メーカーが属する電子産業の構造も確認しておこう（図9-3参照）。電子産業においても，半導体と同様に，設計と製造の分業が見られるようになった。日本の総合電子機器メーカーは製品の企画から製造，販売までを一貫して自社で行う体制であったが，1990年代に入ると，製造を外注するようになった。顧客ニーズの多様化によって製品開発の負担が大きくなった電子機器メーカーは，製造に特化したEMS (electronics manufacturing service) 企業へ製造委託するようになった（伊藤 2005）。また，電子機器メーカーの国内の工場が，外資系のEMS企業によって買収される例もみられるようになった。

電子機器メーカーにとっては，製品ライフサイクルの短命化にあわせて製造ラインを頻繁に変更することが必要ないばかりではなく，サプライヤーとの頻繁な交渉や発注業務，検品業務から開放されることは大きい。さらに，モジュール化の進展により組み立てが容易になったことが新興企業のEMSへの参入を容易にしている。各モジュール間のインタフェースが確立されていれば，製造技術の難易度は高くない。

EMSは製造に特化した形態だが，製品開発の機能も追加したODM (original design manufacturer) も登場している。その代表例は，台湾のACERのような企業である。必要であれば，ASICのような半導体デバイスの設計にも参画する。これら企業は，サプライヤーである多くの半導体デバイスメーカーとネットワークを形成して，部品の確保につとめている。学術研究の見地

図9-3　川下の産業構造

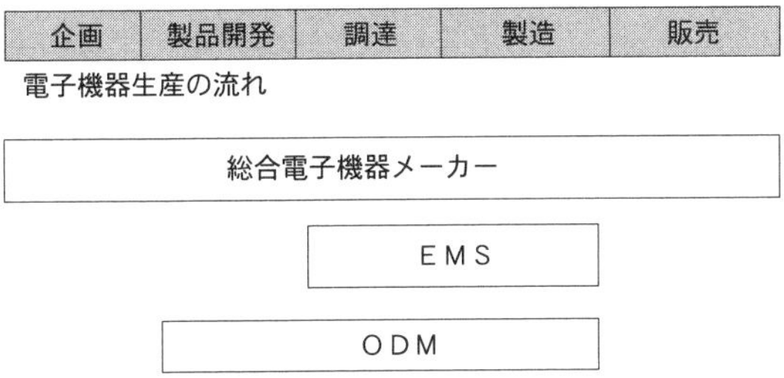

企画	製品開発	調達	製造	販売

電子機器生産の流れ

総合電子機器メーカー

	EMS

	ODM

（出所）（伊藤, 2005）を参考に筆者作成。

からも，これら企業間ネットワークに注目する研究がみられる（Ford *et al.*, 1998; Hankansson and Snehota, 2000）。

9.4　3社の事例分析

　環境変化の激しい業界にあって，半導体商社は，流通業本来の機能のみを維持することで成長し続けられるだろうか，それとも流通業の機能を超えて事業ドメインの拡大を行うのだろうか。調査対象の流通業者は，サプライヤーやユーザーと資本関係のない大手の独立系商社である。拡大をしていない丸文，事業ドメインを川下へ拡大した加賀電子，川上への拡大を試みつつある東京エレクトロンデバイスの事例を分析しながら戦略を比較していく。

9.4.1　研究対象の概要

　丸文と加賀電子は業界トップの地位を争う。2007年度の業績は，丸文が連結売上高2452億円で営業利益0.7％，加賀電子が連結売上高2913億円で営業利益2.7％であった。丸文は設立60年，加賀電子は設立40年である。

　丸文の売上構成は，半導体デバイスの販売が84％を占める。残りは，医療機器や計測機器の販売からなる。従業員数は857名，単体売上が1627億円である。米国大手の半導体デバイスメーカーから半導体部品を輸入し，国内大手電子機器メーカーに販売している。海外展開としては，海外大手商社のArrowと手を組んで合弁企業を設立し，日系企業の海外製造現場へ部品の提供を行っている。

　加賀電子の売上構成は，半導体デバイスおよび電子部品の販売が35％，完成品および半完成品の製造を受託するEMS事業およびODM事業が50％，その他が15％を占める。従業員数は575名，単体売上は1338億円である。創業当時は商社として出発しながら，現在ではEMSとODM事業の売上比率が流通事業を上回っており，自社のオリジナル製品まで手がけるようになった。EMSとODM事業における製造は，アジアの関連会社や委託先で行われている。

東京エレクトロンデバイス（以下，TED）は2007年の連結売上高は921億円で営業利益率は3.3%である。売上構成は，半導体デバイスの販売が72%を占め，他は電子部品とコンピュータ・ネットワーク事業からなる。従業員数は778名，単体売上は1092億円である。

表9-2は取引しているサプライヤーとユーザーの数と規模を3社間で比較したものである。データはユーザー数を公開していた2006年度の公表資料に基づく。丸文とTEDが少数の限られた大手のサプライヤーやユーザーと取引しているのに対して，加賀電子は多数の中堅・中小企業とも取引していることがわかる。

表9-2 サプライヤーとユーザーの比較

	丸文	加賀電子	TED
サプライヤー数	少 （上位5社71%）	多 （全2000社）	少 （上位7社70%）
サプライヤーの規模	大企業	大企業〜中小企業	大企業
ユーザー数	極少 （上位5社71%）	多 （全4000社）	少 （上位10社68%）
ユーザーの規模	大企業	中堅・中小	大企業〜中小

（出所）筆者作成。

丸文の半導体デバイスの仕入先は上位5社で71%を占めるほど特定のサプライヤーに集中しており，特にTIが41%，Samsungが11%と，2社への集中が激しい。丸文が米国老舗のTIの代理店の地位を築いたことは，米国から半導体を輸入した先駆け企業であることを象徴している。もしも，後発商社が大手の半導体メーカーの商品を仕入れようとすると，商権を持っていないため，代理店契約を結んでいる丸文のような商社から商品を購入することになってしまう。したがって，後発商社である加賀電子は，中小を含む多くの半導体メーカーをサプライヤーとして開拓しながら，中小を中心とした多くの電子機器メーカー，事務機メーカー，玩具メーカーを顧客として開拓していった。2社を比較すると，加賀電子は多品種少量の取引を厭わずに顧客の購買代行を担い，丸文は大手サプライヤーとの代理店契約をベースに大口取引を行う販売代

行を担ったことになる。この表からみるかぎりでは，TED のビジネスは中小規模のユーザーと取引する以外は丸文に似ている。サプライヤーは上位 7 社で仕入高の 70％を占め，そのうち 50％が富士通，Xilinx, Linear の 3 社に集中している。Xilinx は，ロジック系デバイスの FPGA と PLD を提供する大手メーカーである。その有力な代理店である TED は，Xilinx の製品をサポートするメニューを独自に持っていることが特徴である。

9.4.2 取引関係の理論的説明

3 社の行動について，理論的説明を試みたい。生産財取引において企業間のパワー関係を規定するのは，企業間の依存関係である。依存関係は，取引額からみた相手への相対的な依存の大きさを表す「取引依存度」によって規定される（高嶋・南 2006）。本研究では取引依存度を顧客であるユーザーに対する販売依存度と，サプライヤーに対する購買依存度の両方から考える。本研究の 3 社を特徴づけると，表 9-2 にあるように，丸文と TED は，特定のサプライヤーへの購買依存度も，ユーザーへの販売依存度も高く，逆に加賀電子は低いということになる。

取引依存度が高いと，ユーザーからのコストダウン要求や，サプライヤーからの競合製品の取扱いに対する圧力などさまざまなデメリットがある。したがって，流通業者は自ら主体的な行動を取ることが難しくなり，受動的になってしまう。しかし，取引コストが低くなるというメリットがある。そうなると，ますます，新たな取引先を探そうとしなくなる。いわゆる取引コスト理論である。売り手と買い手の間で，相手を探索するコストや契約履行に関するモニタリングコストが高いと認知されると新たな取引はされずに，継続的取引が志向されて取引は内部化していく（Williamson 1975; 1985）。さらに，既存の取引先との間に出来上がっていく信頼性によって，継続的取引がますます長期化される（南 2005）。この関係性は，メーカーと流通業の間においても実証されており，社会的交換理論とよばれる（Anderson and Weitz 1989; Anderson and Narus 1990; Morgan and Hunt 1994）。

では，逆に取引依存度が低い場合を考えよう。取引が煩雑になり，効率は低くなることも考えられるが，流通業者にとっては交渉力を発揮できる機会が増

える。また，新たな仕入先を開拓するために情報収集に努め，中小サプライヤーの製品の品質を評価する機会が増える。その結果，あらゆる種類の部品を，広範な地域から迅速に調達できるようになる。実際，加賀電子は，購買依存度が低いがゆえに多くのサプライヤーと取引するようになって調達力が強化され，EMS や ODM へと発展していくことになった。そのプロセスを次節で論じる。

9.4.3　川下への拡大の分析

　半導体商社には，購買機能を発展させてキッティングビジネス，さらには加工・製造まで請け負う EMS 事業という機能拡大の選択肢がある。機能拡大が顧客からの要望にこたえる形で自然に進んでいったことを，加賀電子の例から確認していこう。以下，日経ビジネスの 2001 年から 2005 年に掲載された記事を基に記載する。

　加賀電子は，ユーザーニーズの変化とともに，購買機能を高付加価値化させてキッティングビジネスを始めた。キッティングビジネスとは，電子機器の基盤上に置く電子部品や半導体デバイスをまとめてパッケージとしてユーザーに提供するものである。ユーザーは，各々の部品を個別に発注する必要はなくなる。やがて，部品の購買代行をするだけではなく，加工や製造もしてほしいという要求がユーザーから出されるようになった。そこで，取引関係のある顧客の工場を利用させてもらって加工や製造の要求に応えた。製造能力が不足する顧客と，製造能力に余剰が生じた顧客を結び付けたのである。

　例えば，玩具メーカーは電子部品を必要とするが，発注量は小さいので小口ユーザーである。玩具に電装化が求められるようになったにもかかわらず，玩具メーカーは回路設計のエンジニアや製造ラインを持っていない。そこで，加賀電子が請け負って，多数の取引先の中から製造を引き受けてくれる企業を探し出したのである。

　やがて，加賀電子は本格的に EMS 事業に参入した。顧客から依頼を受けて，製造を請け負える最適な企業を選択し，顧客からの製品仕様を指示した上で，部材を提供する。当初は自社工場を持たなかったものの，2006 年には自社工場 4 つ，資本参加した工場 9 つに達した。日本の他に，中国，東南アジ

ア，欧州の工場が追加された。加賀電子の EMS 事業は，世界大手の Solectron や Flextronics が手がけるような PC や携帯電話の製造には参入していない。大量生産によるコスト競争の激しい分野を避けているのである。多品種少量の受託製造を引き受けると，部品の調達も小口化し，それは，新たな中小規模のサプライヤーの開拓につながっていく。

　加賀電子の工場は，多品種少量生産の形態を取っている。例えば，1000 人超の従業員を擁する中国の工場では，インターホン，体脂肪計，MD，リモコン，複写機が同時に生産されており，競合する製品が並行するラインに流れている。また，資本参加した工場への製造委託の量は，工場全体の生産量の 30％を超えないようにしている。それが，極端な依存関係を避けるためには有効であるという。

　次の段階は，顧客が完成品の設計や開発を依頼してくるようになった。技術者を擁しない流通業者は，依頼に対応するために，電子機器メーカーから流出してくる人材を中途採用し，資本参加した設計の関連企業 70 社に技術者を用意させた。本体の 10 人の技術者はプロジェクト管理や基本設計を行い，関連企業が応用設計をこなす。この体制により，ハードウエアとソフトウエアの設計・開発を受託できることとなり，EMS から ODM へと発展できた。

　最終的に，自社のオリジナルブランドを生産するようにもなった。ひとつは，EMS 事業として製造を請け負っていたプロジェクターのビジネスを買収した。もうひとつが，独自に製品開発から製造，販売まで手がけたリアプロジェクション（背面投射型テレビ）である。どちらも，加賀電子の顧客は製造していないので，顧客と競合関係になる心配はない。

　以上確認してきたように，購買代行から，EMS，ODM，オリジナル製品の生産まで事業ドメインは拡大してきた。これら事業を流通構造の中で確認するために，図 9-4 を参照してほしい。重要なことは，事業ドメインは拡大してきたのであって，流通業本来の役割である購買機能をやめたわけではない。現状で EMS と ODM 事業による売上高が 50％を越えるものの，購買代行による売上高は 35％を維持している。

　加賀電子が川下へ展開したことを，理論的に説明してみよう。まず，特定の大手サプライヤーや購買力の大きい特定ユーザーとの強い関係を構築してこな

第 9 章　半導体商社の事業ドメイン拡大のメカニズム　179

図9-4　加賀電子の事業ドメインの拡大

半導体デバイス（川上）

| 企画 | 製品開発 | 調達 | 製造 | 販売 |

完成品（川下）

購買代行

EMS

ODM

オリジナル製品

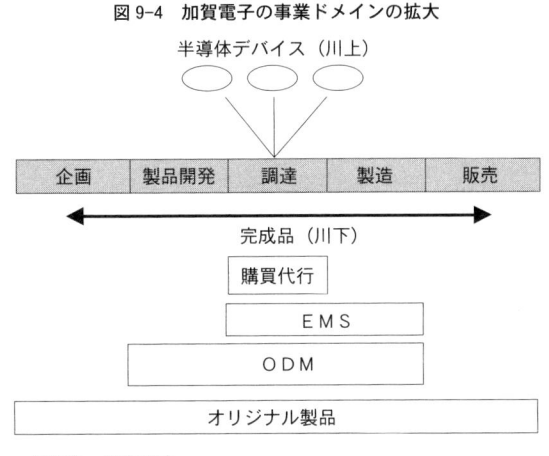

（出所）　筆者作成。

かった加賀電子には，継続的取引を志向して取引が内部化するようなことは起きなかった。取引コストは発生しただろうが，臨機応変に新しい取引先を開拓することができ，不都合があると直ちに取引をやめることもできた。売掛金が未収になるリスクはあるとはいえ，小口取引が多いために大きな痛手はこうむらなかっただろう。利点は特定のサプライヤーに遠慮することなく，自立的行動ができたことである。その結果，多くのサプライヤーとの取引を行い，調達力を強化できた。その調達力によって，ユーザーのニーズに答えるキッティングビジネスを始めることができるようになった。EMS事業まで進展できた背景には，モジュール化によって部品間の相互依存性が減少して組立が容易になったことがある。さらに，技術者を雇用して設計能力を高めてODM事業を行うようになった。このようにして，調達力，製造能力，設計能力と次第に能力を蓄積していった。これはPenrose（1959）やWernerfelt（1984）の系譜による資源蓄積論に照らしてみると，既存の経営資源だけでは対応が難しいような「背伸び」ともいえる事業ドメインの拡大をしながら，必要な経営資源を獲得していったことになる。

9.4.4 川上への拡大の分析

本節では，半導体商社の事業ドメインが川上へ拡大していくメカニズムを確認しよう。TED のビジネスが良い材料となる。

半導体デバイスの中で，大量発注されるセミカスタムの ASIC や ASSP，少量発注される FPGA や PLD は，デバイスメーカーがユーザーのためにツールを提供して詳細設計させる製品である。ユーザーの持つニーズが多様化して複雑になったために，サプライヤーが理解することが難しくなり，開発はユーザー主体となって行われるようになったのである。これら商品を購入するユーザーは詳細設計の能力が求められる。技術者を擁する大手のユーザーは対応できても，中小規模のユーザーには困難である。そこで，ユーザーとサプライヤーの中間に位置する流通業者に，ユーザーサポートをするチャンスが生まれた。ユーザーサポートによって他社との差別化をはかっているのが TED である。

補足になるが，セミカスタム製品が登場したことは，情報粘着性の概念によって理論的に説明できる。情報の粘着性とは，ある所与の単位の情報をその情報の受け手に利用可能な形で，ある特定の場所に移転するのに必要な費用として定義される。この費用が小さいときは情報の粘着性は低く，大きいときには高い。（von Hippel 1994, 2005）。これを製品開発の場面に適用すると，ユーザーとメーカーのどちらが主導で製品開発を行うかを説明できる。

情報は，ユーザーの活動場所で発生するニーズ情報と，メーカーの活動場所で発生する技術情報に分けられる。製品開発が成功するには，2つの情報が結合しなければならない。したがって，ニーズ情報をユーザーからメーカーへ運ぶか，技術情報をメーカーからユーザーへ運ぶかしないといけないが，それは，どちらのほうが，移転費用が小さいかで決まってしまう。もしも，技術情報の移転費用のほうが低ければ，技術情報をメーカーからユーザーへ運ぶことになる（Rothwell et al. 1974; Ogawa 2000）。そうなると，ユーザーが主体となって製品開発を行うことになる。セミカスタム製品は，技術情報の移転費用のほうが低いことになるのだ

話を TED に戻そう。2007年および2008年に実施した TED のマーケティング・チームおよび広報へのヒアリングによると，ユーザーサポートのために

は技術者が必要である。FPGAメーカーであるXilinx製品のサポートに30数名，Linear製品のサポートに10名，Freescale製品のサポートに10名のエンジニアを配置している。さらに，ユーザーの設計をサポートしてきた能力を活かしてオリジナル製品をつくるチームも編成された。このチームはユーザーから設計を請け負うこともある。FPGAの設計を引き受けることもあれば，評価ボードやMPU，映像用LSIも手がけている。設計請負とオリジナル製品の設計を行う技術者を，2007年は国内に50名，無錫に70名を擁している。2006年の設計受注の実績は300件近くあった。このように，ユーザーサポートからオリジナル製品の設計まで能力が向上した。これは流通業が本来持つ機能を越えている。加賀電子とは逆に，川上にあるサプライヤーが持つ機能を持つにいたったのであり，川上への事業ドメインを拡大させたのである。

オリジナル製品として，XilinxのFPGAとCPLDを購入して詳細設計を行うユーザーをサポートするための2つのツールが開発された。論理設計およびシミュレーションで使われるソフトウエアと，評価およびデバックで使われる評価ボードである。ユーザーはシミュレーションソフトを使ってFPGAを設計し，評価ボードで動作確認を行う。

ところで，TEDはソフトウエアや評価ボードをユーザーだけではなく，XilinxのFPGAを取り扱う他の流通業者にも販売している。ただし，TEDが取引していないユーザーを顧客にもっている流通業者に限られる。評価ボードの製品ラインには，FPGAの評価用以外にも，FPGAのトレーニング用やASICの評価用も揃えている。これらソフトウエアとボードを主力製品に育てるべく，Inreviumというブランドで販売している。

Inreiumブランドによる売上高は，2007年度実績で全体の売上高の2.8%にすぎない。しかし，設計能力を有することが差別化要因となり，中間流通業者としての企業価値を高めている。中小ユーザーからの需要が増えるような環境変化が起こる，または，中小ユーザーをメインターゲットにするような戦略を取れば，川上への拡大はますます進むのではないか。反対に，丸文はTEDのように川上へ拡大する意欲が高くない。特定のサプライヤーとの長期的関係を前提に，大手ユーザーをメインの顧客にしているからである。大手ユーザーは自力で詳細設計をする能力を十分に擁している。

補足になるが，TEDは1987年に東京エレクトロンの電子デバイス部門が独立して設立された。その部門の技術者10数名は，顧客から請われてカスタムICを設計していたという歴史的経緯がある。しかし，設計請負事業をありきとして流通業へ事業転換したわけではない。設計請負の能力は流通業者としての付加価値の高さを示すものであった。技術力を高く評価してくれた海外の半導体メーカーが，多くの流通業者の中からTEDを代理店に指名してくれるというメリットに結びついた。

9.5 結論

以上のように，3社の事例を比較しながら，事業ドメイン拡大のメカニズムを分析してきた。事業ドメインの拡大は，ユーザーのニーズに答えて満足度を引き上げることに端を発していた。本章では，議論のまとめを行うとともに，事業ドメインを拡大しない場合の方向性についても考察したい。

9.5.1 川下への拡大

加賀電子が，取引依存度が低いために広範な地域からの調達力を高め，小口ユーザーとの取引を通じて製造機能と設計機能をもつにいたった経緯は解説した。そのように経営資源を蓄積していくことは他の流通業者にも可能だろう。ただし，加賀電子ほどの経営規模に成長することができるかどうかは疑問である。米国でEMSやODM事業に活路を見出している企業は，どちらかというと小規模流通業者である（Nu Horizons, Memec等）。米国には，大手のEMS専業企業が元々存在していたからだ。日本では大手電子機器メーカーが自前の工場で組立をしていたので，大規模なEMS企業が国内に育つ余地はほとんどなかった。ところが，2000年以降，電子機器メーカーは工場を閉鎖し始めて，それら工場のいくつかは外資系のEMS企業（Solectron, SCI System等）によって買収された。加賀電子は，日本企業としてはEMS事業へ進出したさきがけといえるが，工場はアジアにある。しかも，事務機器や玩具メーカーを従来からの顧客に持っていたことが，外資系のEMS企業と住み

分けるポジションを作り出せた。

　加賀電子の川下への事業ドメイン拡大の具体的な方策は次であった。
① 　経営資源が豊富ではない中小規模のユーザーをターゲットに，完成品の設計，開発，製造を肩代わりする。
② 　大企業のユーザーをターゲットにする場合には，製品のライフサイクルが成熟して戦略上重要な製品ではなくなった，または，モジュール化が進んで最終組立段階における収益性が低くなった製品の製造を肩代わりする。

　そして，川下への事業ドメインの拡大の副産物として，次のようなビジネスチャンスを得ている。
③ 　取引先になっているユーザーの事業を共食いしないオリジナル製品を開発する。

　これまでの議論に加えて，川下への事業ドメイン拡大は，新たな仕入先の開拓につながることを指摘しておきたい。購買機能と製造機能を併せ持つEMS事業を始めたことで，以前に取引がなかったサプライヤーの商品を調達できる機会が生まれることがある。製造委託をするユーザーが指定した部品を生産するサプライヤーとの商権を加賀電子が持っていなかったとしよう。その場合，ユーザーからの要望があれば，サプライヤーは，加賀電子に製品を販売せざるをえなくなる。実際，加賀電子の成長過程では，そのようにして次第に商権を獲得していったことが確認できる（皆木 2003）。では，もしも，そのサプライヤーが他の流通業者と専属契約を結んでいたらどうなるだろうか。加賀電子は，その流通業者から購入しなければならない。その時，通常のルールでは，一次卸から二次卸が購入するという取引になるはずだ。しかし，加賀電子の立場は，二次卸ではなく，EMS事業者としてユーザーの製造を代行しているのだから，ユーザーと同等になる。製造委託したユーザーがその流通業者と長期的関係によって比較的低価格で取引していたならば，加賀電子にも同じ価格が適用されることになる。しかも，その後，EMS事業者ではなく流通業者の立場で購買する際にも，低価格が適用される可能性は高まる。

　ここで，強調しておきたいのは，加賀電子は，流通業者からEMS事業者に転じたわけではないことだ。EMS事業者というユーザー側に立つことによって得た利点をうまく活用して，中間流通業者としての交渉力を高めることができる。

9.5.2　川上への拡大

　TEDは，ユーザーサポートからオリジナル製品の開発へと，川上に事業ドメインを拡大したことによって競争優位性を高めた。TEDの現状では，ユーザーサポートやオリジナルデバイスそのものからの売上高は少ないものの，それら付加価値の高いメニューをユーザーとサプライヤーの双方に訴求できる。もちろん，培われた技術力は，新たな仕入先としてサプライヤーやファブレスメーカーを選別する際の目利きにも役立つはずだ。川上への事業ドメイン拡大は，半導体産業が次第に成熟を迎える中で，中間流通業者に優位性をもたらす戦略である。

　村山・長田（2007）も，独立系半導体商社のビジネスモデルでは，ユーザーに提供するものは半導体デバイス単品ではなく，半導体デバイス，電子部品，ソフトウエアの組み合わせを提供することに重点が移っていると指摘する。また，本来，メーカーがもつ機能を強化するような役割を担って付加価値を高めることが期待できるとしている。

　TEDの川上への事業ドメイン拡大における具体的な方策は次であった。

① 経営資源が豊富ではない中小規模のユーザーをターゲットに，半導体デバイスの詳細設計をサポートする。

　そして，川上への事業ドメイン拡大の副産物として，次のようなビジネスチャンスを得ている。

② 取引先になっているサプライヤーの事業を共食いしないオリジナル製品を開発する。

9.5.3　拡大しない事業ドメイン

　最後に，川下へも川上へも拡大しない流通業の今後の方向性について考察してみたい。その場合は，経営規模の拡大を志向することになるだろう。新しいサプライヤーの商権獲得とサポート要員の増強のために，中小規模の流通業者を吸収していく。事実，米国のメガ流通業者のAvnetとArrowは，吸収合併により，規模の経済と品揃えの強化を実現してきた。経営規模の拡大をしない場合は川上への拡大をはかるというのが正道だろう。川下へ拡大するには，製造設備を保有する云々やEMS企業との競合があるので，川上へ拡大するほ

うが一般的には障壁は低い。半導体商社は、部品だけではなく、ソフトウエアまで含めたソリューションの提供を求められる環境変化の中にある。品揃えを強化しないのなら、ユーザーサポートの質でもって付加価値を高めるしかない。自社内に開発要員やサポート要員を育成して付加価値を高めていく体制を整えなければ生き残りは難しいだろう。丸文の経営規模はTEDの3倍に満たない。米国のメガ流通業者と比べると、5分の1の経営規模である。戦略転換が迫られる時期にきているのではないだろうか。

9.5.4 終りに

本章は、川上・川下へ事業ドメインを拡大しながら、中間流通業者が競争優位性を高めようとするメカニズムを確認してきた。事業ドメインを拡大することが競争優位性を高める確実な戦略であることまでは検証できていないものの、経営規模が比較的小さいか、経営規模の拡大による規模の経済を志向しない中間流通業者の場合には、その有効性が高いことを明らかにできたと考える。特に、川上も川下いずれの場合も中小規模のユーザーをターゲットにする場合に有効となろう。経営資源の乏しい中小規模のユーザーをターゲットとして、完成品の製造や設計を肩代わりするために川下へ、半導体デバイスの詳細設計をサポートするために川上へ拡大することが競争優位性をもたらす。

今後の研究の課題は山積みである。半導体商社の国際比較や、他業界における中間流通業者の調査を行って、事業ドメインの拡大が起こる諸条件やその有効性を明らかにする必要がある。

〈参考文献〉

Anderson, J. C. and Weitz, B. (1989), "Determinants of continuity in conventional industrial dyads," *Marketing Science*, Vol.8, No.4, pp.310-323.

Anderson, J. C. and Narus, J. A. (1990), "A model of distributor firm and manufacturer firm working partnerships," *Journal of Marketing*, Vol.54 (January), pp.42-58.

Ford, D., Gadde, L-E., Hankansson, H., Lundgren, A., Snehota, I., Turnbull, P., and Wilson, D. (1998), *Managing Business Relationships*, NewYork: John Wiley & sons.

Grove, A. S. (1997), *Only the Paranoid Survive:How to Exploit the Crisis Points That Challenge Every Company*, NewYork: Doubleday. (アンディ・グローブ (1997)『インテル戦略転換』佐々木かおり訳, 七賢出版).

Hankansson, H. and Snehota, I. J. (2000), "The IMP Perspective: Assets and Liabilities of Business Relationships," In J. N. Sheth an A. Parvatiyar (Eds.), *Handbook of Relationship*

Marketing, London: Sage Publications, Inc.
Morgan, R. M. and Hunt, S. D. (1994), "The commitment-trust theory of relationship marketing," *Journal of Marketing*, Vol.58, No.3, pp.20-38.
Ogawa, S. (2000), "Innovations of the convenience-store ordering system in Japan," In M. R. Czinkota and M. Kotabe (Eds.), *Japanese Distribution Strategy*, London: Business Press.
Penrose, E. T. (1959), *The Theory of the Growth of the Fir*. NewYork: Oxford University Press.
Rothwell, R., Freeman, C., Horlsey, A., Jervis, V. T. P., Robertson, A. B. and Townsend, J. (1974). "SAPPHO updated-project SAPPHO phase," *Research Policy*, Vol.3, pp.258-291.
von Hippel, E. (1994). "Sticky information and the locus of problem solving: Implications for innovation," *Management Science*, Vol.40, No.4, pp.429-439.
von Hippel, E. (2005), *Democratizing Innovation*, Cambridge, Massachusetts, The MIT Press.
Wernerfelt, B. A. (1984), "Resource-based view of the form," *Strategic Management Journal*, 5, 17980.
Williamson, O. (1975), *Markets and Hierarchies*, New York: The Free Press.
Williamson, O. (1985), *The Economic Institutes of Capitalism*. New York: The Free Press.
伊丹敬之＋伊丹研究室（1995）『日本の半導体産業　なぜ「三つの逆転」は起こったか』NTT出版。
伊藤宗彦（2005）『製品戦略マネジメントの構築』有斐閣。
大西勝明（1994）『日本半導体産業論』森山書店。
金容度（2006）『日本IC産業の発展史』東京大学出版会。
髙嶋克義, 南智恵子（2006）『生産財マーケティング』有斐閣。
田路則子, 甲斐敦也（2009）「半導体商社の事業ドメイン拡大のメカニズム」『赤門マネジメント・レビュー』東京大学, 8巻5号, pp.29-231。
谷光太郎（2002）『日米韓台半導体産業比較』白桃書房。
皆木和義（2003）『おこぜ流経営学』日経BP企画。
南智恵子（2005）『リレーションシップ・マーケティング』千倉書房。
村山誠, 長田洋（2007）「収益性格差をもたらすビジネスシステムに関する実証研究」『研究技術計画』21(2), pp.183-193.
矢作敏行（1996）『現代流通』有斐閣。

本章は，2009年に『赤門マネジメントレビュー』に掲載された研究ノートを再掲したものである。

（田路則子　甲斐敦也）

第 10 章
購入型クラウドファンディングにおける出資者の出資動機

10.1 クラウドファンディングとは

　近年，従来の金融が果たせていなかった資金調達機能を持ち合わせる，新しい金融が広まってきている．それが本章で取り上げるクラウドファンディングである．クラウドファンディングは，売り手と買い手の間に新たな関係性を構築すると考えられる．クラウドファンディングによって調達される資金は年々増える傾向が続いており，2012 年には約 27 億ドルの資金が全世界のクラウドファンディングによって調達されている（massolution 2013, "2013CF-The Crowdfunding Industry Report"）．

　米国では 2012 年 4 月にベンチャー企業や中小企業がクラウドファンディングを利用して資金調達する際の規制緩和法案が成立した．企業が株式や債券を発行して資金調達をする際，通常は米証券取引委員会（SEC）への情報開示が義務付けられるが，クラウドファンディングによる資金調達ではこうした手続きなしに迅速な資金調達が可能になる．クラウドファンディングをルール整備の上で促進し，中小企業の経営環境を整え，雇用の創出や景気の本格回復につなげるのが，米国政府の狙いである（岩本昌子「米，中小の資金調達促進，小口投資，ネット使用でルール」『日本経済新聞夕刊（2012 年 4 月 6 日版）』）．米国と同様に日本でも，2013 年 6 月，金融庁がクラウドファンディング導入のための検討を始めた．未公開企業の株式にネット経由で個人が直接投資する「投資型クラウドファンディング」を 2014 年にも導入する見込みである．（「新興企業ネットで小口資金　調達上限 1 億円に」『日本経済新聞朝刊（2013 年 6 月 26 日版）』）．このようにクラウドファンディングは中小企業や個人が起案す

るプロジェクトに対し少額の資金調達を可能にするため、既存の金融の補完的役割を果たしていると認識されつつある。そのためには、クラウドファンディングの仕組みの根底にある、そもそもなぜ出資者が資金を出資するのか、すなわち出資者の出資動機の解明が実務的に必要と考える。

　一方、研究を見渡すと、萌芽的なビジネスであるにも関わらず、クラウドファンディングに関する研究が行われている。しかしながら、これらはプロジェクト起案者側の立場に立った議論が中心であり、出資者に関する研究はいまだ少ない。例えば、出資動機についてクラウドファンディングのサイト創設者やマネージャーへインタビューを実施した研究（Ordanini et al. 2011）は、先駆的と言えるものの、調査対象が実際の出資者ではない上に、定量調査による実証的な検証作業も行われていない。そこで本研究では、先行研究と独自のデプスインタビューから導出された出資動機を用い、アンケート調査により定量的に検証する。

10.2　クラウドファンディングの類型

　クラウドファンディングは、寄付型（Donation）、購入型（Reward）、ローン型（Lending）、投資型（Equity）の4つに分類され（Buysere et al. 2012）、それぞれ以下のように定義できる。

　1つ目の寄付型は、資金の出し手に見返りがないという点では従来の寄付と似たタイプであるが、集められた寄付金が特定のプロジェクト運営のために利用されるという点において従来の寄付とは異なる。寄付金の利用目的が極めて特定されているため、資金の出し手は高額な出資もいとわない。

　2つ目の購入型は、出資の見返りが非金銭的なものであり、資金の出し手が製品やサービスを受け取るタイプである。プロジェクト運営のために使う資金を確実に残すため、出資した金額より出資の見返りの価値は低い。それにも関わらず、これらの見返りに対する出資者の価値の認識は、寄付型よりもずっと高い。例えば、特別なVIPチケットなどが見返りになる。見返りは出資金額のレベルに応じて異なる。購入型では、新製品や新サービスをwebサイトで

提示し，それに出資することに興味があるかどうかを人々に尋ねることが可能である。成功すれば，運転資本を集めると同時に，新製品や新サービスの需要を確認することができる。

3つ目のローン型は，銀行のような役割を果たすタイプである。クラウドファンディングのサイトが資金の出し手と借り手の仲介を行い，出資金は最終的に資金の出し手に返金される。ローン型はさらに，ソーシャルレンディング (Social Lending) と P2P レンディング (Peer-to-Peer Lending) に分けられる。ソーシャルレンディングでは，社会的なプロジェクトに対して無利子で貸し付けを行う。P2P レンディングとクラウドファンディングの大きな違いは資金の出し手と借り手が通常はお互いを知らないということである。P2P レンディングにおける出資者の動機は，より高い利子を得ることである。借り手は銀行よりも低い利率で資金を得ることができる。貸し倒れ率の平均は 1 % を下回っており，極めて低いと言える。

4つ目の投資型は，企業がエンジェル投資家や個人投資家から資金を集める代わりに，人々（群衆）から資金を集めようとするタイプである。投資型クラウドファンディングの出資者には，主にプロジェクトの価値観を共有したり，地域貢献につながることを魅力と考えたりしている人がいる。投資型クラウドファンディングは普通の株式と同じような契約を行い，出資者は普通の株式と同じような権利を得る。

10.3 購入型クラウドファンディングの仕組み

本節では，本研究で取り上げている購入型クラウドファンディングの仕組みを説明する。

図 10-1 ① に示す通り，購入型クラウドファンディングはプロジェクト起案者がクラウドファンディングの web サイトにプロジェクトを掲載するところからスタートする。web サイトにプロジェクトが掲載されると，目標金額，募集期間，何を目的として資金を調達するのかなど，プロジェクトの詳細を出資者は知ることができる（図 10-1 ②）。出資者は，クラウドファンディングの

webサイトを通じて出資を表明する（図10-1 ③）。多くのクラウドファンディングでは，all-or-nothing 形式が採用されており，募集期間内に目標金額に達しなかった場合には資金のやり取りは行われないが，募集期間内に資金が目標金額に達した場合は，プロジェクト起案者は資金を受け取ることができる（図10-1 ④）。その際，資金の受け渡しを仲介するクラウドファンディング運営者は募集金額の数%を手数料として受け取る。これがクラウドファンディング運営者の収益となる。資金が集まり，プロジェクトが開始した後は，随時プロジェクトの進捗状況がwebサイトで報告される（図10-1 ⑤）。出資者はプロジェクトの進捗を確認することができる（図10-1 ⑥）。プロジェクトが終わると，出資金額に応じた見返りが出資者に渡される（図10-1 ⑦）。見返りの内容はプロジェクトによってさまざまであるが，通常はそのプロジェクトに関連する製品やサービスが見返りとなる。

　クラウドファンディングにおいて欠かせないのが，ソーシャルメディアによるプロジェクトの情報拡散である。プロジェクト起案者，クラウドファンディング運営者，出資者はもちろんのこと，例え出資をしていなくてもプロジェクトに興味を持った人がソーシャルメディアを通じてプロジェクトの情報拡散を容易に行うことができる。

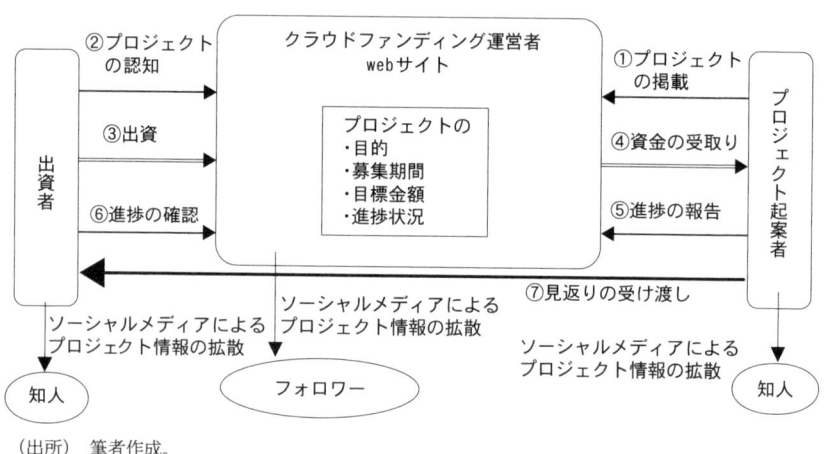

図10-1　購入型クラウドファンディング

（出所）筆者作成。

10.4 クラウドファンディングに関する先行研究

10.4.1 ベンチャー企業によるクラウドファンディングの利用意義

　ベンチャー企業の特徴を論じた研究（Schwienbacher and Larralde 2010）では，クラウドファンディングが小規模なベンチャー企業の資金調達に向いていると主張している。従来，特に小規模なベンチャー企業は資金を得るのが困難であった。なぜなら，潜在的な投資家が出資するか否かを判断するための過去のデータを，小規模なベンチャー企業は保有していないからである。そのため，銀行やエンジェル投資家，ベンチャーキャピタルといった従来の資金調達手段を小規模なベンチャー企業が利用することは難しかった。さらに，ブートストラッピング（外部から資金調達をしない起業）では，キャッシュを生み出すことが最大の関心事となるため，価値を創出することが犠牲になってしまう。これらの点を踏まえると，クラウドファンディングは小規模なベンチャー企業にとって実行可能な資金調達手法となり得る。

10.4.2 購入型クラウドファンディングと投資型クラウドファンディングに対する起業家の選好

　プロジェクト起案者となる起業家がどのような場合に，購入型クラウドファンディングもしくは投資型クラウドファンディングを選好するかを，経済学的な理論モデルを構築して論じた研究（Belleflamme, Lambert and Schwienbacher 2013a）がある。結果として，必要な資金が比較的少額なら起業家は投資型クラウドファンディング（利益分配）よりも購入型クラウドファンディング（プレオーダー）を好み，多額の資金を集めるときは，投資型クラウドファンディングを好むことが明らかになっている。

10.4.3 購入型クラウドファンディングにおけるプロジェクトの成否要因

　モリック（Mollic 2013）は，米国のクラウドファンディングである Kickstarter でこれまで募集されたプロジェクトのデータを用いて定量分析を行い，「目標

金額」,「プロジェクトの質」,「プロジェクト起案者が持つ人的ネットワーク」,「プロジェクト起案者の本拠地」の4つがプロジェクトの成否を左右していることを検証した。また,定量分析を行った研究(Belleflamme, Lambert and Schwienbacher 2013b)では,非営利組織はクラウドファンディングを使った資金調達に成功しやすいことが指摘されている。

10.4.4 クラウドファンディングにおける出資者の出資動機

リスク・リターンの高低と,見返りの種類という基準でクラウドファンディングを3つに分類し,それぞれのグループから1つずつクラウドファンディング(Trampoline, SELLABAND, Kapipal)を選び,それぞれのクラウドファンディングの創設者とマネージャーにインタビュー調査を行った研究(Ordanini et al. 2011)もある。その結果,3つのクラウドファンディングの出資者それぞれの出資動機として,「共感・応援動機」,「社会的投資動機」,「金銭的利益獲得動機」を,また3つのクラウドファンディングの出資者に共通している出資動機として「革新的行動動機」を導出した。

海外の著名なクラウドファンディングであるKickstarter, SELLABAND, IndieGoGoの利用者45名に対するインタビュー調査により,5つの出資動機も明らかにされている(Zhang 2012)。その5つの出資動機とは「共感・応援動機」,「社会的投資動機」,「自尊心充足動機」,「報奨獲得動機」,「互恵関係動機」である。

以上,2つの研究から,クラウドファンディングにおける出資者の出資動機は7つに整理できる。それは,「共感・応援動機」,「社会的投資動機」,「金銭的利益獲得動機」,「革新的行動動機」,「自尊心充足動機」,「報奨獲得動機」,「互恵関係動機」である。

10.5　出資者を対象としたデプスインタビュー

本研究はクラウドファンディングにおける出資動機を定量的に検証することを目的としているが,先行研究では導出されていない出資動機があることも考

えられるため，まずは購入型クラウドファンディングの出資者を対象としたデプスインタビューを行い，さらに出資動機を探ることとした。

10.5.1 調査対象とデプスインタビューの概要

日本の購入型クラウドファンディングでは 2011 年 4 月に READYFOR?が，2011 年 6 月に CAMPFIRE がサービスを開始している。本研究ではアクセス可能性を考慮し，米国で最も成功している購入型クラウドファンディングである Kickstarter と同様のサービスを日本で展開している CAMPFIRE のユーザーを調査対象とした。

CAMPFIRE を運営する（株）ハイパーインターネッツの協力を得て，2012 年 9 月 1 日～11 日の期間中に都内で，CAMPFIRE の出資者 5 名（過去に出資経験が 1 回以上あるユーザー）に対し，1 時間ずつのデプスインタビューを実施した。分析手法はラダリング法を参考にした。対象者の属性は男性 3 名，女性 2 名，年齢は 20 代～50 代である。

10.5.2 社会的投資動機

「社会的投資動機」は，「世の中に役立つことに出資したい」という動機である。インタビューの中で回答者は「自分が出したお金によって世界が変わることは，自分にもメリットがあることだ」と語っている。

10.5.3 報奨獲得動機

「報奨獲得動機」は，「出資の対価となっているモノやサービスそれ自体が欲しいから出資したい」という動機である。インターネットショッピングをしている感覚と類似した感覚ではあるが，「購入できる期間が限られている」という点や，「通常なかなか買えないような，珍しいものを買うことができる」点，さらに「自分のオリジナル仕様の商品・サービスを手に入れることができる」点にも魅力を感じているようである。

10.5.4 共感・応援動機

「共感・応援動機」は，「そのプロジェクトのコンセプトに対して共感するた

め，応援したい」という動機である。特に，プロジェクトの内容が身近なものであると共感しやすいと語っている。また，自分が応援していることがプロジェクト起案者に伝わる点が良いとも感じている。

10.5.5 自尊心充足動機

「自尊心充足動機」は，「プロジェクトを手伝うことに誇りを感じたり，モノ・サービス自体を自慢したりしたい」という動機である。クラウドファンディングでは通常なら流通や広告が難しい，小規模な企業や組織および個人が作り出す製品やサービスを手に入れることができる。そのため，他人が持っていないものを手に入れることが可能となり，それが自尊心を充足することにつながる。また，自分がプロジェクトに出資したことによってそのプロジェクトの製品・サービスが日の目を見ることになったと感じられるため，出資者が誇りを感じることにつながるようである。

10.5.6 スリル選好動機

「スリル選好動機」は先行研究には見られなかった概念で，「プロジェクトが達成するかどうかということにスリルを感じたい」という動機である。まるで馬券を買ったときのように結果がわからないことに対するスリルや，プロジェクトが達成したときの達成感があると語っている。

10.5.7 連帯感動機

「連帯感動機」は先行研究には見られなかった概念で，「そのプロジェクトの一員として一緒にプロジェクトに参加する気分を味わいたい」という動機である。お金を出したことによる縁を感じると語っているが，その縁は時間が経つにつれ徐々に薄まっていく感覚があるとも述べている。

10.5.8 デプスインタビューで明らかになった6つの出資動機のまとめ

デプスインタビューでは6つの出資動機が明らかになった。そのうち先行研究には見られなかった動機は「スリル選好動機」と「連帯感動機」の2つである。「報奨獲得動機」はモノ・サービス自体を手に入れたいという概念である

ため，通常のショッピングの感覚とは大きく異ならない可能性がある。しかし，「社会的投資動機」のように「世の中を変えるお金」と捉えていることや，「共感・応援動機」が「共感するからお金を出す」という行動につながっていることが，クラウドファンディング特有の価値観であると考えられる。

10.6 研究1：購入型クラウドファンディングにおける出資動機の尺度開発

　先行研究およびデプスインタビューから調査票を作成し，クラウドファンディングの出資者に対するアンケート調査を行った。本研究では新たに調査票を作成したため，研究1で探索的因子分析および確認的因子分析を行い，動機の構成概念の信頼性と妥当性を確認する。次に研究2では，研究1で開発した尺度を用い，どの動機が実際の取引やロイヤルティに影響を及ぼしているのかを重回帰分析によって検証する。

10.6.1　アンケート調査概要
　CAMPFIRE を運営する（株）ハイパーインターネッツの協力を得て，CAMPFIRE の出資者に対するアンケート調査を行った。2011年6月〜2012年10月の期間中，CAMPFIRE で1回以上の出資経験がある約1万800人に対し，メール（2回），CAMPFIRE の Facebook ページへの投稿（2回），CAMPFIRE の web サイトへの表示の3通りの方法により，2012年10月29日〜11月6日の期間中，CAMPFIRE のユーザー（1回以上出資した経験がある人）に対して Web アンケートを実施した。有効回答者数は134名，女性が32.1％，男性が67.9％，平均年齢37.4歳（最小値20歳，最大値65歳）であった。調査票には，出資動機に関する設問とロイヤルティを測定する設問を入れた。各設問は，「7：非常にあてはまる」〜「1：非常にあてはまらない」のリッカート尺度（7件法）とした。
　出資動機に関する設問を検討するにあたり，CAMPFIRE のような購入型クラウドファンディングでは見返りが金銭で支払われることはないため，先行研

究で見られた「金銭的利益獲得動機」は調査票から除外した。また，本研究はあくまでも出資者を対象に行う研究であるため，プロジェクト起案者同士がお互いのプロジェクトに出資を行う「互恵関係動機」も調査票から除外した。

ロイヤルティに関する設問は，デプスインタビューの中で「今後も良いものがあればCAMPFIREを利用して出資したい」という意見や「友人にもCAMPFIREというものがあるということを知らせている」などの意見が出ていたため，調査票に入れることとした。ロイヤルティを測定する設問は先行研究（Zeithaml, Berry, and Parasuraman 1996）で使われた設問を参照し，作成した。

10.6.2 探索的因子分析

出資動機に関する設問の回答データを用いて，探索的因子分析を行った後，確認的因子分析を行った。探索的因子分析の因子負荷量は0.4を目安とし，各因子に対する共通性が0.5以上であることを確認した。因子のスクリープロットの固有値が1以上となるため，3因子を採用することとした。

因子1は，「そのプロジェクトが達成することで環境に良い影響を与えると思うからだ」，「そのプロジェクトが達成することで社会全体の幸せにつながると思うからだ」，「そのプロジェクトが達成することで社会的な問題を解決できると思うからだ」に高い因子負荷量を示しているため，「社会的投資動機」であると考えられる。因子2は，「オリジナルなモノやサービスが手に入るから

表10-1 出資動機の概念一覧

構成概念	設問	信頼性 α
社会的投資動機	そのプロジェクトが達成することで環境に良い影響を与えると思うからだ そのプロジェクトが達成することで社会全体の幸せにつながると思うからだ そのプロジェクトが達成することで社会的な問題を解決できると思うからだ	0.886
報奨獲得動機	オリジナルなモノやサービスが手に入るからだ ここでしか手に入らないモノやサービスを手に入れたいからだ 見返りとしてモノ・サービスがもらえるからだ	0.857
共感・応援動機	プロジェクトの目的に共感できるからだ プロジェクトそのものを応援したいからだ プロジェクト起案者の考え方に共感できるからだ	0.813

(出所) 筆者作成。

だ」,「ここでしか手に入らないモノやサービスを手に入れたいからだ」,「見返りとしてモノ・サービスがもらえるからだ」に高い因子負荷量を示しているため,「報奨獲得動機」であると考えられる。因子3は,「プロジェクトの目的に共感できるからだ」,「プロジェクトそのものを応援したいからだ」,「プロジェクト起案者の考え方に共感できるからだ」に高い因子負荷量を示しているため,「共感・応援動機」であると考えられる。

10.6.3 確認的因子分析

確認的因子分析の結果は図10-2の通りである。

これらの尺度の評価として構成概念の信頼性と妥当性を見ていく。信頼性は内部一貫性を評価するため,探索的因子分析で算出したクロンバックのα係数を確認する。全てのαは0.7以上であり,内部一貫性による信頼性は十分である(表10-1)。確認的因子分析で算出したモデルの適合度はCFI＝0.955,GFI＝0.925,AGFI＝0.860,RMSEA＝0.095であり,妥当性が確認された。

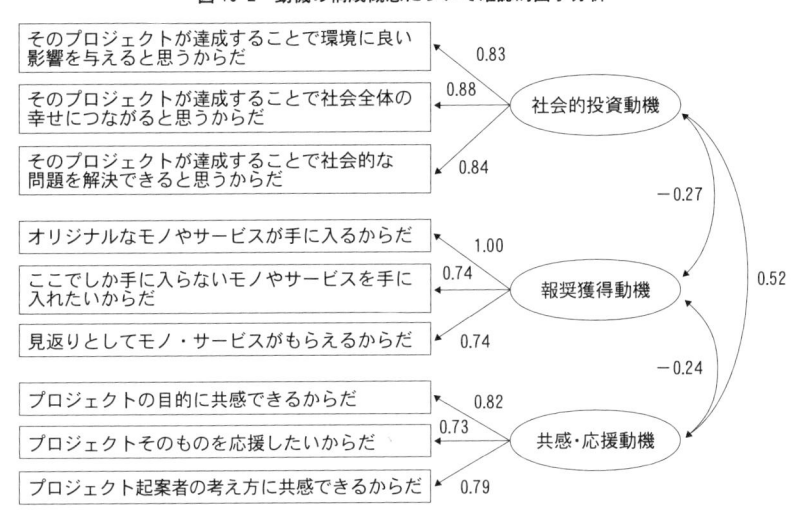

図10-2 動機の構成概念について確認的因子分析

観測変数	負荷量	潜在変数
そのプロジェクトが達成することで環境に良い影響を与えると思うからだ	0.83	社会的投資動機
そのプロジェクトが達成することで社会全体の幸せにつながると思うからだ	0.88	
そのプロジェクトが達成することで社会的な問題を解決できると思うからだ	0.84	
オリジナルなモノやサービスが手に入るからだ	1.00	報奨獲得動機
ここでしか手に入らないモノやサービスを手に入れたいからだ	0.74	
見返りとしてモノ・サービスがもらえるからだ	0.74	
プロジェクトの目的に共感できるからだ	0.82	共感・応援動機
プロジェクトそのものを応援したいからだ	0.73	
プロジェクト起案者の考え方に共感できるからだ	0.79	

潜在変数間の相関:社会的投資動機－報奨獲得動機 ＝ －0.27,社会的投資動機－共感・応援動機 ＝ 0.52,報奨獲得動機－共感・応援動機 ＝ －0.24

(注) 誤差変数は省略した。
(出所) 筆者作成。

収束妥当性は，それぞれの構成概念に対して，全ての項目の標準化係数（因子負荷量）が有意であり，かつ 0.5 以上を超えていることから，妥当性が確認された（Hair et al. 2006）。加えて，AVE（Average Variance Explained）を確認する。すべての構成概念において 0.5 以上を超えていることから，基準を満たしていると言える（Fornell and Larcher 1981）。弁別妥当性（判別妥当性）は，それぞれの構成概念の AVE が因子間相関係数の平方を上回っていることから，その妥当性が確認できた（Fornell and Larcher 1981）。

10.7　仮説の構築

本節では先行研究とデプスインタビューの結果を踏まえ，研究 1 で確認された 3 つの出資動機について研究 2 で検証すべき仮説を構築する。なお，分析データは研究 1 と同一のデータを利用する。

10.7.1　ロイヤルティも含めた構成概念の妥当性の確認

本節ではロイヤルティの構成概念も含めた確認的因子分析を行い，信頼性と妥当性を確認した（紙幅の都合上，モデル図等は省略する）。

10.7.2　実際の取引行動に対する出資動機の影響

デプスインタビューから出資動機の強さが取引行動につながっていると考えられる。実際の取引行動は，「累計出資金額」，「1 回あたりの出資金額」により把握することができる。そこで，研究 1 において検証された 3 つの出資動機，すなわち「社会的投資動機」，「報奨獲得動機」，「共感・応援動機」と実際の取引行動の関係について，仮説 1，仮説 2 を設定する。

　仮説 1：出資動機が強まれば，累計出資金額が増える。
　　仮説 1-1：社会的投資動機が強まれば，累計出資金額が増える。
　　仮説 1-2：報奨獲得動機が強まれば，累計出資金額が増える。
　　仮説 1-3：共感・応援動機が強まれば，累計出資金額が増える。

仮説2：出資動機が強まれば，1回あたりの出資金額が増える。
    仮説2-1：社会的投資動機が強まれば，1回あたりの出資金額が増える。
    仮説2-2：報奨獲得動機が強まれば，1回あたりの出資金額が増える。
    仮説2-3：共感・応援動機が強まれば，1回あたりの出資金額が増える。

10.7.3　出資者のロイヤルティに対する出資動機の影響

　デプスインタビューから出資動機の強さがクラウドファンディング運営者へのロイヤルティにつながると考えられる。研究1で検証された3つの出資動機，すなわち「社会的投資動機」，「報奨獲得動機」，「共感・応援動機」と出資者のロイヤルティの関係について，仮説3を設定する。ロイヤルティは前述の確認的因子分析で妥当性を検証済みの設問，「今後もCAMPFIREでプロジェクトを支援しようと思っている」，「CAMPFIREを家族・友人・知人に勧めたいと思う」，「CAMPFIREを家族・友人・知人に教えたいと思う」への回答の平均値を用いる。

仮説3：出資動機が強まれば，出資者のロイヤルティは高まる。
    仮説3-1：社会的投資動機が強まれば，出資者のロイヤルティは高まる。
    仮説3-2：報奨獲得動機が強まれば，出資者のロイヤルティは高まる。
    仮説3-3：共感・応援動機が強まれば，出資者のロイヤルティは高まる。

10.8　研究2：実際の取引行動および出資者のロイヤルティに対する出資動機の影響

10.8.1　重回帰分析

　コントロール変数として，性別（男性＝1，女性＝2），年齢，初回出資日からの経過日数，従来型金融商品の購入経験（購入経験なし＝0，購入経験あり＝1）を入れ，重回帰分析を行った。各出資動機は，その動機を構成する3つの設問の平均値を算出し，独立変数として用いた。分析結果は表10-2の通りである。

200　第4部　新たなる関係性

表10-2　出資動機の影響

	累計出資金額	1回あたり出資金額	ロイヤルティ
	標準化係数 (t値)	標準化係数 (t値)	標準化係数 (t値)
社会的投資動機	0.133 (1.394)	-0.047 (-0.478)	0.275 (3.164) **
報奨獲得動機	0.199 (2.237) *	0.194 (2.104) *	0.349 (4.320) ***
共感・応援動機	0.137 (1.432)	0.154 (1.540)	0.258 (2.955) **
初回出資日からの経過日数	0.275 (3.366) **	-0.123 (-1.447)	0.100 (1.343)
金融商品購入経験	0.044 (0.497)	0.022 (0.241)	0.022 (0.277)
性別	-0.051 (-0.592)	-0.129 (-1.429)	0.121 (1.525)
年齢	0.110 (1.264)	0.088 (0.972)	-0.273 (-3.438) **
自由度調整済み R^2 (F値)	0.115 (3.465) **	0.0432 (1.857) +	0.266 (7.877) ***

（注）　+p<0.10；*p<0.05；**p<0.01；***p<0.001
（出所）　筆者作成。

10.8.2　仮説検証

仮説とその検証結果は表10-3の通りである。

表10-3　仮説とその検証結果

仮説	検証結果
仮説1-1：社会的投資動機が強まれば，累計出資金額が増える。	棄却
仮説1-2：報奨獲得動機が強まれば，累計出資金額が増える。	**支持**
仮説1-3：共感・応援動機が強まれば，累計出資金額が増える。	棄却
仮説2-1：社会的投資動機が強まれば，1回あたりの出資金額が増える。	棄却
仮説2-2：報奨獲得動機が強まれば，1回あたりの出資金額が増える。	**支持**
仮説2-3：共感・応援動機が強まれば，1回あたりの出資金額が増える。	棄却
仮説3-1：社会的投資動機が強まれば，出資者のロイヤルティは高まる。	**支持**
仮説3-2：報奨獲得動機が強まれば，出資者のロイヤルティは高まる。	**支持**
仮説3-3：共感・応援動機が強まれば，出資者のロイヤルティは高まる。	**支持**

（出所）　筆者作成。

10.9　購入型クラウドファンディングの出資動機に関する考察

　研究1の探索的因子分析および確認的因子分析の結果，購入型クラウドファンディングの出資動機は「社会的投資動機」，「報奨獲得動機」，「共感・応援動機」であることが確認された。「自尊心充足動機」，「スリル選好動機」，「連帯感動機」，「革新的行動動機」は抽出できなかった。重回帰分析の結果，累計出資金額と1回あたりの出資金額では，「報奨獲得動機」のみが影響を及ぼしているが，一方，出資者のロイヤルティには「報奨獲得動機」だけではなく，「社会的投資動機」および「共感・応援動機」が影響を及ぼすことが明らかになった。

　すべてに影響を与えている「報奨獲得動機」とは，「出資の対価となっているモノやサービスそれ自体が欲しいから出資したい」という動機である。クラウドファンディング特有の動機と言うよりも，むしろ一般的なモノやサービスの購入と同様の動機であると考えられる。つまり大胆に言えば，クラウドファンディングをショッピングとして捉えているとも言える。一方，出資者のロイヤルティには，「社会的投資動機」と「共感・応援動機」も影響を及ぼしているのは非常に興味深い結果である。「社会的投資動機」は「世の中に役立つことに出資したい」という動機であり，「共感・応援動機」は「そのプロジェクトのコンセプトに対して共感するため，応援したい」という動機である。顧客のロイヤルティは企業の長期的な利益に結び付くと主張する研究（Reichheld 1996; 2001; 2006）もある。したがって，クラウドファンディングにおいては，「社会的投資動機」や「共感・応援動機」も喚起するプロジェクトを取り扱うことが，出資者のロイヤルティを高めることにつながり，クラウドファンディング運営者の長期的な利益に結び付くと考えられる。

10.10　本研究の意義と今後の課題

　本研究は，クラウドファンディングにおける出資者の出資動機について，デ

プスインタビュー，アンケート調査を通して実証的に明らかにすることを目的とし，クラウドファンディングの出資動機の尺度開発や，それぞれの動機が実際の取引行動および出資者のロイヤルティに影響を与えているのかを解明した。

　理論的貢献としては，クラウドファンディングの出資動機を定量的に検証したことである。クラウドファンディングに関する先行研究は少なく，特に出資者の出資動機に関する研究は定性的な事例研究にとどまっていた。本研究では，先行研究と独自のデプスインタビューから導出された出資動機を，アンケート調査により定量的に検証した。その結果,「社会的投資動機」,「報奨獲得動機」,「共感・応援動機」が出資動機の尺度となることと，実際の取引行動やロイヤルティの規定因となる出資動機が何かということが明らかになった。

　実務的貢献としては，出資動機と実際の取引行動およびロイヤルティとの関係が検証したことである。日本でのクラウドファンディングは2011年にサービスが始まったばかりであるが，今回明らかになった出資動機を喚起するようなマーケティング施策をクラウドファンディング運営者が展開すれば，日本におけるクラウドファンディングの利用者数が増え，従来の金融では行き届かなかった小規模な企業や個人に資金調達をすることが可能になる。その結果，クラウドファンディングが日本経済を活性化する一助となると考える。また本研究では,「報奨獲得動機」が累計出資金額，1回あたりの出資金額，出資者のロイヤルティに影響を与えることが見出された。実務的な観点からすると，出資の見返りをいかに魅力的なものに設定するか，いかに魅力的に見せるかということが，プロジェクト起案者とクラウドファンディング運営者の両者にとって重要であると言える。また，ロイヤルティは企業の長期的な利益に結び付くとされているが，「社会的投資動機」と「共感・応援動機」が出資者のクラウドファンディング運営者に対するロイヤルティにプラスの影響を与えることも判明した。出資者が1回限りの利用ではなく，繰り返しそのクラウドファンディングで出資したり，友人・家族にそのクラウドファンディングを推奨したりという行動をとるよう促進するには，「社会的投資動機」や「共感・応援動機」も喚起するプロジェクトを取り扱うと効果的であると考えられる。

　本研究の課題としては，重回帰分析では，自由度調整済み R^2 が十分高いと

は言えない結果となったことが挙げられる。とりわけ，1回あたりの出資金額の値が低い。調査分析方法のさらなる精緻化が必要と言える。

〈参考文献〉

Belleflamme, P., T. Lambert and A. Schwienbacher (2013a), "Crowdfunding: Tapping the Right Crowd," *Journal of Business Venturing, Forthcoming*. Available at SSRN. Retrieved September 8, 2013 from the World Wide. http://ssrn.com/abstract=1578175

Belleflamme, P., T. Lambert and A. Schwienbacher (2013b), "Individual Crowdfunding Practices," *Venture Capital: An International Journal of Entrepreneurial Finance, Forthcoming*. Available at SSRN. Retrieved September 8, 2013 from the World Wide. http://ssrn.com/abstract=2151179

Buysere, K. D., O. Gajda, R. Kleverlaan and D. Marom (2012), "A Framework for European Crowdfunding," 1st ed., Retrieved September 8, 2013 from the World Wide. http://www.crowdfundingframework.eu/index.html

Mollick, E., "The dynamics of crowdfunding: An exploratory study," *Journal of Business Venturing* (2013). Retrieved September 8, 2013 from the World Wide. http://dx.doi.org/10.1016/j.jbusvent.2013.06.005

Ordanini, A., L. Miceli, M. Pizzetti, A. Parasuraman (2011), "Crowd-funding: transforming customers into investors through innovative service platforms," *Journal of Service Management*, Vol.22, pp.443-470.

Schwienbacher, A. and B. Larralde (2010), "Crowdfunding of Small Entrepreneurial Ventures," *HANDBOOK OF ENTREPRENEURIAL FINANCE*, Oxford University Press, Forthcoming. SSRN. Retrieved September 8, 2013 from the World Wide. http://dx.doi.org/10.2139/ssrn.1699183

Zhang, Y. (2012), "An Empirical Study into the Field of Crowdfunding," Lund University, master thesis.

〈参考資料〉

CAMPFIRE ホームページ　http://camp-fire.jp/ （2013年9月8日アクセス）
crowdsourcing.org ホームページ　http://www.crowdsourcing.org/ （2013年9月8日アクセス）

（小南　陽子）

終章
消費者行動とリレーションシップ・マーケティング

1 エクスチェンジからリレーションシップへの意味

　すでに序章において，リレーションシップという概念が生まれた背景について詳細な経緯が述べられた。ここでは，市場における具体的な行為主体に焦点を当てながら，今一度，リレーションシップのもつ意味を考えてみる。

　図終-1 は，行為主体 A と行為主体 B に焦点をあてた，エクスチェンジとリレーションシップの関係を示している。バゴッチ（Bagozzi 1975）の著名な論文"Marketing as Exchange"に代表されるように，マーケティングの根底にはエクスチェンジ（交換）概念があるという認識が久しく続いていた。この認識のもとでは，行為主体 A と行為主体 B が，互いに望ましい状態を実現できるようにエクスチェンジを通じた取引（transaction）が想定される（Kotler and Armstrong 1994）。両者に納得のいくエクスチェンジが実現できれば，初回のエクスチェンジ 1 が成立する。また同様な交換機会に，同じようなエクスチェンジを通じた取引が実現できれば，次のエクスチェンジ 2 が成立する。こうして交換機会の訪れるたびに，エクスチェンジ 3，……，エクスチェンジ X という流れができあがる。

　当然のことながら，エクスチェンジが継続的に行われるためには，行為者 A と行為者 B の両者が互いに相手を尊重し，認め合いながら，互いに納得のいく状態が実現されなくてはならない。仮に，どこかのエクスチェンジにおいて，どちらかが納得のいかない状態になれば，それ以降のエクスチェンジは継続されなくなる。

　不確実性に満ちた市場においてエクスチェンジを行う場合，尊重できる交換

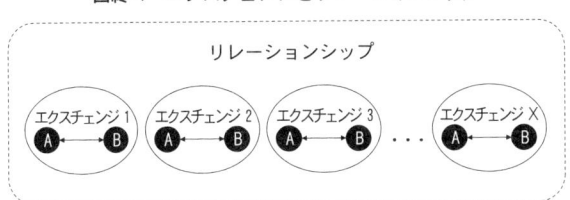

図終-1　エクスチェンジとリレーションシップ

（出所）　筆者作成。

相手を見つけ出すことはそれほど容易ではない。交換相手を信じながらも，裏切られるということは日常茶飯事であろう。無論，相手方とて同じなのかもしれない。自由な行為の許される市場では，日和見主義的な行為が蔓延している。このような市場の性格を考えると，市場において適切な交換相手を探し出すということ自体，かなりのコストやエネルギーを消費することになる。

　尊重できないまでも，認めることはできそうな交換相手を見つけることができれば，この交換相手としばらくの間付き合ってみようという考えが出てくる。恐らく，次も裏切らないであろうという期待である。エクスチェンジ 1 からエクスチェンジ 2 へ，そしてエクスチェンジ 3 へといったステップである。このような形で，同じ交換相手との安定したエクスチェンジが成立していけば，市場において新たな交換相手を探し出すというコストやエネルギーを削減することができる。また，新たな交換相手に変更した場合のリスクも回避することができる。同じ交換相手が，毎回期待通りに納得のいく状態を保証してくれるならば，次の交換機会への期待となる信頼性や安心感も生じてくるであろう。こうした信頼性や安心感からもたらされる好意や愛着といったものも派生的に生じるであろう。

　同じ交換相手とエクスチェンジし続けることにより，市場における取引のもつリスクを大幅に削減することが可能になり，安定した取引から生み出される信頼感や安心感に基づく好意や愛着が熟成される。一度きりのエクスチェンジに着目するよりも，むしろ毎回のエクスチェンジが安定的に行われる状況，あるいはこうしたエクスチェンジが継続的に埋め込まれる背景や文脈となる概念が模索され始めた。そして登場してきたのが，リレーションシップ（関係性）

という概念である。

期待された概念は，リレーションではなく，リレーションシップである。両者の違いとなる「シップ」には，「スポーツマンシップ」などに見られるように，そこに精神性というものが込められている。すなわち，関係に込められる精神性，これがリレーションシップであると考えられる。エクスチェンジからリレーションシップへのマーケティング・パラダイムの大きなシフトには，単なる交換という行為から，交換行為の継続性を包含する精神性をも考慮すべきだという意味が込められているのである。

2　関係性対象に対する消費者行動研究の視点

現在の消費者行動研究は，さまざまな視点から消費者にアプローチしている。ここでは，個人としての消費者に焦点をあてた消費者情報処理アプローチに依拠しながら，議論を進めていくことにする。また，リレーションシップのあり方を考察するために，リレーションシップが生み出される対象を関係性対象として捉え，関係性対象と反応モード，関係性対象と反応モードのレイヤーという視点を提示する。

2.1　関係性対象と反応モード

ギリシャ哲学以来，人間行動を理解する際に「知・情・意」という3つの重要な要因が指摘されてきた。消費者行動研究では，この流れを受けた反応モードという考え方に立ち，「知」を認知のモード，「情」を態度（感情）のモード，「意」を行動（購買）のモードとして捉えている（「意」は厳密に言えば行動ではないが，行動の直前に，行動を強く導いていく行動の意図として捉えられており，行動の代理変数としての意味をもつと考えられている。敢えて，行為の「為」としても差し支えないだろう）。

消費者行動を理解するためには，これら3つの反応モードを基点として捉えておく必要がある。それも，各反応モードをそれぞれ個別に捉えるだけではなく，反応モード間の関係のあり方についても捉えておかなければならない。し

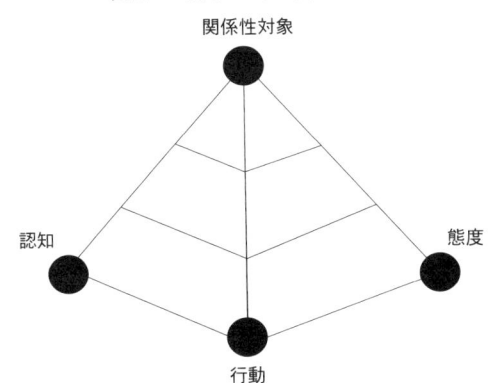

図終-2　反応モードと関係性対象

（出所）筆者作成。

たがって，消費者と関係性対象との間に想定される，それぞれの反応モードである「認知」「態度」「行動」と，これら3つの反応モード間の関係のあり方を考察していかなければならないのである。

図終-2は，反応モードと関係性対象との関係のあり方を示している。各反応モードを基点として，関係性対象との間に想定される関係には，いくつかの水準が考えられる。認知のモードであれば，単なる関係性対象の認知（awareness）もあれば，関係性対象に対する連想（association）もある。さらには，連想から生み出される認知的な意味（meaning）も想定されるべきであろう。態度のモードであれば，軽い気分（mood）もあれば，激しい生理的感覚を伴う情動（emotion）もある。また，関係性対象への単なる好意もあれば，粘着性を強くもつ愛着（attachment）といった深い水準も想定されるべきであろう。行動のモードであれば，トライアル購買からリピート購買へと深化していく過程に，いくつかの水準を仮定することも可能である。さらには，既に意識を伴わずに身体だけが覚えている状態としての単なる反応（response）の水準まで想定されるべきであろう。このようにして，それぞれの反応モードと関係性対象との間に想定される水準という視点から，関係性のあり方を考察していくことが可能になる。

2.2 関係性対象と反応モードのレイヤー

次に重要となるのは，各反応モード間の関係である。一般によく知られているのは，消費者の関与状況を考慮した以下のような関係である。高関与状況では，認知に基づく態度が形成され，この態度に基づいた行動が生起される。低関与状況では，認知に基づく行動が生起され，その行動を通じて態度が形成される。さらには，帰属の過程により，行動後に形成された態度の原因を帰属的に認知に求めることもある（Wells *et al.* 2003）。

ここでは，3つの反応モードが関係性対象を主軸とした階層的なレイヤーをなしていると想定し，レイヤー間の関係として捉えてみる。図終-3は，反応モードのレイヤーを図式化したものである。上層部に行動レイヤー，深層部に認知レイヤー，そしてその中間層に態度レイヤーを示している。また，各レイヤーにおいて，購買プロセスを事前購買過程，購買過程，事後購買過程に識別して，それぞれの過程において黒丸で表した関係性対象との顧客接点（恩蔵他 2009）があることを示している。それぞれのレイヤーの各過程において，関係性対象との間に顧客接点を通じたリレーションシップが形成される可能性があることが理解できるであろう。

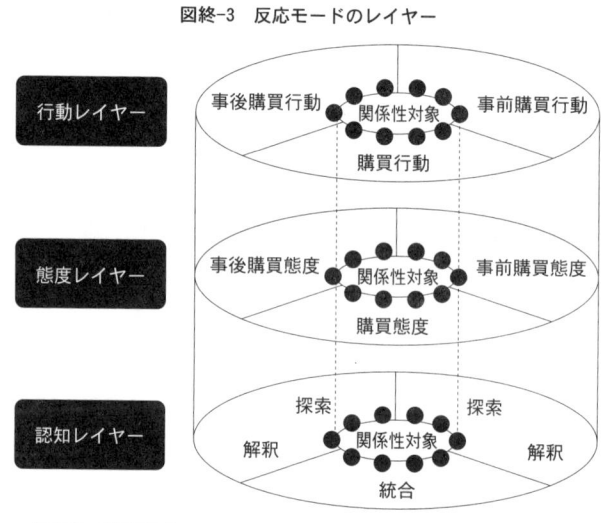

図終-3 反応モードのレイヤー

（出所）筆者作成。

唯一観察可能な行動のモードを行動レイヤーとして捉え，関係性対象をめぐる購買行動という視点に立つと，関係性対象と事前購買行動，関係性対象と購買行動，関係性対象と事後購買行動という3つの側面に分けられる。この行動レイヤーの3つの側面をベースにして，その深層部に位置づけられる態度レイヤーと認知レイヤーの具体的な内容を考えてみよう。

態度レイヤーにおいて，最初の事前購買行動の過程では，事前購買態度のあり方を理解する必要がある。ここでは，関係性対象と事前購買態度との関係を考えてみる。まず，関係性対象へのトライアル購買であれば，焦点が当てられるのは態度の形成側面であろう。多属性態度モデルに示されるような積み上げ形式や，カテゴリーベース処理に見られるような転移形式で，新たな態度が形成されるであろう（新倉 2005）。また，リピート購買であれば，過去に形成された態度が再生されるであろう。すなわち，記憶された態度の重要性である。さらに，反応的な購買であれば，感情参照的なヒューリスティクス（affect referral heuristics）がとられ，関係性対象に対する態度のもつ粘着的な機能の側面が重要となるであろう。次の購買行動の過程では，購買を支援する形の購買態度が重要性をもつ。評価基準や判断基準として機能する態度の知識的側面が重要となるであろう（Lutz 1991）。最後の事後購買行動の過程では，購買後の使用や消費の経験を踏まえた事後購買態度に焦点があてられる。いわゆる，購買後の事後的な評価とされる「満足」という概念が重要性をもち始める。序章でも述べられているように，顧客満足概念には，認知的評価と感情的評価が含まれているが，この態度レイヤーでは，感情的評価としての満足ということになる。また，次回の購買を考慮すると，「ロイヤルティ」という概念も重要度が増してくる。序章にもあるように，ロイヤルティは行動側面と態度側面が考えられているので，ここでは「それが好きだから買う」となる態度側面からのロイヤルティということになる。さらに，関係性対象との一体感や共鳴という粘着質をもつ「愛着」という概念も重要となる。

認知レイヤーでは，消費者情報処理モデルに示される具体的な情報処理作業が展開される（青木他 2012）。事前購買行動の過程では，購買行動に至るまでの関係性対象に対する情報の探索や，その探索に伴う解釈が行われる。トライアル購買であれば，その分リスクを知覚して，広範囲の念入りな探索がなされ

るであろうし，探索された情報の解釈も慎重になるであろう。リピート購買であれば，前回の関係性対象の存在を認知することができれば事足りるわけであり，情報の探索や解釈のウェイトは，トライアル購買よりも少なくなるであろう。反応的な購買であれば，いつもの購買対象となる関係性対象の単なる同定だけが，認知上では必要となるであろう。購買行動の過程では，事前に探索や解釈がなされた関係性対象に対する様々な情報の統合化が試みられるであろう。この統合化には，購買意思決定の評価ルールである様々なヒューリスティクスが想定されており，動機づけ (motivation)，能力 (ability)，処理機会 (opportunity) といったMAO要因に影響されながら，適切なヒューリスティクスが用いられる。事後購買行動の過程では，認知的不協和的な側面からの不安感を反映して，購買意思決定に対する解釈がなされるであろう。認知面で納得できる理由を探索することや，納得できない理由を意図的に回避することもあるであろう。これらは，満足形成における認知的評価の側面である。

　行動レイヤーの深層部で展開される態度レイヤーと認知レイヤーにおける関係性対象との接点を通じた情報処理が，いかにして行われているかを把握することが，リレーションシップのあり方を理解する第一歩であると考えられる。リレーションシップのもつ精神性は，態度レイヤーと認知レイヤーと，そこで展開される具体的な情報処理を把握することによって，理解することができるのである。

3　消費者とリレーションシップ

3.1　消費者と関係性対象とのつながり

　消費者と関係性対象とのリレーションシップを考えるには，消費者の何が，関係性対象とどのように，つながっているかを理解する必要がある。消費者の何に該当するのは，既に述べた反応モードがひとつの切り口になる。消費者の認知，消費者の態度，消費者の行動という3つのモードが，関係性対象とのつながりをもつのである。そして，これら3つのモードが，どのようなつながりをもつかは，それぞれの反応モードにおいて，具体的にどのような形で関係性

対象とつながりをもつかを理解することによって明らかになると考えられる。

　つながりを考えるためのひとつの道具立てとなるのは，消費者の認知モードに関する理解である。特に消費者の認知を規定する記憶メカニズムが重要な鍵を握っている。消費者情報処理アプローチでは，消費者の記憶メカニズムは，記憶の二重貯蔵モデルをベースとして捉えられている。作業記憶と長期記憶という2つの情報貯蔵庫を仮定して，外部情報を符号化して内部情報として貯蔵し，必要に応じて検索するというメカニズムである。

　図終-4は，複数記憶システム論と関係性対象を示している。タルビング（1991）と太田（1994）の提唱する複数記憶システム論によると，長期記憶は複数の記憶システムから構成されていると考えられる。図の最上位に位置するのは，顕在記憶とされるエピソード記憶であり，時間的・空間的に定位された出来事（エピソード）に関する記憶である。消費者個人がもつ個別の出来事に関する経験を踏まえた具体的な記憶である。エピソード記憶以外は，潜在記憶として分類される。一次記憶とは，作業記憶（以前は記憶の保持時間が強調されたために，短期記憶とも呼ばれていた）のことであり，長期記憶の一部分が一時的に活性化されたものである。要するに，長期記憶から検索された情報が作業記憶上に活性化されている状態である。意味記憶とは，長期記憶に貯蔵された意味をもつあらゆる記憶である。経験を通じた学習によって獲得した世の中に関して知りうるすべてのことが，意味記憶として貯蔵されている。知覚表象システムとは，対象に対する意味が形成される前の知覚的・感覚的な表象と

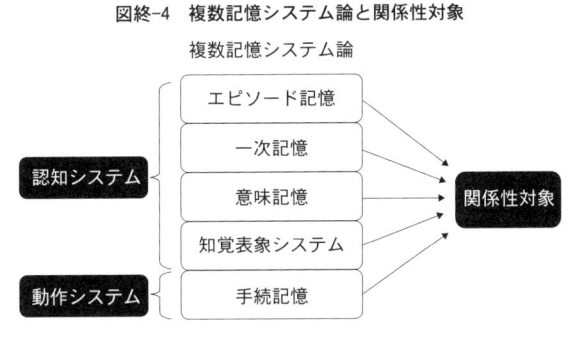

図終-4　複数記憶システム論と関係性対象

複数記憶システム論

認知システム ─┬─ エピソード記憶
　　　　　　　├─ 一次記憶　　　　　　　　┐
　　　　　　　├─ 意味記憶　　　　　　　　├→ 関係性対象
　　　　　　　└─ 知覚表象システム　　　　┘
動作システム ─── 手続記憶

（出所）　タルビング（1991）・太田（1994）を基に筆者作成。

しての記憶である。表象（representation）とは，認知表象や記憶表象としてよく用いられるイメージ像のことである。対象に対する意味が付与される前の段階でも，知覚的・感覚的なレベルにおいて，こうしたイメージ像としての記憶をもつのである。手続記憶とは，言葉にならない手続きや方法としての記憶である。言語化が不可能な深いレベルにおいても記憶がなされているのである。

　図の左側には，認知システムと動作システムの識別が示されている。エピソード記憶から知覚表象システムまでは認知システムであり，手続記憶だけが動作システムとして考えられている。反応モードという視点から捉え直してみると，認知システムは認知モード，動作システムは行動モードとなる。

3.2　認知モードと行動モードでのつながり

　図の右側には，それぞれの記憶と関係性対象をつなぐベクトルが示されている。ここからは，消費者の認知モードと行動モードが複数の記憶システムを媒介にして，関係性対象とつながっている可能性があると理解できるであろう。まずは，認知モードから考察していく。関係性対象とのつながりが，エピソード記憶を媒介にしているときには，時間的かつ空間的に定位されたエピソードのなかに関係性対象が埋め込まれていると考えられる。エピソードを構成する様々な認知要素が記憶のなかに埋め込まれており，そのなかの1つが関係性対象となる。そうした状況で，エピソードと関係性対象に焦点をあてるならば，両者をつなぐ認知要素がどのように結ばれているかを理解する必要があるだろう。また，エピソードが展開される時間的な流れや空間的な移り変わりといった，時間軸や空間軸を想定しながら，両者と両者をつなぐ認知要素の役割を把握していく必要があるだろう。

　関係性対象とのつながりが，一次記憶を媒介にしているということは，作業記憶上で関係性対象が処理されている状態を示している。ここでは，リハーサル（rehearsal）やチャンキング（chunking）といった情報の維持や精緻化が行われるため，関係性対象がこのときに様々な形に加工される。したがって，リレーションシップの具体的なあり方の1つは，この作業記憶での加工のされ方に決定づけられるのである。

　関係性対象とのつながりが，意味記憶を媒介しているとき，関係性対象に何

がしかの意味づけがなされているのである。長期記憶に貯蔵されている意味記憶は，具体的なものから抽象的なものまで様々な概念を多数含んでおり，これらが具体的にどのようにつながっているかを詳細に理解する必要がある。ブランドリレーションシップの議論のなかで繰り返し強調されるブランドの意味（青木 2011）のあり方は，この媒介要因となる意味記憶との関係のなかで見いだせるのであろう。

　関係性対象とのつながりが，知覚表象システムを媒介しているということは，関係性対象に対する知覚や感覚のレベルでのつながりを意味している。例えば，パッケージの形状や色，あるいはパッケージに付されたロゴマークなど，関係性対象を同定するものとのつながりである。知覚表象システムは，関係性対象が意味記憶と結びつく以前の段階で，関係性対象が関係性対象であるか否かという識別や同定の判断をする際にはたらく記憶である。したがって，これが適切に機能しないと，間違った関係性対象との間につながりができてしまう可能性がある。

　関係性対象とのつながりが，手続記憶を媒介しているときは，関係性対象に対する反応的な行動としてつながっている可能性が考えられる。反復的な購買や使用を経験することにより，購買の手続きや使い方といった手続記憶が形成・蓄積され，その購買や使用の機会や状況が訪れるたびに，意識的な認知モードではなく，無意識的に実行される反応的な行動が生起すると考えられる。いわば，経験や体験に根ざした「身体の覚え」による行動モードでのつながりが形成されるのである。

3.3　態度モードでのつながり

　関係性対象のつながりをもつ残りのひとつは消費者の態度である。既に述べたように，態度のモードには，軽い気分，激しい情動，単純な好意，強い粘着性をもつ愛着など，様々な感情が含まれる。「何となく気持ちいい」というように，関係性対象が特定化されないこともあるが，ここでは消費者とリレーションシップを考察しているので，関係性対象が特定化される状況を想定する。関係性対象を特定化するということは，すなわち，関係性対象を認知するということが前提にあり，認知モードの重要性が再認識される。

図終-5は，関係性対象の認知的な位置づけを示している。関係性対象の認知を中心に置き，この認知を規定する4つの重要な情報が示されている。自己，他者，感情，コンテクストという情報である。ここでは，これら4つの情報から，関係性対象の認知について考えていく。

まず，関係性対象の認知の左右に位置する自己と他者を結ぶ1つの次元を想定すると，これは「社会」の軸として考えられる。関係性対象の認知は，1つはこの社会軸の上に位置づけられる。要するに，自己と他者の間のどこに関係性対象が位置づけられるかである。関係性対象の位置が自己側に寄っていれば，いわゆる「自分ごと」として強くコミットしている状態である。このときに，自己概念が強く触発されていれば，超高関与な状態となることが予想されるであろう。また，自己のもつ究極的価値との結びつきを考えると，関係性対象が自分を自分足らしめるためのものであるかどうかという判断がなされるであろう（井上 2011）。

関係性対象が他者側に寄っていれば，「仲間ごと」や「世の中ごと」としてコミットしている状態である。この際に，純粋に仲間や世の中の目を気にしてコミットする場合もあれば，仲間や世の中に投影される自分に対してコミットするという社会を通じた自己，すなわち，社会的自己のようなことも考えられ

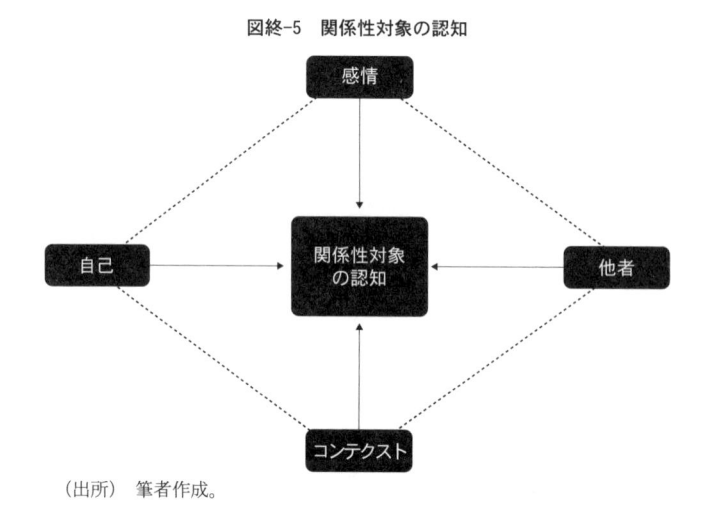

図終-5 関係性対象の認知

（出所）筆者作成。

る。したがって，この社会軸上での関係性対象の認知は，自己と他者という2つの情報圧力のバランスにより位置づけられると考えられる。

　次に，関係性対象の上下に位置する感情とコンテクストを結ぶ1つの次元を考えると，「場と雰囲気」に関わる「空気」の軸と考えられる。この空気軸の意味は，コンテクストである状況や場所と消費者の感情が結びついていることを示している。同じように認知される関係性対象であっても，コンテクストの違いにより，異なった感情が付与される可能性があるからである。態度モードでのつながりを考えるときには，1つはコンテクストと結びついた感情的側面からのつながりを考慮しなくてはならない。

　コンテクストとなるのは，既に述べた反応モードのレイヤーのなかに示された関係性対象との顧客接点である。事前購買過程，購買過程，事後購買過程の3つのプロセスの至る所で，関係性対象との間に接点が見いだせる。さらには，行動レイヤーの深層部で展開される，態度レイヤーと認知レイヤーにも同様な3つのプロセスがあるので，これらのレイヤーにおいても関係性対象との間に顧客接点が存在していることを理解しなくてはならない。

　もう1つ考えられる態度モードでのつながりは，社会軸を考慮したつながりである。これまでのリレーションシップに関する多くの議論では，消費者個人が，どのように関係性対象との間で感情的な絆となるリレーションシップを形成しているかが問われてきた。図で説明すると，左側にある自己という情報と上側にある感情という情報が，関係性対象の認知を規定していると考えることができる。ここで社会軸を想定するならば，自己，他者，そして感情という情報が，関係性対象の認知を規定していくなかで，消費者個人としての自己をさらに超えた他者との対応づけを考慮した感情の影響を考えることができる。こうした社会的側面をも考慮した態度モードでのつながりの考察も必要であろう。

4　関係性対象とリレーションシップ・マーケティング

　最後に，認知される関係性対象について述べながら，リレーションシップ・マーケティングについて考察していく。

関係性対象となりうるものは，消費者が認知できるものであれば，その可能性があるはずである。リアル空間からバーチャル空間まで，また具体的な対象から抽象的な対象まで，消費者が認知できさえすれば関係性対象になりうるであろう。マーケターの立場であれば，消費者に認知してもらいたいのは，スタイル，ブランド，製品カテゴリー，属性，特性という情報であろう。例えば，ファッション雑誌であれば，その誌名をアイデンティファイアとした雑誌ブランドとして，その雑誌ブランドが伝えたいお洒落なファッションスタイル，これらを構成する具体的なアイテムとなる製品カテゴリーや個別のファッションブランド，さらには製品カテゴリーやファッションブランドのもつ特徴的な属性や特性というものを認知させたいはずである。

マーケティング・リレーションシップを念頭に置いた場合，関係性対象としてよく議論されるのはブランドであろう。ここでは，関係性対象としてのブランドを取り上げて，リレーションシップのあり方を考えていくことにする。

4.1 ブランド価値の構造

ブランドとのリレーションシップにおける議論の対象は，ブランド価値である。和田（2002）は，ブランド価値を語るなかで，ブランド価値の類型とそれらの構造について述べている。ブランド価値は，基本価値，便宜価値，感覚価値，観念価値に類型化され，基本価値をベースにして，順次その上に重ねられる階層構造を仮定した逆ピラミッド型の構造を提示している。逆ピラミッド型の構造が意味しているのは，消費者にとっての価値の重要性が上層にいくほど大きいからである（和田（1998）も参照されたい）。

基本価値とは，ブランドがカテゴリーそのものとして存在するためになくてはならない価値であり，そのブランドの必要条件となる。便宜価値とは，消費者が当該ブランドを便利にたやすく購買・消費しうる価値である。感覚価値とは，購買や消費にあたって，消費者に楽しさを与える価値や五感に訴求する価値である。観念価値とは，ヒストリー性やシナリオ性，ストーリー性や文化性といった意味や解釈が付されたブランド価値である。

青木（2011）は，これらの価値について，基本価値を機能的価値，感覚価値を快楽的価値，観念価値を意味的・象徴的価値でもあるとしながら，基本価値

図終-6　ブランド価値の構造経路

（出所）　筆者作成。

（機能的価値）と便宜価値は，効用を提供し信頼を築く製品力の部分であり，感覚価値（快楽的価値）と観念価値（意味的・象徴的価値）は，感動を生み出し，絆を築くブランド価値の部分であると示している。

4.2　ブランド価値の構造経路

　ケラー（2003）は，顧客ベースのブランド・エクイティ・ピラミッドを提示するなかで，ブランドにおける2つの価値経路を論じている。一方は理性的で実用的な経路であり，もう一方は感性的で非実用的あるいは趣味的な経路である。このピラミッドでは，「深く幅の広いブランド認知」によりブランドセリエンスを確立し，「強く活発なロイヤルティ」による消費者とブランドのレゾナンスが生み出されていくことが示されている。ブランドのセリエンスとブランドのレゾナンスを媒介するリンクが，ここでいう2つの経路である。

　和田の逆ピラミッドの構造とケラーのピラミッドから，図終-6を描くことができる。この図は，ブランド価値の構造経路を示すものである。基本価値を起点にした便宜価値を経由して観念価値に結び付く経路と，感覚価値を経由して観念価値に結び付く経路である。前者は，理性的判断や実用的目的に照らして観念価値づける経路であり，消費者のパフォーマンス期待に対するパフォーマンス実績などの長期的な信頼に裏打ちされるブランド価値が発揮されるケースである。後者は，感情的フィーリングや自己表示的あるいは自己満足的な目的に照らして観念価値づける経路である。和田（2002）の示す通りの「感覚的

な心地よさとか共感性」によって,「ヒストリー性やシナリオ性,ストーリー性を感じ」,「意味を消費する」というブランド価値が発揮されるケースである。

　関係性対象に対するリレーションシップ・マーケティングを実践していくには,関係性対象の認知を起点にした,消費者の情報処理という視点から考察を深めていくべきであろう。このときに,購買意思決定プロセスを想定して,関係性対象との間に開かれる関係性への入口となる顧客接点の重要性を認識するべきである。そして,行動レイヤーの深層部にある態度や認知のレイヤーでの具体的な情報処理を検討していくなかで,マーケティング対象となるブランドが,消費者にとってどのような表象として存在しているかを確認しなくてはならない。さらに,理想とする表象をめざすべく,ブランドの観念価値やレゾナンスに到達するまでの入念なブランド価値の構造経路の設計が必要である。

　リレーションシップに込められる「精神性」のマーケティング,これこそマーケティング・リレーションシップに求められるものであろう。

〈参考文献〉

Bagozzi, R. P. (1975), "Marketing as Exchange," *Journal of Marketing*, Vol.39, No.4, pp.32-39.

Kotler, P. and G. Armstrong (1994), *Principles of Marketing, 7th Edition*, New Jersey, Prentice Hall.

Lutz, R. J. (1991), "The Role of Attitude Theory in Marketing", in Kassarjian, H. H. and T. S. Robertson (Eds.), *Perspectives in Consumer Behavior, 4th Edition*, pp.317-339.

Wells, W., J. Burnett, and S. Moriarty (2003), *Advertising: Principles and Practice, 6th Edition*, New Jersey, Pearson Education.

青木幸弘 (2011)「ブランド論の変遷」青木幸弘編著『価値共創時代のブランド戦略』ミネルヴァ書房。

青木幸弘・新倉貴士・佐々木壮太郎・松下光司 (2012)『消費者行動論:マーケティングとブランド構築への応用』有斐閣アルマ。

井上淳子 (2011)「ブランド・ロイヤルティとブランド・コミットメント」青木幸弘編著『価値共創時代のブランド戦略』ミネルヴァ書房。

太田信夫 (1994)「潜在記憶にみる意識」『科学』Vol.64, No.4, 248-254頁。

恩蔵直人・井上淳子・須永努・安藤和代 (2009)『顧客接点のマーケティング』千倉書房。

ケラー, K. L. (2003)『ケラーの戦略的ブランディング』東急エージェンシー。

タルビング, E. (1991)「人間の複数記憶システム」『科学』Vol.61, No.4, 263-270頁。

新倉貴士 (2005)『消費者の認知世界:ブランドマーケティング・パースペクティブ』千倉書房。

和田充夫 (1998)『関係性マーケティングの構図:マーケティング・アズ・コミュニケーション』有斐閣。

和田充夫 (2002)『ブランド価値共創』同文舘。

(新倉　貴士)

索　引

ア行

愛玩動物　89
IDM, IDM モデル　171, 172
EMS, EMS 事業　173, 174, 177, 178, 179, 182, 183
ASIC, LSI　171, 172, 173, 180, 181
エクスチェンジ（交換）　1, 6, 7, 204, 205, 206
MAO　210
ODM, ODM 事業　173, 174, 177, 178, 179, 182
オンラインゲーム　154, 155

カ行

解釈主義アプローチ　43
階層的価値マップ　100, 101, 105
陰の組織（シャドーシステム）　112
家族化　90
カテゴリーモード　23
感情的コミットメント　58, 61, 63
関与　14, 72, 73, 74, 76, 84
寛容性　117, 125
機関品質　57, 61, 68, 69
企業ブランド　131, 132
擬人化　90
期待　9, 23, 24, 26, 31, 39, 41, 44, 47, 205
期待-不一致モデル　38, 39
期待－不一致理論　58
共感　9, 10, 74, 193, 201
口コミ　7, 41, 55, 58, 61, 69, 122
クラウドファンディング　15, 187, 188, 191
クラスター　15, 111, 112, 123, 124, 125, 127
経験　9, 10, 37, 39, 73, 74, 211
計算的コミットメント　58, 61, 63
交換　1, 6, 7, 206
購買意思決定プロセス　37, 39
顧客維持　3, 4, 7, 11
顧客獲得　3, 4
顧客接点　208

個人深層面接　152, 157
コーディネーター　112, 120
コーディネート組織　112
コミットメント　5, 9, 10, 58, 60, 86
コミュニケーション　7, 9, 11, 62, 86, 123, 151, 156, 157, 159, 160, 164, 165
コミュニティ　59, 60, 61, 68, 87, 112, 124, 127
コンテンツ・ツーリズム　155, 156
コンプリート　154, 158, 159, 164

サ行

再購買意図　14, 38
自己関連性　75
周辺的（感情的）処理　23
手段－目標連鎖　75, 76
　　　　―モデル　96, 98, 101, 105, 107
消費者情報処理　206
消費者満足　23
情報粘着性　180
信頼　5, 9, 10, 217
精神性　206, 218
精緻化見込みモデル　25, 27, 75, 85
積極的な消費　89
相互作用　5, 6, 7, 15, 49, 57, 87, 112, 124, 151, 156, 163
ソーシャルメディア　9, 190

タ行

地域ブランド　129, 131, 132, 142, 144, 146
知覚品質　40, 57, 60
知・情・意　206
中心的（認知的）処理　23
超高関与　72, 73, 214
デジタルコンテンツ　155
取引　1, 195, 204, 205
取引依存度　176
取引コスト　176, 179

ナ行

日本版顧客満足度指数　58
認知構造　79

ハ行

パラダイム　1, 3, 6
半導体産業　168, 170
半導体商社　168, 169
反応モード　206, 207, 208, 210
伴侶動物　89
ピースミールモード　23
ファウンドリー　171, 172
ファブレス企業　171, 172
ブランド・アイデンティティ　145
ブランド拡張　15, 131, 132, 133, 134, 146
ブランド価値　216, 217, 218
ブランドスイッチ　37, 46
ブランド態度　23, 27, 30, 32, 33
ブランド連想　133, 134, 135
ペット消費　14, 89, 92, 93, 96, 103, 105, 107
ペットブーム　90

マ行

満足　9, 10, 24, 26, 31, 37, 39, 41, 44, 48, 209
無形財　131, 133, 134, 143, 144
無形要素　55, 56

ヤ行

有形財　8, 56, 131, 133, 134, 144
有形要素　55, 56

ラ行

ラダリング法　96, 105, 106, 193
リレーションシップ　3, 55
レゾナンス　217
ロイヤルティ　9, 11, 58, 69, 86, 195, 196, 198, 199, 201, 202, 209, 217

執筆者紹介

[編著者]

竹内　淑恵（たけうち　としえ）　序章
　法政大学経営学部教授。2012年度，2013年度法政大学大学院経営学研究科長。1999年筑波大学大学院博士課程経営・政策科学研究科企業科学専攻修了。博士（経営学）。ライオン株式会社マーケティング本部広告制作部などの勤務を経て，2003年より現職。マーケティング論を主たる担当科目とする。著書は『広告コミュニケーション効果―ホリスティック・アプローチによる実証分析―』（2010年，千倉書房），他論文多数。

[著者]（執筆順）

溝本　将洋（みぞもと　まさひろ）　第1章
　サントリー食品インターナショナル株式会社。カルビー株式会社勤務を経て現職。横浜市立大学商学部経営学科卒。2009年法政大学大学院修士課程経営学研究科経営学専攻修了。
　修士論文「製品パッケージによるブランド態度形成プロセスの研究―言語情報の有効性について」

福永　恭子（ふくなが　きょうこ）　第2章
　株式会社マーケティング・リサーチ・サービス。お茶の水女子大学家政学部卒。2010年法政大学大学院修士課程経営学研究科経営学専攻修了。
　修士論文「化粧品の満足プロセスと再購買意図形成に関する探索的研究」

長坂　朋代（ながさか　ともよ）　第3章
　アトラクターズ・ラボ株式会社。株式会社日経BPコンサルティングを経て現職。千葉大学教育学部卒。2012年法政大学大学院修士課程経営学研究科経営学専攻修了。
　修士論文「分譲マンションの満足度構造とリレーションシップ形成に関する研究」

堀田　治（ほった　おさむ）　第4章
　新国立劇場。日本電気株式会社を経て現職。東京都立大学工学部卒。2011年法政大学大学院修士課程経営学研究科経営学専攻修了。現在，同大学院博士後期課程に在籍中。
　修士論文「超高関与の領域における消費者行動」

永江　麻希子（ながえ　まきこ）　第5章
　自営（水産業，飲食店）。株式会社レディオアイソトープを経て現職。法政大学経済学部卒。2013年法政大学大学院修士課程経営学研究科経営学専攻修了。
　修士論文「消費の積極化要因の解明―ペット消費を事例として―」

渡邊　ヒロ子（わたなべ　ひろこ）　第6章
　商業施設プランナー。株式会社西武百貨店販売促進部を経て現職。多摩美術大学美術学部卒。2009年法政大学大学院修士課程経営学研究科経営学専攻修了。
　修士論文「フィールドワークに基づく下北音楽クラスター論」

竹田　淳子（たけだ　じゅんこ）　第7章
　株式会社崎陽軒。成蹊大学文学部日本文学科卒。2008年法政大学大学院修士課程経営学研究科経営学専攻修了。
　修士論文「ブランド拡張のフレームによる地域ブランドの研究」

清原　康毅（きよはら　やすき）　第8章
　株式会社ゼンリン。名古屋工業大学工学部卒。2012年法政大学大学院修士課程経営学研究科経営学専攻修了。
　修士論文「現実行動と仮想行動との相互作用のメカニズムについての研究―位置情報ゲームの事例分析―」

田路　則子（たじ　のりこ）　第9章
　法政大学経営学部教授。2012年度，2013年度イノベーション・マネジメント研究センター所長。2003年神戸大学大学院経営学研究科博士課程修了（経営学博士）。政府系金融機関，IT企業等勤務の後，学術に転向し，2006年法政大学准教授，2008年教授，製品開発論を担当。
　『アーキテクチュラル・イノベーション―ハイテク企業のジレンマ克服』（単著，白桃書房2005年）『ハイテク・スタートアップの経営戦略―オープン・イノベーションの源泉』（編共著，東洋経済新報社，2010年）

甲斐　敦也（かい　あつや）　第9章
　株式会社 東芝。同志社大学工学部卒。2007年法政大学大学院修士課程経営学研究科経営学専攻修了。
　修士論文「半導体取引における流通イノベーション」

小南　陽子（こみなみ　ようこ）　第10章
　東海東京証券株式会社。野村證券株式会社を経て現職。法政大学国際文化学部卒。2013年法政大学大学院修士課程経営学研究科経営学専攻修了。日本マーケティング学会ポスターセッション2013／ベストポスター賞受賞。
　修士論文「クラウドファンディングにおける出資動機に関する実証研究」

新倉　貴士（にいくら　たかし）　終章
　法政大学経営学部教授。1995年慶應義塾大学大学院経営管理研究科博士課程修了。博士（経営学）。関西学院大学商学部教授を経て，2010年より現職。消費者行動論を主たる担当科目とする。著書は『消費者の認知世界：ブランドマーケティング・パースペクティブ』（2005年，千倉書房），他論文多数。

法政大学イノベーション・マネジメント研究センター叢書8
リレーションシップのマネジメント

| 2014年3月26日　第1版第1刷発行 | 検印省略 |
| 2015年4月20日　第1版第2刷発行 | |

編著者　竹　内　淑　恵

発行者　前　野　　　隆

　　　　東京都新宿区早稲田鶴巻町533
発行所　株式会社　文　眞　堂
　　　　電話　03（3202）8480
　　　　FAX　03（3203）2638
　　　　http://www.bunshin-do.co.jp
　　　　郵便番号（162-0041）振替00120-2-96437

製作・モリモト印刷
© Toshie Takeuchi 2014
定価はカバー裏に表示してあります
ISBN978-4-8309-4797-1　C3034